Henry Makow

Illuminati 4

Guerra e genocidio

"Noi ebrei siamo i distruttori e resteremo i distruttori. Nulla di ciò che potete fare soddisferà le nostre richieste e i nostri bisogni. Distruggeremo per sempre perché vogliamo un mondo tutto nostro".

(Maurice Samuels, *Voi Gentili,* 1924)

OMNIA VERITAS®

Henry Makow Ph.D.

Henry Makow ha conseguito un dottorato in letteratura inglese presso l'Università di Toronto. Questo è il suo quinto libro sulla cospirazione degli Illuminati. Il suo sito web, henrymakow.com, è seguito con fervore in tutto il mondo.

ILLUMINATI 4
Guerra e genocidio

Illuminati 4 – Genocide and War

Tradotto e pubblicato da Omnia Veritas Limited

OMNIA VERITAS®

www.omnia-veritas.com

Contatto: hmakow@gmail.com

www.henrymakow.com

ISBN: 978-1-80540-334-0

Copertina: Dettaglio - Trittico di Hieronymus Bosch. È generalmente accettato che sia stato realizzato nel 1504 su commissione del governatore dei Paesi Bassi, Filippo il Bello, anche se le dimensioni dell'opera indicate nel documento differiscono da quelle del trittico viennese. Si tratta dell'opera più grande di Bosch conservata.

Barbara dipinge il viso con la nipote

DEDICATO ALLA MEMORIA DI BARBARA LEE (1950-2024)

Ogni settimana, Barbara metteva a nudo la sua anima possente con una raccolta di meme e foto ispiratrici sul suo blog https://snippits-and-slappits.blogspot.com/. Sua figlia le impose di fare il vaccino COVID per vedere il nipotino. Il suo sistema si è fermato per una sepsi dovuta al "vaccino". Era una donna intelligente, coraggiosa e impertinente. RIP Barbara - Hai ispirato tutti noi.

L'ebreo agisce sempre in modo calcolato e la somma dei suoi calcoli è quella di togliere tutto a tutti. Gli ebrei sono la feccia della terra, ma sono anche grandi maestri della menzogna.

- Arthur Schopenhauer, *Parerga e Paralipomena* 1851

"Gli ebrei, tutti, nascono con un fanatismo furioso nel cuore, proprio come i bretoni e i tedeschi nascono con i capelli biondi. Non sarei minimamente sorpreso se un giorno queste persone diventassero letali per la razza umana".

- Voltaire in Lettres de Memmius à Ciceron, 1771

"Israele ha vinto la guerra (la prima guerra mondiale); l'abbiamo fatta noi, ci abbiamo prosperato sopra, ne abbiamo tratto profitto. È stata la nostra suprema vendetta sul cristianesimo".

- L'ambasciatore ebreo d'Austria a Londra,
Conte Mensdorf. 1918

"La responsabilità dell'ultima guerra mondiale (WWI) ricade unicamente spalle dei finanzieri internazionali (Rothschild, Loeb, Kuhn, Warburg, ecc.). È su di loro che riposa il sangue di milioni di morti e di milioni di moribondi". - Congressional Record, 67° Congresso, 4° sessione, documento del Senato n. 346, 1923.

Finché il controllo dell'emissione della moneta e del credito non sarà restituito al governo e riconosciuto come la sua responsabilità più importante e sacra, tutti i discorsi sovranità del Parlamento e sulla democrazia saranno vani e inutili... Una volta che una nazione si separa dal controllo del suo credito, non importa chi fa le leggi... L'usura, una volta in controllo, distruggerà la nazione". Una volta che una nazione si separa dal controllo del suo credito, non importa chi fa le leggi... L'usura, una volta in controllo, distruggerà la nazione".

- William Lyon Mackenzie King
(Primo Ministro del Canada, 1935-1948)

"Israele ha bisogno di una guerra mondiale e presto!... Israele è convinto che il tempo stia per scadere. Secondo loro, la loro guerra mondiale è una necessità per far sì che, in nome della pace indivisibile, tutta quella parte dell'umanità che vuole liberarsi dal giogo ebraico, possa essere messa a terra".

- Revue Internationale des Sociétés Secrètes, aprile 1937

Abodah Zara 26b: "Anche il migliore dei gentili deve essere ucciso". (Talmud)

"Ma nessuno diceva nulla di lui (Gesù) apertamente per paura dei Giudei". (Giovanni 7:13)

I nostri dotti anziani avevano assolutamente ragione quando scrivevano che lo stupido goyim ha occhi, ma non vede, e ha orecchie, ma non sente. Avevano proprio ragione nel dire che una specie animale così bovina e indegna non può essere considerata umana. Proprio come scrissero i nostri dotti Rabbini nel nostro sacro Talmud, poco dopo esserci liberati dell'impostore Gesù, dobbiamo trattarli come il nostro bestiame.

- Addendum ai *Protocolli di Sion* (vedi all'interno)

Nessuno è così cieco come chi non vuole vedere.

- Jonathan Swift

OVERTURE **15**

DISSONANZA COGNITIVA 15

NON CREDERE AI TUOI OCCHI BUGIARDI *16*

PUNTO DI RITMO *18*

INTRODUZIONE **19**

HO LETTO "*ASCESA E CADUTA DEL TERZO REICH*" DI WILLIAM SHIRER QUANDO AVEVO DIECI ANNI. 19

LE GUERRE SONO IL RACCOLTO DEGLI EBREI *20*

PERCHÉ DOBBIAMO MORIRE *20*

CRISTIANESIMO *21*

DIO *22*

GIUDAISMO CABALISTICO (CHABAD) *22*

GLI EBREI CABALISTI PENSANO DI ESSERE DIO *23*

"GIUDEI" SI RIFERISCE AI SATANISTI, NON AGLI EBREI RAZZIALI *24*

GLI "EBREI" SONO DEFINITI DALLA FEDE IN LUCIFERO *26*

LE GUERRE SONO ORCHESTRATE TRA DUE RAMI DELLA MASSONERIA *27*

I ROTHSCHILD, IL CHABAD E LA "DISTRUZIONE CREATIVA *31*

TRUMP, NETANYAHU E PUTIN APPARTENGONO AL CHABAD *32*

LA "VERITÀ" *33*

GENOCIDIO DELL'UCRAINA *35*

LA DISTRUZIONE DEL "VECCHIO ORDINE *36*

SPOPOLAMENTO È UN EUFEMISMO PER DIRE GENOCIDIO *37*

GLI EBREI HANNO GENOCIDIATO I CRISTIANI NEL CORSO DELLA STORIA *39*

FORMICAIO ROTHSCHILD *40*

I SATANISTI GENTILI EVITANO LE RESPONSABILITÀ INCOLPANDO TUTTI GLI EBREI ... *41*

INTRAPPOLATI IN UN SOLIPSISMO EBRAICO *43*

LA MIGLIORE TRUFFA CHE IL DENARO POSSA COMPRARE *44*

ABBIAMO GIÀ UN GOVERNO MONDIALE DI FATTO *46*

COMUNISMO *48*

CONCLUSIONE *49*

LIBRO UNO **51**

CHABAD, SATANISMO EBRAICO, MASSONERIA 51

DISERTORE CHABAD: IL RAZZISMO EBRAICO DIETRO IL GENOCIDIO DEI BIANCHI E LA TERZA GUERRA MONDIALE 53

COSA E CHI È CHABAD? *54*

GLI EBREI SONO DIO. I GENTILI SONO INSETTI IL CUI UNICO SCOPO È SERVIRE GLI EBREI O MORIRE *55*

L'AGENDA del NOM *55*

PERCHÉ MI SONO LASCIATO ALLE SPALLE IL CHABAD E IL GIUDAISMO *56*

NON C'È NIENTE DI CHIC NEL SATANISMO 57

ALTIYAN CHILDS: L'UMANITÀ È OSTAGGIO DI UN CULTO SATANICO (MASSONERIA) 60

PRIMO COMMENTO DI DD: ... *62*
MIKE STONE SCRIVE: ... *62*
Artiglio della Triade: L'umanità è vittima di un antico complotto satanico ... 64
Veronica Swift: Il satanismo degli Illuminati svelato ... 66
Henry Klein: Sinedrio - Capo del Serpente degli Illuminati? ... 69
VENDETTA ... *70*
Un'appendice ai Protocolli di Sion ... 72
UN MESSAGGIO DELL'ALTA CABALA (ABBREVIATO) ... *72*
Ted Pike: Lo sterminio dei Goyim è alla base della Cabala ... 78
ODIO PER I GOYIM ... *79*
Boris Pasternak: Lo scrittore ebreo premio Nobel sosteneva l'assimilazione degli ebrei ... 81
PASTERNAK - UN CRISTIANO NEL CUORE ... *82*
IL PUNTO DI VISTA DI MAKOW SUL GIUDAISMO ... *82*
CONCLUSIONE ... *83*
Profetico! "I cabalisti renderanno schiava l'umanità" - Texe Marrs nel 2018 ... 84
PATTO DI SANGUE CON IL DESTINO ... *85*
CONCLUSIONE ... *86*
Yossi Gurwitz: Quando Israele è potente (Estratti dalla trascrizione) ... 88
GENOCIDIO ... *89*
Chabad: Lubavitch e l'inganno della profezia globalista (2018) ... 91

LIBRO SECONDO ... 95

La farsa comunista-sionista della sinistra-destra ... 95
Trump e il Tag Team ebraico massonico ... 97
LA DIFFERENZA? ... *99*
Trump ha subito una caduta nel 2020, proprio come un wrestler della WWF ... 100
"RUDY, DEVE ESSERE RUDY" ... *100*
NEGABILITÀ PLAUSIBILE ... *101*
Trump è un agente del Mossad ricattato sessualmente ... 102
La guerra fredda è nata dallo scisma comunista: Scisma ebraico sionista ... 104
CONSEGUENZE DELLO SCISMA EBRAICO-STALINISTA DI LOUIS BIELSKY ... *104*
LE ORIGINI DELLA "GUERRA FREDDA" ... *105*
Haviv Schieber ha smascherato la complicità tra sionismo e comunisti ... 107
CONCLUSIONE ... *109*
Israele e Iran sono entrambi gestiti da massoni che tramano la terza guerra mondiale ... 110
I fanatici religiosi hanno dirottato Israele (e degli Stati Uniti) ... 113
Henry Klein: Il sionismo è la maledizione dell'ebraismo ... 116

LIBRO TERZO ... 119

Storia nascosta ... 119
Il Vaticano ha concesso l'egemonia ebraica nel 1890 ... 121
"RIMEDI" ... *122*
Omicidio massonico 109 anni fa ... 124

Genocidio: L'influenza spagnola causata deliberatamente dai vaccini 128
"SONO STATO UN OSSERVATORE IN LOCO DELL'EPIDEMIA DI INFLUENZA DEL 1918". 128
Hitler: Israele è il quartier generale del futuro Stato mondiale ebraico 131
L'OPPOSIZIONE DI HITLER È SOSPETTA 132
I nazisti salvarono il rabbino Chabad da Varsavia in tempo di guerra 135
IL MEMORANDUM HOYER 137
Confermato che i britannici salvarono Bormann da Berlino assediata 139
PERCHÉ GLI ILLUMINATI HANNO PERMESSO A CREIGHTON DI PRODURRE QUESTO LIBRO? 141
CONCLUSIONE 142
L'Olocausto e la crocifissione di David Irving 143
HITLER 145
La Seconda Guerra Mondiale nel Pacifico totalmente evitabile 147
MOLE SOVIETICA 148
CONCLUSIONE 150
Bormann forniva l'uranio nazista per le bombe atomiche statunitensi 151
ALTRE MERCI 152
I nazisti non sono mai stati distrutti 154
SCOPERTE 155
STORIA DELLA PUBBLICAZIONE 156
GLI ALLEATI HANNO FINANZIATO I NAZISTI 157
Anche Pierre Elliot Trudeau era un traditore comunista 160
IGOR GOUZENKO 161
JUSTIN TRUDEAU CASTRO 162

LIBRO QUARTO 165

Illuminati osservati 165
Kay Griggs - L'esercito statunitense è un'operazione mafiosa gestita da fanatici del sesso cabalisti 167
Insider - La DARPA ha concepito Facebook per il controllo mentale 172
A tutti gli utenti di Facebook 173
ZUCKERBERG OMOSESSUALE 173
LA BRUTTA VERITÀ 175
La Fratellanza della Campana ha smascherato il controllo massonico 176
UN UOMO "FATTO" 176
Il patto segreto dei satanisti 178
MATERIALISMO 179
Il neurologo Andrew Moulden è stato assassinato per aver smascherato il racket dei vaccini 182
Genere - La mafia Vax attacca mia nipote 185
LA PERSECUZIONE CHE IL NOSTRO GD AFFRONTA 186

CONCLUSIONE ... *187*

LIBRO 5 ... **189**

DENARO, RAZZA E GENERE ... 189
IL SISTEMA BANCARIO È RESPONSABILE DELLA NOSTRA SCHIAVITÙ ... 191
AVVELENAMENTO DEL SANGUE ... *191*
IL DENARO È UN GIOCO MENTALE ... *192*
COSA SIGNIFICA "DENARO"? ASSOMIGLIA? (QUANDO NON È MONETA) ... *192*
MEZZO DI SCAMBIO ... *193*
LO STATO PROFONDO ... *194*
I ROCKEFELLER CONCEPIRONO I BRICS NEL 1956 COME MANOVRA DEL NOM ... 195
IL VERO SCOPO DELLE TASSE ... 198
UN EBREO PUÒ IDENTIFICARSI CON I "BIANCHI" ... 200
GOYIM SCEMO ... *201*
LEALTA' ... *203*
IL FEMMINISMO È LA MELA AVVELENATA ... 204
IL FEMMINISMO HA SOSTENUTO IL PORNO ... *205*
PROGRAMMAZIONE DELLA DEA DEL SESSO ... 207
HEDY LAMARR ... *208*
HOLLYWOOD ... *209*
GLI UOMINI CERCANO COMPAGNI DI LAVORO, NON ANIME GEMELLE ... 211
SCARICARE LA RAGAZZA DEI MIEI SOGNI ... 216
TRADIMENTO ... *217*
CONCLUSIONE ... *219*

LIBRO 6 ... **221**

PROSPETTIVA ... 221
IL PENSIERO INCONTROLLATO È UNA CATTIVA ABITUDINE CAMBIARE I PROPRI PENSIERI, CAMBIARE IL PROPRIO MONDO ... 223
RADICARSI NEL PROPRIO IO REALE ... *224*
VEDERE LA MORTE SOTTO UNA LUCE POSITIVA ... 226
EPIMERALITÀ ... *227*
IL LATO POSITIVO DELLA MORTE ... *227*
LA TAVOLA DELLA VITA ... *228*
LA PAURA DELLA MORTE, ECC. CI IMPEDISCE DI VIVERE VERAMENTE ... *229*
ESSERE UN UOMO AUTONOMO - AUTOCONTROLLO ... 230
LA NOSTRA VERA IDENTITÀ È L'ANIMA ... *231*
CONCLUSIONE - PER IL DIO AVVERSO ... *233*
PERCHÉ I RICCHI SI SENTONO COSÌ POVERI ... 234
NESSUNA STATISTICA PER LA POVERTÀ INTERNA ... *235*
PERSONALE ... *235*
GLI EDIBILI ALLA MARIJUANA POTREBBERO SALVARE IL MONDO ... 237
DISTACCO ... *239*

MI HA FATTO IMPAZZIRE *239*

LIBRO SETTE **243**

Umorismo e personale 243
Confessioni di un volantino nervoso 245
SEDILE POSTERIORE CONDUCENTE *246*
LA VOCE NELLA MIA TESTA *246*
Le migliori battute di Henry Makow 248
Tre leggi della socio-dinamica. *249*
Il modo per fare colpo sulle donne: non provarci. *250*
- Come "Lao Tzu" *251*
Nel giorno della festa del papà, io piango 252
PADRE O AMICO? *252*
ALIMENTA LA FRENESIA *253*
INIZIO FRESCO *254*
VORREI CHE FOSSE STATO UN AMICO *255*
Mia madre ha incarnato l'amore disinteressato 257
DONNA D'AFFARI *258*
La Canadian Football League mi dà speranza 260
CONCLUSIONE *262*
Come sarebbe un buon reset 264
Una modesta proposta: Un "accordo di spopolamento umano 267
Cosa ci guadagnano i satanisti/comunisti? *268*
Possibili obiezioni da parte dell'umanità *268*
Possibili obiezioni da parte di satanisti/comunisti *269*
Ripubblicato da Humanity *269*
CONCLUSIONE *270*

ALTRI TITOLI **271**

Overture

Dissonanza cognitiva

Mentre tutti sono distratti da Taylor Swift, Bitcoin, Nvidia e lo sport, un'antica cospirazione satanica sta pianificando lo sterminio dei gentili e degli ebrei assimilati usando un'altra guerra mondiale come copertura.

Ci aspetta un brusco risveglio

Una mattina ci sveglieremo e scopriremo che la merda ha colpito il ventilatore.

Attacco nucleare. Chiusura di Internet. Carenza di cibo. Anarchia. Legge marziale. Soffriamo di Dissonanza Cognitiva.

Si nascondono in bella vista!!

Dicono che hanno intenzione di renderci schiavi.

"Non possiederai nulla e sarai felice".

Eppure li ignoriamo.

Trump, Putin e Netanyahu appartengono tutti a Chabad, un culto ebraico dell'apocalisse che vuole sterminare i goyim.

J. Edgar Hoover: "L'individuo è handicappato dal fatto di trovarsi faccia a faccia con una cospirazione così mostruosa che non può credere che esista.

Siamo in fase di negazione.

Il logo degli Illuminati, una piramide senza cappuccio, si trova sull'USD.

Ci sta guardando in faccia.

Eppure gli Illuminati sono una "teoria del complotto"?

Il logo della Convention del Partito Democratico del 2020 era una stella di Baphomet in una D di "Death 2 (map of) America"! Eppure nessuno ha osato riconoscerlo.

Donald Trump fa costantemente il segno massonico della mano con la preghiera verso il basso "Merkel", ma lo mette in discussione.

Nessuno lo ritiene responsabile della truffa, dei vaccini killer e di Jeffrey Epstein.

Lee Harvey Oswald ha ucciso JFK.

Il carburante per aerei ha fatto crollare le torri gemelle l'11 settembre.

Il WTC 7 è stato cablato per la demolizione.

Un aereo ha colpito il Pentagono.

Joe Biden ha ottenuto il maggior numero di voti della storia, ma non è riuscito ad attirare 50 persone a un comizio.

Si è vantato di avere "la migliore organizzazione di brogli elettorali della storia", eppure le elezioni del 2020 non sono state annullate.

Biden era ovviamente un pedofilo che prendeva tangenti. Ignorare.

I suoi crimini sono stati documentati sul portatile di Hunter. Ignorare.

Il film *The Truman Show* (1998) ritraeva Truman Burbank, interpretato da Jim Carey, che viveva in un mondo in cui tutti erano attori che lo tenevano in una realtà mentale fasulla. Siamo tutti Truman Burbanks. Un'antica cospirazione satanica, un cancro virulento , ha consumato l'umanità. Questa è la nostra vera storia segreta.

NON CREDERE AI TUOI OCCHI BUGIARDI

Nel film vincitore dell'Oscar 2003, *Chicago*, una moglie sorprende il marito a letto con due donne.

Estrae la pistola.

"Non sparate", dice. "Sono solo".

"Bugiardo!", dice lei.

"Credete a quello che vi dico, non a quello che vedete", risponde.

Lei gli spara.

Al contrario, gli americani credono a ciò che viene detto loro!

Il modus operandi dei cabalisti è convincervi che *la vostra distruzione è per il vostro bene.*

Chiudete il Paese. È per il vostro bene.

Convincere le donne che sprecare i loro anni più fertili inseguendo la carriera e la promiscuità è "potenziante.

Convincere le nazioni occidentali a distruggere il loro patrimonio razziale e culturale perché "la diversità è la nostra forza.

Distruggere l'identità di genere e promuovere la disfunzione omosessuale ai bambini in nome della tolleranza. "L'amore è amore". È "progressista".

Distruggere matrimoni e famiglie amorevoli in nome della "parità di genere".

Se la chiusura fosse per "proteggere la salute", perché alle persone sane verrebbe impedito di andare in chiesa a Pasqua.

Vietato sedersi in giardino o passeggiare da soli sulla spiaggia.

Questo non aveva nulla a che fare con la prevenzione delle malattie e tutto a che fare con l'abolizione dei diritti civili.

La scamdemic è stata una prova della nostra credulità e docilità, e con l'eccezione di alcuni camionisti canadesi, abbiamo fallito.

In una vera pandemia, si mettono in quarantena i malati, NON i sani.

Interpretano la nostra docilità come CONSENSO. Pensano che siamo moralmente compromessi.

PUNTO DI RITMO

L'umanità è a un punto di svolta.

Mai nella storia un piccolo gruppo di parassiti malvagi ha accumulato tanto potere. La maggioranza è distratta. Non si rendono conto della posta in gioco. Siamo condannati. Il percorso del nostro sviluppo naturale, che è spirituale, è bloccato. Siamo invece prigionieri di un culto della morte e stiamo entrando in un'era oscura.

Nonostante le nostre meravigliose conquiste tecniche, l'umanità ha fallito in termini politici e culturali.

Riuscite a capire quanto sia tragica questa situazione?

Se l'umanità è la creatura più avanzata dell'universo?

Ma mille anni non sono nulla per Dio, che è senza tempo.

Un giorno l'umanità riprenderà il cammino previsto, oppure un'altra creatura si guadagnerà il favore di Dio.

I fanatici religiosi ebrei mettono a rischio la sopravvivenza di tutti gli ebrei e dell'umanità in generale.

Introduzione

Ho letto "*Ascesa e caduta del Terzo Reich*" di William Shirer quando avevo dieci anni.

Come figlio di sopravvissuti all'olocausto, mi sono chiesto: "Come possono gli adulti pretendere il mio rispetto quando hanno fatto un tale disastro?

All'età di 75 anni, ora capisco che l'umanità è stata sabotata dall'Ebraismo organizzato (il cartello bancario mondiale dei Rothschild) che usa la Massoneria (ebraismo cabalistico per i gentili) come strumento.

I satanisti hanno rosicchiato le fondamenta della civiltà occidentale fin dalla Rivoluzione inglese e dalla fondazione della Banca d'Inghilterra nel 1694. Nel XIX secolo, hanno assunto la forma dell'imperialismo "britannico" e dell'obiettivo della Tavola Rotonda di Rodi di "assorbire la ricchezza del mondo.

Nel corso della storia moderna, i massoni di entrambe le parti hanno scatenato guerre per minare e distruggere la civiltà occidentale (cristiana).

Lo spopolamento è stato il loro tema costante.

Gli Illuminati 4, così come gli *Illuminati 1-3*, dimostrano che le grandi guerre sono bufale volte a sterminare i patrioti e i civili di entrambe le parti. Churchill, FDR, Stalin e Hitler erano tutti massoni.

Trump, Netanyahu e Putin sono massoni. Appartengono a Chabad, un culto suprematista ebraico genocida che è impegnato a progettare "un cataclisma sociale"prerequisito per il ritorno del "Messia" ebraico.

La questione è molto più grande delle dispute sulla terra. Non si torna indietro da un abominio della portata di Gaza. Si tratta di una guerra mondiale, o tutto o niente.

Questo è il culmine di una cospirazione secolare per derubare e schiavizzare i "non ebrei" e sterminare chiunque non si adegui.

Vogliono ucciderci. I "vaccini" avrebbero dovuto farvelo capire.

In passato, milioni di persone sono morte per qualche illusione. Saprete perché voi e la vostra famiglia siete stati mutilati o uccisi.

LE GUERRE SONO IL RACCOLTO DEGLI EBREI

Il rabbino capo di Francia, Rabbi Reichorn, affermò nel 1869:

> "Grazie al terribile potere delle nostre banche internazionali, abbiamo costretto i cristiani a guerre senza numero. Le guerre hanno un valore speciale per gli ebrei, poiché i cristiani si massacrano a vicenda e fanno più spazio a noi ebrei. Le guerre sono il raccolto degli ebrei. Le banche ebraiche si ingrassano con le guerre dei cristiani. Oltre 200 milioni di cristiani sono stati cancellati dalla faccia della terra a causa delle guerre, e la fine non è ancora arrivata".

Charles Weisman - *Chi è Esaù-Edom?* (1991) p.93

Secondo Bill Cooper, Israele è stato creato come "strumento per portare alla battaglia di Armageddon e al compimento della profezia", una guerra nucleare così terribile che gente implorerà un unico governo mondiale.

https://youtube.com/shorts/Mr4Zp5PrP08?si=fouusVmZmgh1WOa

PERCHÉ DOBBIAMO MORIRE

La risposta si trova nella differenza tra cristianesimo ed ebraismo. Il giudaismo è un culto satanico mascherato da religione.

Ci ha fatto il lavaggio del cervello per negare l'esistenza di Dio.

Ci ha rubato l'anima. La vostra anima è il roveto ardente! Il vero oro.

"Nel momento stesso in cui cercate la felicità al di fuori di voi stessi, diventate nostri servi consenzienti", ha detto l'insider degli Illuminati Harold Rosenthal.

"Siete diventati dipendenti dalla nostra medicina attraverso la quale siamo diventati i vostri padroni assoluti... Un popolo

insoddisfatto è una pedina nel nostro gioco di conquista del mondo".

https://henrymakow.com/2024/05/The-Illuminatis-Secret-Weapon.html

Tutti i nostri problemi nascono dalla negazione della nostra connessione animica con Dio. Per riempire il vuoto, l'umanità è dipendente da denaro, sesso, potere, droghe, cibo, giocattoli e curiosità.

Il dio cabalista, Lucifero, rappresenta una rivolta contro Dio e la natura. Semplicemente, si sostituiscono a Dio e invertono la realtà per adattarla al loro programma diabolico.

Il "laicismo" e l'"umanesimo" sono maschere per il satanismo. Ora si sono tolti la maschera.

Credono di essere Dio e di doverli adorare.

CRISTIANESIMO

Il cristianesimo riconosce che siamo collegati al nostro Creatore e gli uni agli altri da un'intelligenza universale, uno spirito o anima.

Dio è uno Spirito e coloro che lo adorano devono adorarlo in spirito e verità. (Giovanni 4:24)

Siamo stati creati a immagine e somiglianza di Dio. Desideriamo conoscere noi stessi come Dio. Dio cerca di conoscere se stesso attraverso di noi.

Siamo stati mandati qui per creare il Paradiso in Terra. Le istruzioni sono nella nostra anima. Per quanto riguarda l'uomo, Dio è un ideale spirituale, la perfezione.

"Siate dunque perfetti, come è perfetto il Padre vostro che è nei cieli", Matteo 5:48.

Le nostre anime bramano l'unità con il nostro Creatore: perfetta beatitudine, verità, bontà, amore, bellezza e giustizia. Il ricongiungimento con Dio ci motiva tutti.

L'ebraismo cabalistico/talmudico inverte gli ideali spirituali.

Il male è buono. Il brutto è bello. Il malato è sano.

L'innaturale è naturale. (I maschi possono avere le mestruazioni e avere figli!?).

Il bene è male. Le bugie sono vere. L'odio è amore. L'ingiustizia è giustizia.

Questo è il nostro mondo di oggi.

DIO

Dio è Coscienza, una dimensione in cui gli ideali spirituali sono evidenti, come la luce del sole che entra in una stanza buia dopo aver aperto le tende.

Chiamatela coscienza di Cristo, se preferite. Il messaggio di Cristo è che abbiamo il potenziale per essere come Lui.

Non è forse questo il senso del cristianesimo.

Cristo non intendeva competere con il Padre.

Se credete nel bene e nel male, nel giusto e nello sbagliato, credete in Dio. Lo si serve servendo gli ideali spirituali.

Un artista serve la Bellezza. Una moglie e madre, l'Amore.

Il mio Dio è Verità. La verità vi rende liberi.

GIUDAISMO CABALISTICO (CHABAD)

Il fatto che gli ebrei siano il "popolo eletto" di Dio significa che i non ebrei devono morire. Secondo l'ebraismo cabalistico/talmudico, lo scopo dei goyim è quello di servire gli "ebrei". Solo gli ebrei sono umani. Tutti gli altri sono subumani o animali.

L'ebraismo organizzato rifiuta qualsiasi concetto di Spirito divino.

Il cabalismo rifiuta la santità della vita umana in virtù della nostra comune anima divina.

Il guru del WEF Yuval Harari sostiene che le persone sono "animali hackerabili" programmati per servire come robot.

I vaccini COVID possono contenere codici a barre che ci collegano a una rete. COVID sta per "Certification Of Vaccination ID".

Secondo Catherine Austin Fitts. "Il nuovo modello si chiama transumanesimo. L'idea è che in pratica si scheggiano tutti; li si mette sotto controllo remoto attraverso il sistema delle torri cellulari e invece di risuonare con il Divino, risuonano con una macchina.

Il cristianesimo crede che dobbiamo discernere e obbedire a Dio (Verità.)

Gli ebrei cabalisti (sionisti e comunisti) credono che la verità sia qualsiasi cosa dicano loro. Vi costringono a conformarvi, pena la perdita del lavoro, la prigione o peggio (genocidio). I farisei hanno crocifisso Cristo. Si potrebbe pensare che i sionisti cristiani abbiano capito il messaggio. Lo capiranno. Troppo tardi.

GLI EBREI CABALISTI PENSANO DI ESSERE DIO

Il motivo per cui gli israeliani non hanno alcuna remora a sparare a donne e bambini è che i non ebrei sono considerati animali.

Deuteronomio 7-2 "Dovete distruggere [i vostri nemici] totalmente. Non fate alcun trattato con loro e non mostrate loro alcuna pietà. Non salvate in vita nulla di ciò che respira, perché **voi siete un popolo santo al Signore vostro Dio, che vi ha scelti tra tutti i popoli della faccia della terra per essere il suo popolo, il suo bene prezioso.**

Chiunque si opponga alla "scelta" ebraica deve morire.

Il genocidio è accettabile. Inizia con i palestinesi. Siamo tutti palestinesi. La "Grande Israele" è il mondo intero.

Isaia 60 dice che gli Ebrei saccheggeranno le ricchezze dei Gentili. (Klaus Schwab - "Non possiederete nulla, ma sarete felici").

> "Mangerai le ricchezze dei Gentili, e nella loro gloria ti vanterai mentre ti consegnano il loro oro e il loro incenso... Perché gli uomini ti portino le ricchezze dei Gentili... E i loro re guidati in umile processione davanti a te, Perché la nazione che non ti servirà perirà, sarà completamente distrutta".

L'autore della *Controversia di Sion*,[1] Douglas Read, ha descritto la "Missione distruttiva del giudaismo".

> "I Giudaiti erano governati da un sacerdozio che dichiarava che la distruzione era il principale comando di Geova e che essi erano stati scelti divinamente per distruggere. Così divennero l'unico popolo della storia specificamente dedito alla distruzione in quanto tale. La distruzione come conseguenza della guerra è una caratteristica familiare di tutta la storia umana. La distruzione come scopo dichiarato non era mai stata conosciuta prima d'ora e l'unica fonte di questa idea unica è la Torah-Talmud...".

https://beforeitsnews.com/strange/2020/12/douglas-reed-judaisms-destructive mission-2476606.html

In Antisemitismo, la sua storia e le sue cause (1969) Bernard Lazare, un ebreo, scrisse: "L'ebreo... non si accontenta semplicemente di distruggere il cristianesimo... ma incita all'incredulità e poi impone a coloro la cui fede è stata minata la propria concezione del mondo, morale e della vita. È impegnato nella sua missione storica, l'annientamento della religione di Cristo". (p. 158)

"GIUDEI" SI RIFERISCE AI SATANISTI, NON AGLI EBREI RAZZIALI

Il "Grande Rebbe" Rabbi Menachem Mendel Schneerson ha detto,

> "L'ebreo non è stato creato mezzo per qualche altro scopo; egli stesso è lo scopo, poiché la sostanza di tutte le emanazioni divine è stata creata SOLO per servire gli ebrei".

Nonostante Schneerson aggiunga che "un'anima non ebraica proviene da tre sfere sataniche, mentre l'anima ebraica deriva dalla santità", gli ebrei non sembrano essere uno standard razziale

Le Leggi Noahidi sono "un insieme di imperativi che, secondo il Talmud, furono dati da Dio come un insieme di leggi vincolanti per i "figli di Noè", cioè per tutta l'umanità.

Secondo la tradizione ebraica, i non ebrei che aderiscono a queste leggi sono detti seguaci del Noahidismo e considerati come gentili

---

[1] *The Controversy of Zion*, pubblicato da Omnia Veritas Ltd, www.omnia-veritas.com.

giusti a cui è assicurato un posto nel mondo a venire".

D'altra parte, la fede in Gesù Cristo è punibile con la decapitazione mediante ghigliottina!

Le leggi Noahide sono state formalmente introdotte nel sistema legale americano e psicopatico razzista Schneerson è stato onorato come veggente spirituale!

Confondono la Costituzione americana con la tirannia satanica ebraica.

> "Considerando che il Congresso riconosce la tradizione storica di valori e principi etici che sono la base della società civile e **su cui è stata fondata la nostra grande nazione**; considerando che questi valori e principi etici sono stati il fondamento della società fin dagli albori della civiltà, quando erano conosciuti come le Sette Leggi Noahide...Considerando che Rabbi Menachem Mendel Schneerson, leader del movimento Lubavitch, è universalmente rispettato e venerato... ci rivolgiamo all'educazione e alla carità per riportare il mondo ai valori morali ed etici contenuti nelle Sette Leggi Noahide"."

https://www.govtrack.us/congress/bills/102/hjres104/text
https://www.congress.gov/ bill/102nd-congress/house-joint-resolution/104/text

Non fraintendetemi, questo maschera una satanica tirannia ebraica (comunista) su tutto il mondo, amministrata da un tribunale rabbinico a Gerusalemme sotto pena di ghigliottina, cioè di genocidio.

Quello che Israele ha fatto a Gaza è ciò che l'ebraismo organizzato (Chabad) vorrebbe fare a tutti coloro che non li adorano come Dio. La scamdemia è stata una prova della nostra conformità.

Tutti coloro che accettano la loro dispensazione satanica saranno risparmiati.

> "Usiamo il termine razza ebraica solo per ragioni di convenienza linguistica", scrisse Hitler a un amico, "perché nel vero senso della parola, e dal punto di vista genetico, non esiste una razza ebraica... La razza ebraica è soprattutto una comunità di spirito".

Allo stesso modo gli ebrei che rifiutano questa follia saranno ghigliottinati insieme al resto dei goyim recalcitranti.

https://henrymakow.com/2020/06/laurent-guyenot-solves-the-jewish-question.html

GLI "EBREI" SONO DEFINITI DALLA FEDE IN LUCIFERO

David Spangler, *direttore dell'Iniziativa Planetaria* presso le Nazioni Unite, ha dichiarato: "Nessuno entrerà nel Nuovo Ordine Mondiale se non si impegnerà ad adorare Lucifero. entrerà nella Nuova Era se non prenderà un'iniziazione luciferiana.

Benjamin Crème, un altro importante "profeta" della New Age, insiste sul fatto che coloro che rifiutano di partecipare a questa Iniziazione Mondiale si troveranno in minoranza e dovranno "ritirarsi da questa vita". *Missione di Matrieya*, p. 128.

Vi ricorda il passaporto vaccinale.

Vi ricorda il genocidio? Obbedire o morire? Secondo Patrick O'Carroll, l'Anticristo è il "Messia della fine" o "Moshiach ben Davidebraico.

"No one will enter
the New World Order
unless he or she will make
a pledge to worship Lucifer.
No one will enter the New Age
unless he will take a
Luciferian Initiation."
- David Spangler
Director of Planetary Initiative, United Nations

Riesco a distinguere i Bush, i Clinton e i Carter.

Secondo il "santo" rabbino Chabad Menachem Mendel Schneerson, il requisito principale per la venuta dell'Anticristo sulla Terra è il genocidio dei cristiani.

Fino alla morte di Schneerson, avvenuta nel giugno 1994, molti seguaci credevano che egli fosse il Messia, ma Schneerson spiegò che, se fosse stato l'Anticristo, nessun cristiano sarebbe stato vivo durante la sua vita.

Un requisito chiave di Chabad per l'insediamento del "Messia della fine" ebraico è il genocidio dei cristiani.

Nel luglio del 2024, il "santo" Rabbino Chabad Isser Weisberg ha affermato che Donald Trump avrà un ruolo chiave nella realizzazione del Messia.

https://old.bitchute.com/video/1argN02mzJf5/

Weisberg afferma che la "finestra finale" per l'installazione dell'Anticristo è l'anno ebraico che dura da Rosh Hashanah 2027 a Rosh Hashanah 2028, ossia dal 2 ottobre 2027 al 30 settembre 2028.

https://henrymakow.com/2024/12/patrick-ocarroll---trump-prepa.html

Secondo la Jewish Telegraphic Agency, il 4 gennaio 1962 il Primo Ministro di Israele David Ben-Gurion ha dichiarato che Gerusalemme sarà la capitale del Nuovo Ordine Mondiale:

> "A Gerusalemme, l'ONU (una vera ONU) costruirà un Santuario dei Profeti per servire l'unione federata di tutti i continenti; questo sarà la sede del tribunale supremo dell'umanità, per risolvere tutte le controversie tra i continenti federati, come profetizzato da Isaia

http://www.jta.org/1962/01/04/archive/ben-gurion-foresees-gradual democratizzazione-dell'unione-sovietica

LE GUERRE SONO ORCHESTRATE TRA DUE RAMI DELLA MASSONERIA

Il comunismo e il sionismo sono due rami della Massoneria, due facce della stessa medaglia Rothschild.

L'ebraismo organizzato si è diviso in due squadre per schiacciare la civiltà occidentale tra mortaio del comunismo (sinistra) e il pestello del sionismo (destra).

La Seconda guerra mondiale fu tra i comunisti (gli Alleati) e i sionisti (nazisti, fascisti).

Allo stesso modo, la Terza Guerra Mondiale è tra i comunisti (Russia, Cina, Iran, Islam radicale, BRICS) e i sionisti (Israele, USA, NATO,

Ucraina e Argentina). Ci hanno fatto il lavaggio del cervello per farci credere che la guerra sia normale e patriottica. In realtà, la guerra è innaturale e sintomo di follia. "Chi gli dei distruggere, prima lo fanno impazzire". -Euripide

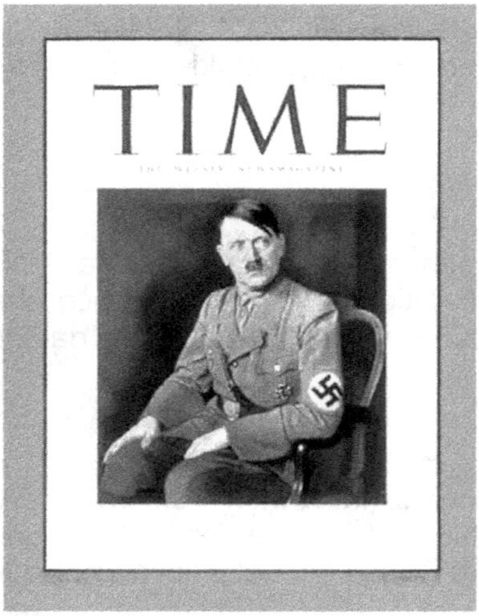

Trump è stato nominato dalla rivista *TIME* "Persona dell'anno" nel 2024. Adolf Hitler è stato "Uomo dell'anno" *del TIME* nel 1938. Entrambi gli uomini hanno il compito di condurre i loro Paesi alla guerra.

Quando la Russia ha invaso l'Ucraina, i Rothschild hanno messo in secondo la loro bufala COVID. Continuano a spacciare veleni, ma la pandemia è sempre stata un "piano B". Per qualche motivo sono tornati al piano A, la Terza Guerra Mondiale, per coprire le crisi fiscali, il genocidio da vaccino e per scopi distruttivi generali.

Trump è stato eletto per ricostruire il patriottismo americano, quindi i goyim saranno felici di diventare ancora una volta carne da cannone. Una falsa bandiera risveglierà il loro zelo patriottico.

Quando i servizi segreti si sono resi complici del finto assassinio a Butler PA, ho capito che Trump avrebbe vinto. Un simbolo massonico comune, la bandiera statunitense capovolta, era in primo piano nell'immagine,

La Russia è complice di questa truffa. Il ministro degli Esteri russo Sergei Lavrov si riferisce allOccidente come agli "anglosassoni.

> "In questo momento stiamo assistendo a come gli anglosassoni stiano letteralmente spingendo il Medio Oriente sull'orlo di una grande guerra",

ha detto Lavrov."

Gli anglosassoni, e soprattutto i cristiani, sono una maggioranza perseguitata in Occidente. I loro governi sono diventati disonesti, i loro Paesi sono invasi dai migranti, le loro figlie sono costrette a competere con i trans e a fare la doccia con loro, ai loro figli vengono somministrati bloccanti della pubertà, i loro cieli e il loro cibo sono avvelenati, la loro cultura e il loro patrimonio sono cancellati. Gli occidentali vivono sotto l'occupazione comunista-sionista e hanno un estremo bisogno di patrie nazionali, dato che gli ebrei massoni e i goy traditori hanno usurpato le loro.

Secondo Peter Goodgame, *The Globalists and the Islamists,*[2] i massoni hanno dato forma a tutte le organizzazioni terroristiche del XX secolo, compresi i Fratelli Musulmani in Egitto, Hamas in Palestina e il movimento khomeinista in Iran. Ma la storia della loro doppiezza risale al XVIII secolo, quando i massoni britannici crearono la setta wahhabita della stessa Arabia Saudita, per favorire i loro obiettivi imperialistici.

Anche gli islamisti (Hamas, Hezbollah, Iran) sono massoni. Il parlamento iraniano ha la forma di una piramide e le logge massoniche costellano il Paese.

---

[2] *The Globalists and the Islamists - Fomenting the "clash of civilizations" for a New World Order*, Omnia Veritas Ltd, www.omnia-veritas.com.

(Vedi all'interno - *Israele e Iran sono entrambi gestiti da massoni che tramano la terza guerra mondiale*)

Il comunismo, il sionismo e l'Islam radicale sono tutti sistemi di oppressione. Sono tutti camicie di forza. Non esiste un sistema che rappresenti gli interessi nazionalisti dei conservatori cristiani e che allo stesso tempo denunci il barbaro genocidio di Israele. L'ungherese Orban, l'inglese Farage e il canadese Poilievre hanno vigliaccamente rifiutato di condannare Israele

Condonare e favorire il genocidio è il prezzo che gli occidentali devono pagare per un minimo di indipendenza e libertà nazionale. Dobbiamo unirci a una delle due ali dello stesso culto satanico.

LE TRE GUERRE MONDIALI DI ALBERT PIKE

In una lettera del 1871 a Giuseppe Mazzini, Albert Pike, Sovrano Gran Commendatore massonico, disse che la Terza Guerra Mondiale sarebbe stata architettata dai massoni di entrambe le parti

> "La Terza guerra mondiale deve essere fomentata approfittando delle differenze causate dagli 'agentur' [agenti] degli 'Illuminati' tra i sionisti politici e i leader del mondo islamico. "La guerra deve essere condotta in modo tale che l'Islam (il mondo arabo musulmano) e il sionismo politico (lo Stato di Israele) si distruggano a vicenda. Nel frattempo le altre nazioni, ancora una volta divise su questo tema, saranno costrette a combattere fino completo esaurimento fisico, morale, spirituale ed economico.
>
> "Scateneremo i nichilisti e gli atei, e provocheremo un formidabile cataclisma sociale che in tutto il suo orrore mostrerà chiaramente alle nazioni l'effetto dell'ateismo assoluto, origine della barbarie e del più sanguinoso disordine".

Guardate quanto è accurata questa lettera del 1871 sulla Prima Guerra Mondiale

> "La prima guerra mondiale deve essere provocata per permettere agli Illuminati di rovesciare il potere degli zar in Russia e di fare di quel paese una fortezza del comunismo ateo. Le divergenze causate dagli "agentur" (agenti) degli Illuminati tra l'Impero britannico e quello germanico saranno utilizzate per fomentare questa guerra. Alla fine della guerra, il comunismo sarà costruito e utilizzato per distruggere gli altri governi e per indebolire le religioni".

Pike dice che la Seconda Guerra Mondiale ha contrapposto i nazisti ai sionisti, ma questo non è vero. I sionisti hanno installato i nazisti. La guerra fu tra sionisti (fascisti, nazisti) e comunisti (Russia e Alleati), ma aveva ragione nel dire che la Seconda Guerra Mondiale avrebbe rappresentato un trionfo per il comunismo.

> "La seconda guerra mondiale deve essere fomentata sfruttando le differenze tra i fascisti e i sionisti politici. Questa guerra deve essere condotta in modo che il nazismo sia distrutto e che il sionismo politico sia abbastanza forte da istituire uno Stato sovrano di Israele in Palestina. Durante la Seconda guerra mondiale, il comunismo internazionale deve diventare abbastanza forte da bilanciare la cristianità, che sarà poi contenuta e tenuta sotto controllo fino al momento in cui ne avremo bisogno per cataclisma sociale finale".

https://www.threeworldwars.com/albert-pike2.htm

Alle obiezioni sull'uso del termine "nazista" da parte di Pike, un lettore ha scritto: "Il termine nazista o nazismo può essere fatto risalire ai partiti völkisch che risalgono al 1800. Questi partiti hanno dato vita al Partito nazionalista socialista. Molti membri del nazismo erano stati membri della Società Thule, anche prima di diventare membri del partito nazista, come Rudolf Hess".

> "Albert Pike scrisse ampiamente sulla mitica e mistica tribù perduta degli Ariani come fonte della Massoneria. Quindi basta unire i puntini per capire che questa lettera a Mazzini è autentica al 100% e mette a tacere una volta per tutte il dibattito parola nazista. La lettera è autentica senza ombra dubbio

I ROTHSCHILD, IL CHABAD E LA "DISTRUZIONE CREATIVA"

Per Ebraismo organizzato intendo il cartello bancario dei Rothschild, alias lo Stato profondo. I nostri antenati corrotti hanno dato a questi satanisti la gallina dalle uova d'oro: La nostra carta di credito nazionale.

Creano il *mezzo di scambio* (la moneta) sotto forma di *debito verso se stessi*. Questo è qualcosa che i nostri governi potrebbero fare a debito e senza interessi! Creando denaro dal nulla, hanno comprato tutti e tutto ciò che ha valore.

Tracciano la nostra fine a spese nostre. Hanno bisogno di un governo mondiale per impedire a qualsiasi nazione di sfuggire a questa schiavitù.

I Rothschild sono sabbatiani frankisti, cabalisti come Chabad. Questa dottrina cabalista si chiama "distruzione creativa". Dopo, si "ricostruisce meglio". (666)

Secondo la Cabala, che è la dottrina fondamentale dell'ebraismo e della massoneria, "il male e la catastrofe [sono] fattori endemici nel processo di creazione. Senza il male non potrebbe esserci il bene, senza la distruzione non potrebbe aver luogo la creazione". (*Kabbalah: An Introduction to Jewish Mysticism*, di Byron L. Sherwin, p. 72). Questa è un'assurdità satanista. Il male è l'oscurità, l'assenza di Dio (la luce). Il male e la catastrofe non hanno alcun ruolo da svolgere in una religione o in una società sana e corretta.

TRUMP, NETANYAHU E PUTIN APPARTENGONO AL CHABAD

Trump ha ammesso di essere un massone che ha studiato la Cabala. Fa continuamente segni di mano massonici di preghiera verso il basso che nessuno, nemmeno i democratici, osa menzionare.

Sia Trump che Putin sono attivi negli affari con Chabad. Nel 2017, *Politico* ha rivelato questo accordo "happy go lucky".

> "A partire dal 1999, Putin arruolò due dei suoi più stretti confidenti, gli oligarchi Lev Leviev e Roman Abramovich, che sarebbero diventati i maggiori mecenati di Chabad in tutto il mondo, per creare la Federazione delle Comunità Ebraiche della Russia sotto la guida del rabbino di Chabad Berel Lazar, che sarebbe diventato noto come "il rabbino di Putin".

Qualche anno dopo, Trump avrebbe cercato progetti e capitali russi unendo le forze con una partnership chiamata Bayrock-Sapir, guidata dagli emigrati sovietici Tevfik Arif, Felix Sater e Tamir Sapir, che mantengono stretti legami con Chabad. Le imprese della società avrebbero portato a molteplici cause legali per frode e a un'indagine penale su un progetto di condominio a Manhattan. Nel frattempo, i legami tra Trump e Chabad continuavano ad accumularsi".

https://www.politico.com/magazine/story/2017/04/the-happy-go-lucky-jewish gruppo-che-collega-Trump-e-Putin-215007/

I blogger russi affermano che la madre di Putin era ebrea. Suo nonno era il cuoco di Lenin e Stalin. Chabad gestisce la Russia da dietro le quinte. Il rabbino capo, Beryl Lazar, ha detto che i vicini di Chabad hanno praticamente adottato Putin da bambino.

https://beforeitsnews.com/alternative/2021/05/history-of-putin-kgb-chabad-the mossad-must-watch-video-to-understand-how-well-coordinated-and-organized-these agencies-are-3750647.html

https://youtube.com/shorts/oRnKKrznOTQ?si=Fm0sqJsy8X3ma6Nh

Questo insider ebreo dice che Chabad controlla la Russia. Putin è un membro della Chabad. Chabad e il Mossad si sovrappongono.

https://x.com/JuniusJuvenalis/status/1869385347580526905

https://collive.com/lubavitchers-in-the-israeli-mossad/

Il Presidente argentino Javier Milei è parente di Netanyahu. Durante una visita del novembre 2023, si è in pellegrinaggio al luogo di sepoltura di Schneerson, indicando che anche lui è membro di Chabad.

https://www.breitbart.com/politics/2023/11/27/photos-argentinas-javier-milei-visits il-gravesito-di-lubavitcher-rebbe-be prima-dell'incontro-u-s-officiale/

Tra l'altro, Che Guevera era cugino di primo grado di Ariel Sharon, un altro segno che comunismo e sionismo sono due facce della stessa medaglia.

https://henrymakow.com/2016/04/che-guevera-was-jewish.html

LA "VERITÀ"

Il 7 ottobre 2024, Trump ha segnalato la sua appartenenza a Chabad su commemorando l'attacco di Hamas a Israele sul luogo della tomba di Menachem Schneerson.

L'attacco di Hamas del 7 ottobre 2023 ha innescato la sequenza di eventi che sta portando alla Terza Guerra Mondiale. Questo attacco è avvenuto con la complicità di Israele come pretesto per distruggere Gaza. Netanyahu si rifiuta di consentire un'indagine.

È lo stesso Schneerson che in un video del 1991 esortava il giovane Benjamin Netanyahu a sbrigarsi a scatenare una guerra nucleare.

Dopo lo scambio di formalità Netanyahu ha detto: "Vengo a chiedere la vostra benedizione e il vostro aiuto. In tutti gli ambiti, politici e personali.

Il Rebbe rispose: "Dall'ultima volta che ci siamo incontrati, molte cose sono progredite. Quello che non è cambiato, però, è che Moshiach [Messia] non è ancora arrivato. Quindi fate qualcosa per affrettare la sua venuta.

Netanyahu: "Stiamo facendo. Stiamo facendo.

Netanyahu è cresciuto a Filadelfia in una famiglia satanista degli Illuminati, ovvero una famiglia che alleva i propri figli con l'SRA (abuso rituale satanico) e li sottopone al "controllo mentale" per creare molteplici personalità schiave controllabili ("alter ego").

https://www.henrymakow.com/2023/11/ netanyahu-groomed-satanist.html

Durante questo incontro, il Rebbe Lubavitcher ha detto: "Lui, Benjamin Netanyahu, sarà il primo ministro di Israele, che passerà lo scettro al Messia".

Netanyahu ha ripetutamente affermato che Israele dovrebbe essere "una superpotenza mondiale". Nel gennaio 2025 teneva presentazioni in PowerPoint in cui affermava che Israele è uno dei Paesi più piccoli della Terra, che controlla meno dello 0,3% del Medio Oriente.

https://youtube.com/shorts/Utw8V70A3O4?si=dErSwBcL4XWvZnkH

Vorrebbe rovesciare tutti i governi e installare dei burattini come a Washington. Ha chiesto agli iraniani di ignorare le sue tendenze genocide e di sperimentare la bella vita sotto un fantoccio israeliano.

GENOCIDIO DELL'UCRAINA

In un articolo del 1994, Mendel Schneerson ha parlato del genocidio slavo negli stessi termini in cui Albert Pike ha parlato della terza guerra mondiale. La guerra sarà architettata dai massoni di entrambe le parti per uccidere i goyim. Zelensky e Putin sono entrambi ebrei massoni.

> "Lo slavo, il russo, può essere distrutto ma mai conquistato. Ecco perché questo seme è soggetto a liquidazione e, all'inizio, a una forte riduzione del suo numero".

> "Gli ucraini penseranno di combattere contro la Russia espansionista e di lottare per la loro indipendenza. Penseranno di aver finalmente conquistato la libertà, mentre saranno completamente sottomessi da noi. Lo stesso penseranno i russi, come se difendessero i loro interessi nazionali per restituire le loro terre, "illegalmente" loro, e così via".

Sembra che le guerre in Ucraina e a Gaza siano collegate da un piano per stabilire un'altra patria ebraica in Ucraina. Schneerson spiega l'aggressione ucraina in termini Chabad.

> "Guardando indietro nella storia, bisogna ammettere che queste terre sono le antiche terre ancestrali della Khazaria ebraica, cioè Israele, catturate dalla Rus' di Kyiv (l'antico Stato della Russia con capitale a Kyiv) nel X secolo. Gli Slavi sono ospiti temporanei di queste terre e sono soggetti a sfratto. Restituiremo questo territorio e costruiremo la Grande Khazaria - lo Stato ebraico - su queste terre fertili, così come, 50 anni fa, abbiamo creato Israele, schiacciando i palestinesi. Gli israeliani si trasferiranno in parte qui, e noi cacceremo il bestiame slavo molto più a nord, oltre Mosca. Ci sarà un piccolo Territorio del Nord, una riserva con una popolazione compatta - una riserva, come le riserve indiane in America".

https://henrymakow.com/2024/07/russia-khazaria-ukraine.html

LA DISTRUZIONE DEL "VECCHIO ORDINE

Siamo sotto attacco incessante da parte dell'Ebraismo organizzato e della Massoneria: Guerre gratuite, plandemie, incendi DEW, scie chimiche, migranti, distrofia di genere, uragani ingegnerizzati, insetti mangiatori: l'elenco è infinito.

Agli agricoltori viene impedito di coltivare il cibo. Alle mucche viene impedito di scoreggiare. Gli oleodotti vengono fatti esplodere. I migranti vengono ospitati in alberghi di lusso mentre i cittadini rimangono senza casa. Tutto questo ha senso se si capisce che il vero scopo è distruggere la civiltà cristiana.

Nel 1915, Nahum Goldman scrisse: "La missione storica della nostra rivoluzione mondiale è quella di riorganizzare una nuova cultura dell'umanità per sostituire il sistema sociale precedente."

Questa conversione e riorganizzazione della società globale richiede due fasi essenziali: in primo luogo, la distruzione del vecchio ordine stabilito, in secondo luogo, la progettazione e l'imposizione del nuovo ordine.

La prima fase richiede l'eliminazione di tutti i , della nazione e della cultura, delle barriere etiche della politica pubblica e delle definizioni sociali; solo allora gli elementi del vecchio sistema distrutto potranno essere sostituiti dagli elementi del sistema imposto del nostro nuovo ordine. **Il primo compito della nostra rivoluzione mondiale è la distruzione.** Tutti gli strati e le formazioni sociali creati dalla società tradizionale devono essere annientati, i singoli uomini e le singole donne devono essere sradicati dal loro ambiente ancestrale, strappati dai loro ambienti nativi, a nessuna tradizione di alcun tipo deve essere permesso di rimanere come sacrosanta, le norme sociali tradizionali devono essere viste solo come una malattia da estirpare, il dettame dominante del nuovo ordine è: nulla è buono, quindi tutto deve essere criticato e abolito, tutto ciò che era, deve sparire.

Nel 1915 Nahum Goldman, il fondatore del Congresso ebraico mondiale, pubblicò *La guerra tedesca: lo spirito del militarismo* (in tedesco) che afferma chiaramente: "Il primo compito della nostra rivoluzione mondiale è la distruzione".

Dopo la distruzione del vecchio ordine, la costruzione del nuovo ordine è un compito più grande e più difficile. Avremo strappato le vecchie membra dalle loro antiche radici in strati profondi, le norme sociali giacciono disorganizzate e anarchiche e devono essere bloccate contro le nuove forme culturali e le categorie sociali che riemergono naturalmente.

Le masse in generale saranno state dapprima persuase ad unirsi come pari nel primo compito di distruggere la loro società tradizionale e la loro cultura economica, ma poi il nuovo ordine dovrà essere stabilito con la forza attraverso la divisione e la differenziazione delle persone solo in accordo con il nuovo sistema gerarchico piramidale del nostro imposto nuovo ordine mondiale monolitico globale.

Può essere più esplicito? Siamo di fronte a un potere occulto. Siamo di fronte al male puro.

SPOPOLAMENTO È UN EUFEMISMO PER DIRE GENOCIDIO

Nel 1974, il Club di Roma, creato da David Rockefeller, dichiarò: "La Terra ha un cancro e il cancro è l'uomo.

Naturalmente, il vero cancro è David Rockefeller e i suoi simili.

Con il pretesto di una crisi ambientale e della sovrappopolazione, gli ebrei massoni stanno cercando di spopolare il pianeta.

Nel 2014, il Rapporto Deagel ha previsto un calo catastrofico della popolazione in molti Paesi nel 2025. Edwin Deagel è stato assistente del Segretario alla Difesa e Vice Segretario alla Difesa. È stato anche direttore delle relazioni internazionali della Fondazione Rockefeller.

L'America sarà un disastro. La popolazione statunitense diminuirà del 70%, il PIL crollerà completamente dell'87%, l'esercito scomparirà del 95% e l'economia crollerà del 73%. Sì, queste sono le reali previsioni di Deagel per gli Stati Uniti... Tutte queste centinaia di milioni di persone saranno uccise da fame, guerre nucleari, pestilenze, vaccini mortali e truffe.

https://henrymakow.com/2024/09/deagel-grim-prediction.html

Le Georgia Guidestones sono state fatte esplodere nel luglio 2022 perché la loro previsione sulla popolazione mondiale - 500.000 - stava diventando imbarazzante.

"Quello che sta accadendo è lo spopolamento". L'insider satanista Aloysius Fozdyke ha scritto nel 2021. "Le cifre sono state fornite dal [mio mentore, Frater] Narsagonan, così come le nostre tempistiche: 70% di riduzione della popolazione entro il 2030. Continuiamo a usare la Magia dei Paradigmi. Se si può cambiare o sostituire un paradigma, le cose cambiano nel mondo reale.

"Tutti i governi contano sul fatto che le loro pecorelle rispondano in modo tipicamente infantile, anche identificandosi inconsciamente con una forza più potente, anche se questa le schiavizza, le brutalizza e le umilia".

"In base a qualsiasi valutazione oggettiva, ci sono troppi "mangiatori inutili", molti dei quali sono malati o "raschiati dal fondo del pool genetico". La popolazione umana globale è controllo. I giochi sono iniziati! Gli anziani e i malati cronici - in quest'ordine. Dopo di che, l'economia abbatterà il resto".

https://www.henrymakow.com/2021/01/Satanists-Aim-at-70-Depopulation-by-2030.html

Nel 1993, John Coleman, informatore dell'MI-6, scrisse: "Almeno 4 miliardi di "mangiatori inutili" saranno eliminati entro l'anno 2050 per mezzo di guerre limitate, epidemie organizzate di malattie fatali ad azione rapida e fame. L'energia, il cibo e l'acqua saranno mantenuti a livelli di sussistenza per le persone non elitarie, a partire dalle popolazioni bianche dell'Europa occidentale e del Nord America, per poi estendersi alle altre razze.

La popolazione del Canada, dell'Europa occidentale e degli Stati Uniti sarà decimata più rapidamente che in altri continenti, fino a quando la popolazione mondiale raggiungerà un livello gestibile di 1 miliardo, di cui 500 milioni saranno costituiti da cinesi e giapponesi, selezionati perché sono persone che sono state irreggimentate per secoli e che sono abituate a obbedire all'autorità senza fare domande.

L'1% possiede il 95% della ricchezza mondiale. Questa situazione è "insostenibile" fino a quando non otterranno l'ultimo 5%.

"Le masse non elitarie saranno ridotte al livello e al comportamento di animali controllati, privi di volontà propria e facilmente irreggimentabili e controllabili. Il matrimonio sarà bandito e non ci sarà più la vita familiare come la conosciamo. I bambini saranno allontanati dai genitori in tenera età e cresciuti da assistenti come proprietà dello Stato".

https://www.henrymakow.com/2021/06/john-coleman-4-billion-useless-eaters.html

GLI EBREI HANNO GENOCIDIATO I CRISTIANI NEL CORSO DELLA STORIA

La persecuzione e la distruzione dei bianchi cristiani da parte degli ebrei non è un fatto recente, ma risale a tempi lontani. Scrivendo nel numero di aprile 1921 dell'*Hebrew Christian Alliance Quarterly*, il Rev. M Malbert ha dichiarato:

> "Al tempo di Giustiniano, nel VI secolo, i Giudei massacrarono i cristiani a Cesarea e distrussero le loro chiese. Quando Stephanos, il governatore, tentò di difendere i cristiani, i Giudei gli caddero addosso e lo uccisero
>
> "Nel 608 d.C., gli ebrei di Antiochia attaccarono i loro vicini cristiani e li uccisero con il fuoco e la spada
>
> Verso il 614 d.C., i Persiani avanzarono in Palestina e gli Ebrei, dopo essersi uniti al loro stendardo, massacrarono i cristiani e distrussero le loro chiese. Solo a Gerusalemme perirono novantamila cristiani

Aggiungete il seguente elenco di omicidi di massa di cristiani da parte degli ebrei:

Sessanta milioni di persone uccise dal "Terrore Rosso" dei bolscevichi. Circa sette milioni di ucraini sono morti di fame durante l'Olomodo.

Un decimo della popolazione spagnola è stato assassinato dagli ebrei comunisti durante la guerra civile spagnola.

"La loro purificazione consisteva principalmente nel massacro di sacerdoti, suore, coristi, donne e bambini". Almeno 200.000 civili morirono nei bombardamenti incendiari di Amburgo e Dresda nel 1945.

Almeno 200.000 civili morirono nel bombardamento di Amburgo e Dresda nel 1945. Gli ebrei comunisti massacrarono 15.000 ufficiali polacchi nella foresta di Katyn nel 1940.

Charles Weisman scrive,

> "Gli ebrei si rallegrarono particolarmente della morte di milioni di profughi cristiani dopo la guerra (la seconda guerra mondiale), poiché il modo in cui morirono soddisfaceva la dottrina più cara dell'odio ebraico

verso tutti i cristiani - che i non ebrei, essendo considerati non umani o bestiame secondo il termine ebraico "goyim", non devono essere sepolti.

"Questa è una violazione della legge ebraica, che proibisce di seppellire "animali". Questi milioni di rifugiati cristiani giacciono dove sono caduti durante queste terribili espulsioni comuniste rosse, e non hanno mai ricevuto una sepoltura cristiana" (106).

Il Piano Morgenthau mirava a privare la Germania del dopoguerra della sua industria e a trasformarla in un Paese agricolo. Questo equivale a un genocidio, poiché la Germania non sarebbe stata in grado di sostenere la sua popolazione.

"Oltre 400 milioni di bianchi sono stati cancellati dalla faccia della terra negli ultimi 300 anni dagli ebrei". (Weisman, pag. 113)

Inoltre, si pensi ai circa 65 milioni di persone massacrate da Mao Zedong.

Charles Weisman identifica gli ebrei con Esaù e i cristiani con Giacobbe. Alla fine, Giacobbe è vittorioso.

Charles Weisman, *Chi è Esaù-Edom?* (1991

FORMICAIO ROTHSCHILD

In *The Rothschild Dynasty* (2006)[3] John Coleman fa piazza pulita della storia moderna

Dal 1820 circa, l'Europa e il mondo sono controllati dalla famiglia satanista suprematista ebraica Rothschild

Tutti i principali leader sono stati dei ritagli di Rothschild, compresi Bismarck, Metternich, D'Israele, Churchill, Hitler, Stalin, FDR [e tutti i presidenti degli Stati Uniti], ecc. Sono stati tutti comprati e ricattati. Putin e Trump non fanno eccezione.

In *Gli ebrei e il capitalismo moderno* (1911) il prof. Werner Sombart scriveva:

---

[3] *La dinastia Rothschild*, Omnia Veritas Ltd, www.omnia-veritas.com.

> "Il periodo che va dal 1820 in poi divenne l'età dei Rothschild, tanto che a metà del secolo era un luogo comune affermare che c'è un solo potere in Europa, ed è quello dei Rothschild". (Coleman, p. 40)

Hanno finanziato e tratto profitto da tutte le guerre più importanti, tra cui la Rivoluzione americana, la Rivoluzione francese, la Guerra civile statunitense, la Rivoluzione russa e le due Guerre mondiali.

Coleman spiega:

> "La Prima guerra mondiale è stata combattuta per instaurare il bolscevismo in Russia, stabilire una "casa per gli ebrei in Palestina", per distruggere la Chiesa cattolica e per smembrare l'Europa".
>
> "La Seconda guerra mondiale è stata combattuta per distruggere il Giappone e la Germania, per affermare l'URSS potenza mondiale comunista e per estendere la portata del bolscevismo su tre quarti del mondo.

In seguito, gli Stati Uniti furono indotti ad aderire al successivo tentativo di governo unico mondiale, le Nazioni Unite.

> "La Seconda guerra mondiale ha cambiato la struttura degli Stati Uniti, che sono stati costretti dal grande contingente di (((socialisti internazionali)) in posizioni di potere a staccarsi dalla loro Costituzione e dalla loro forma di governo repubblicana e ad assumere il ruolo nuovo Impero Romano del mondo. In breve, gli Stati Uniti furono trasformati in una potenza imperiale per conquistare il mondo per conto del socialismo internazionale (cioè il comunismo). Dietro questi potenti cambiamenti c'erano il denaro, il potere e la mano guida dei Rothschild".

I SATANISTI GENTILI EVITANO LE RESPONSABILITÀ INCOLPANDO TUTTI GLI EBREI

Nel 2024, E. Michael Jones ha twittato la richiesta di "rompere il tabù degli ebrei" e di ritenere tutti gli ebrei responsabili del buco di merda che è diventato l'Occidente.

Ho risposto su X:

> Gli ebrei assimilati saranno capri espiatori per le azioni dei sionisti e degli ebrei comunisti". La colpa delle prossime calamità ricadrà su tutti gli ebrei, indipendentemente dalle loro azioni o opinioni individuali. Le persone che hanno delle rimostranze sono le prime a vittimizzare altre persone innocenti".

La gente ha risposto dicendo: perché gli ebrei non chiamano gli altri ebrei? Cosa pensate che stia facendo?

E Henry Klein? Myron Fagan? Benjamin Freedman? Norman Finkelstein? Nathaniel Kapner?

Il motivo per cui un maggior numero di ebrei non parla è che hanno paura. L'ebraismo è un culto satanico che ostracizza e perseguita i dissidenti. Ma l'ebraismo organizzato sarebbe stato impotente senza la collaborazione di opportunisti e traditori massoni gentili.

Zoomiamo per un momento. Mentre gli ebrei vengono incolpati, ci sono 30 sionisti cristiani per ogni sionista ebreo. Questa è la base di potere di Trump. Questi cristiani pensano che l'apocalisse riporterà Cristo e loro saranno "rapiti", cioè allontanati dalla terra per abitare in cielo.

https://www.bibleref.com/1-Corinthians/15/1-Corinthians-15-51.html

Sembra che la geoingegneria meteorologica - uragani, incendi, tornado, inondazioni - sia stata progettata per simulare la fine dei tempi.

> Nazione contro nazione e regno contro regno. Ci saranno carestie e terremoti in vari luoghi. Tutto questo è l'inizio delle doglie del parto. (Matteo 24-7)

Perché i goyim hanno dato a questi ebrei la loro carta di credito nazionale? E perché la loro opposizione all'egemonia giudaico-massonica è stata così inefficace.

Gli ex alunni di Skull and Bones hanno governato gli Stati Uniti per più di un secolo. Fondata nel 1832, la Skull and Bones di Yale non ha ammesso gli ebrei fino agli anni Cinquanta. Quanto segue si basa su una ricerca di Eric Dubay.

https://henrymakow.com/2024/08/skull-and-bones---gentiles-eva.html

> "Durante la Seconda guerra mondiale i membri di Skull and Bones erano contemporaneamente alla Casa Bianca e finanziavano Hitler. Il massone di 33° grado/presidente Harry Truman e il segretario di Skull and Bones/segretario alla Guerra Henry Stimson controllavano gli Stati Uniti mentre una dozzina di altri membri della Bones finanziavano il membro della società segreta Thule Adolf Hitler attraverso la Union Bank, la Guaranty Trust e la Brown Bros. Harriman Company".

Ad esempio, i presidenti degli Stati Uniti William H. Taft, George Herbert

Walker Bush e George Walker Bush erano tutti e tre membri di Skull and Bones. I seguenti senatori statunitensi: Prescott Bush, John Kerry, David Boren, Jonathan Bingham, John Chaffe, John Sherman Cooper, James Buckley, Chauncey Depew, Frank Bosworth Brandegee, Robert A. Taft, William Maxwell Evarts e John Heinz erano tutti membri di Skull and Bones.

Fondatore *della National Review* e conduttore del programma televisivo *Firing Line*, William F. Buckley era un Bonesman e lo era anche Henry Luce, fondatore delle riviste TIME, Life, Fortune, House & Home e Sports Illustrated.

Henry Stimson, classe 1888, è stato Segretario alla Guerra del Presidente Taft (1911-13), Segretario di Stato di Herbert Hoover (1929-1933) e Segretario alla Guerra di Harry Truman (1940-45).

Questo significa che durante la Seconda Guerra Mondiale i membri di Skull and Bones erano contemporaneamente alla Casa Bianca e a finanziare Hitler".

Chiaramente gli Illuminati sono definiti dal satanismo (massoneria, cabala) e non dall'etnia.

INTRAPPOLATI IN UN SOLIPSISMO EBRAICO

Il fatto di rappresentare una falsità come una verità è sufficiente a renderla tale, è la linea di fondo della cosmologia della Cabala.

Il genocidio non è tale se "hai il diritto di difenderti.

In altre parole, la percezione è più importante della realtà. I cabalisti hanno la licenza di mentire e ingannare.

Gli eventi attuali sono inventati nello stesso modo in cui viene scritta la sceneggiatura di un film. Vengono immaginati. Questi "scenari" diventano "simulazioni" che diventano "realtà". La sceneggiatura è anche chiamata "modellazione".

Recentemente la CBS *Sixty Minutes* ha chiesto a un agente del Mossad come avessero convinto Hamas a comprare cercapersone con trappole esplosive. Ha risposto:

> "Creiamo società di comodo su società di comodo e non c'è modo di a Israele. Creiamo un mondo finto. Siamo una società di produzione

> globale. Scriviamo la sceneggiatura. Siamo i registi. Siamo i produttori. Siamo gli attori principali. Il mondo è il nostro palcoscenico".

https://x.com/Osint613/status/1871108928810918050

Nelle parole di Klaus Schwab,

> "La pandemia rappresenta una rara ma ristretta finestra di opportunità per riflettere, immaginare e reimpostare il nostro mondo".

Esattamente.

> "Non c'è mai stato nulla di salute pubblica. Era racket allo scopo di instillare terrore per adattare i comportamenti delle popolazioni. Punto. Questo è tutto ciò che è stato. Questo è ciò che è sempre stato". (Dr. David Martin al Parlamento dell'UE a Strasburgo. 13 settembre 2023)

Il satanismo distrugge i suoi adepti. Ci siamo lasciati ingannare, minare e corrompere. Ora ne paghiamo il prezzo.

L'insider degli Illuminati Jacques Attali ha detto meglio: la storia *"non è mai altro che il pensiero più forte".*

LA MIGLIORE TRUFFA CHE IL DENARO POSSA COMPRARE

Tu eri lì. La maschera è caduta. La nostra libertà è stata strappata via con il falso pretesto di una "emergenza sanitaria". Questa "emergenza" era l'influenza stagionale ridenominata. Il governo, la medicina, i media, la Chiesa e le forze dell'ordine hanno messo in atto questa bufala.

Gli ebrei massoni e i massoni hanno rosicchiato tutte le nostre istituzioni sociali come termiti. Con le nostre pretese di "diritti umani", ci siamo trasformati in una notte in uno stato di polizia comunista. Sono stati alzati muri di plexiglass; sono state imposte inutili distanze sociali e maschere. Le persone sono state rinchiuse nelle loro case. Venivano arrestate e picchiate per non aver indossato una maschera o per essersi sedute su una panchina del parco o su una spiaggia. Gli ospedali usavano i ventilatori per uccidere i pazienti. Ai bambini veniva impedito di visitare i genitori morenti.

Milioni di persone hanno perso la vita o sono rimaste mutilate, eppure i media tradizionali tacciono e accampano scuse. Nell'ottobre 2019, i criminali del WEF hanno provato questa psyop in un evento chiamato "Evento 201". Farmaci come l'ivermectina e l'idrossiclorochina sono stati vietati per giustificare la "designazione di emergenza" per la terapia genica travestita da vaccino.

Una pandemia con un tasso di mortalità dello 0,25% non è una pandemia. Una malattia senza sintomi non è una malattia. La Florida, la Svezia e la Norvegia si sono aperte senza conseguenze e hanno dimostrato che la COVID era una bufala. Ma tutti si sono prestati a questa farsa. Si arricchivano o venivano pagati per non fare nulla.

Le imprese cadevano come mosche, ma i proprietari venivano risarciti. Non ci fu quindi una rivolta come avrebbe dovuto essere. La gente era accecata dai pericoli del denaro gratuito. Spesso c'erano le ciambelle.

Anche i miliardari hanno ricevuto assegni federali di stimolo. Medicare ha pagato agli ospedali statunitensi tra i 13.000 e i 50.000 dollari per un ricovero in ospedale. Altri 39.000 dollari se il paziente viene messo ventilazione e altri 13.000 dollari dopo ucciso. Non c'è da stupirsi che le famiglie accusino gli ospedali di aver ucciso i loro parenti.

Pfizer ha realizzato 100 miliardi di dollari di fatturato e 30 miliardi di dollari di profitto nel 2022. Si trattava di una ripetizione della crisi creditizia del 2007-8. Stavano di nuovo derubando il Tesoro degli Stati Uniti.

Gli Stati Uniti hanno speso 6.000 miliardi di dollari per la risposta covida. Ma per non farvelo notare, hanno comprato i mass . Bill Gates ha donato 319 milioni di dollari ai , compresi 13,6 milioni di dollari alla prestigiosa rivista medica *Lancet*. Sono stati comprati letteralmente tutti. Justin Trudeau ha donato 600 milioni di dollari a selezionati media canadesi.

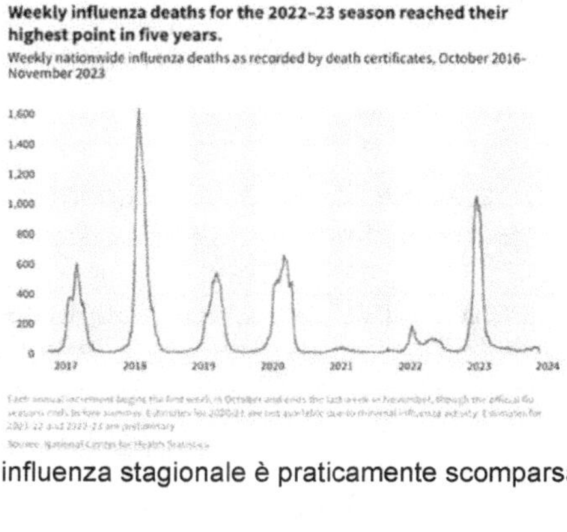

L'influenza stagionale è praticamente scomparsa.

La spesa per il COVID e l'Ucraina ha causato inflazione e distrutto il dollaro USA. Questo ha creato una bolla del mercato azionario e una miriade di crypto NFT (non fungible token) che aspettano solo di crollare.

ABBIAMO GIÀ UN GOVERNO MONDIALE DI FATTO

La "pandemia" ha rivelato che i nostri politici, giornalisti, medici, educatori, poliziotti, agenzie di intelligence e militari sono tutti al servizio del cartello bancario Rothschild e non dei cittadini che pagano i loro stipendi.

Più di 190 governi hanno affrontato la truffa del COVID-19 in modo identico, con chiusure, allontanamenti sociali, obblighi di mascheratura e passaporti di vaccinazione ovunque.

L'uniformità mondiale delle misure contro le pandemie rivela che esiste già un governo mondiale comunista basato sulle Nazioni Unite. L'Organizzazione Mondiale della Sanità (OMS) è un'agenzia delle Nazioni Unite.

Tutti i Paesi ballano al ritmo dell'OMS perché dipendono tutti dai Rothschild per credito e la moneta. La pandemia è stata una scusa per imporre un cambiamento sociale e politico comunista non democratico, secondo l'Agenda 2030 delle Nazioni Unite.

Il motivo per cui tutti sono in stato comatoso potrebbe essere che, a partire dall'agosto 2024, quasi 2/3 della popolazione mondiale è stata completamente vaccinata. Non dimentichiamo mai questo incubo.

Parigi vieta l'esercizio fisico all'aperto durante le ore diurne. I negozi chiudono i corridoi contenenti articoli considerati "non essenziali". Questi includono giocattoli, intrattenimento, prodotti di bellezza e attrezzature sportive.

Un direttore dell'OMS afferma che la polizia può irrompere nelle vostre case e portare via chiunque ritenga infetti. Cuomo esorta la polizia di New York a essere "più aggressiva" nell'interrompere funerali, grandi assembramenti e persone che "giocano a frisbee nel parco", mentre aumenta le multe a 1.000 dollari per non rispetta le regole di distanza sociale. I droni avvertono gli escursionisti di tenere una distanza di un metro e mezzo.

A Santa Monica, un surfista solitario viene portato via in manette. In

Pennsylvania una giovane donna è stata multata di 200 dollari per aver fatto un giro in macchina, violando l'ordine del governatore di rimanere a casa.

Le funzioni religiose vengono cancellate. Vengono istituite linee telefoniche dirette per spiare i vicini. In Colorado, un padre viene ammanettato per aver giocato a softball con la figlia in un parco. Un funzionario sanitario di Trump ha descritto la COVID come una "brutta stagione influenzale.

A un medico dell'Alberta sono stati concessi quindici minuti per lasciare l'ospedale dopo aver prescritto l'Ivermectina, che si è dimostrata efficace.

Il coronavirus ha attaccato selettivamente i Paesi e gli Stati governati dai comunisti (Germania, Francia, Austria, Australia, California, New York) rispetto a quelli governati dai sionisti (Ungheria, , Florida, Texas), evitando per qualche motivo la Svezia e la Norvegia. I presidenti che rifiutano la vaccinazione di massa sono stati assassinati. (Tanzania, Haiti.

I dipendenti della Casa Bianca, del CDC, della FDA, dell'OMS e di Big Pharma sono stati esentati dalle vaccinazioni obbligatorie. Così come molti operatori sanitari e membri dell'UAW.

L'entità del danno è ancora in corso e viene soppressa.

Il cambiamento climatico è un altro pretesto inconsistente per i miliardari per accaparrarsi le risorse del mondo uccidendoci. Al Vertice della Terra di Rio del 1992, quasi 200 Paesi di tutto il mondo hanno accettato di privare i propri cittadini di diritti e di aderire alla psy op sul cambiamento climatico.

La prima rivoluzione globale: A Report to the Club of Rome (1991), si legge,

> "Alla ricerca un nuovo nemico che ci unisse, abbiamo pensato che l'inquinamento, la minaccia del riscaldamento globale, la scarsità d'acqua, la carestia e simili potessero fare al caso nostro. Tutti questi pericoli sono causati dall'intervento umano e possono essere superati solo cambiando atteggiamento e comportamento. Il vero nemico, quindi, è l'umanità stessa".

https://altamontenterprise.com/09252019/elitists-have-created-myth-climate cambiare-eliminare-la-sovranità-nazionale

Umanità = Non Satanisti.

COMUNISMO

L'immagine popolare del comunismo come difensore dei poveri non ha senso. Il comunismo è stato finanziato dal cartello dei Rothschild per distruggere i loro rivali. Karl Marx disse che l'obiettivo del comunismo è "l'abolizione della proprietà privata" - la vostra, non la loro.

Il comunismo è l'estensione del monopolio creditizio dei Rothschild a un monopolio letteralmente su tutto: potere, ricchezza, pensiero, comportamento.

Nel 1938, l'insider degli Illuminati Christian Rakovsky disse al suo interrogatore dell'NKVD che i banchieri centrali avevano creato lo Stato comunista come una "macchina di potere totale" senza precedenti nella storia.

Rakovsky, il cui vero nome era Chaim Rakover, era stato condannato a morte all'indirizzo durante l'epurazione di Stalin della fazione trotskista del partito.

"Immaginatevi, se potete, un piccolo numero di persone che hanno un potere illimitato grazie al possesso di ricchezze reali, e vedrete che sono i dittatori assoluti della borsa e [dell'economia]... Se avete abbastanza immaginazione allora... vedrete [la loro] influenza anarchica, morale e sociale, cioè rivoluzionaria... Capite ora?".

"...Hanno creato il denaro a credito con l'obiettivo di rendere il suo volume prossimo all'infinito. E per dargli la velocità del suono.... è un'astrazione, un essere del pensiero, una cifra, un numero, un credito, una fede.

In passato "c'è sempre stato spazio per la libertà individuale". Capite che coloro che già governano parzialmente le nazioni e i governi del mondo hanno la pretesa di dominare in modo assoluto? Comprendete che questa è l'unica cosa che non hanno ancora raggiunto.

(Des Griffin, *Il quarto Reich dei ricchi,* pp.245-246)

Devono proteggere il loro monopolio creditizio creando un "governo mondiale" per impedire a qualsiasi Paese di emettere il proprio credito (denaro) o di ripudiare il proprio "debito".

In *Behind the Green Mask* (2011)[4] Rosa Koire ha affermato che l'Agenda 21 è "il progetto, il piano d'azione, per inventariare e controllare tutta la terra, tutta l'acqua, tutti i minerali, tutte le piante, tutti gli animali, tutte le costruzioni, tutti i mezzi di produzione, tutta l'istruzione, tutta l'energia, tutte le informazioni e tutti i bisogni umani nel mondo". È un piano completo".

CONCLUSIONE

Spero che questo libro possa risvegliare un maggior numero di persone sul pericolo che stiamo correndo. Questo è il culmine di un sinistro complotto secolare. I fanatici religiosi stanno per esplodere il mondo per realizzare le folli profezie bibliche della fine dei tempi. Voglio sbagliarmi.

Trump, Netanyahu e Putin appartengono tutti a Chabad, un culto razzista suprematista ebraico che utilizza agenti da entrambe le parti per un'apocalisse nucleare. Ammettono le loro intenzioni malevole, ma a noi è stato fatto il lavaggio del cervello su per evitare l'"antisemitismo" e non riusciamo a crederci.

2009- L'influenza suina uccide 10.000 americani e ne ammala 50 milioni. Nessuna pandemia. Nessuna chiusura.

[4] *Dietro la maschera verde,* Omnia Veritas Ltd, www.omnia-veritas.com.

Dobbiamo iniziare ad ascoltare la nostra anima e il buon senso. Abbiamo bisogno di una religione viva. Dobbiamo vivere la nostra religione.

I satanisti possono possedere gli organi di inganno di massa, ma la Realtà non può essere rovesciata. La nostra salvezza risiede in una rinascita religiosa in cui le persone riscoprono e manifestano la loro Divinità

Dio è Realtà e il tentativo di negarlo porterà alla catastrofe.

Libro Uno

Chabad, satanismo ebraico, massoneria

Disertore Chabad: Il razzismo ebraico dietro il genocidio dei bianchi e la terza guerra mondiale

Ex Chabadnik: "Chabad è un'organizzazione razzista - un culto missionario suprematista ebraico il cui obiettivo principale è la superiorità totale degli ebrei sui "Goyim" e la loro schiavitù".

"Spero che gli europei bianchi e coloro che sono contrari al genocidio dei bianchi capiscano che la ragione per cui la razza bianca viene attaccata oggi è quella dell'unica ideologia razzista per eccellenza del pianeta: Il giudaismo".

da Defector

Il razzismo ebraico è la convinzione che gli ebrei abbiano un'anima **superiore** a quella dei non ebrei e che i non ebrei abbiano un'anima satanica. Ciò significa che tutti gli ebrei religiosi, a prescindere dal colore della pelle e dal Paese di origine, considerano i non ebrei "inferiori" semplicemente perché hanno un'anima satanica. Questa è la mia esperienza e comprensione della religione ebraica in generale e di una setta razzista "Chabad" in particolare.

Trump e i nazisti e Chabad - le stesse mani incrociate

Tutto è iniziato all'età di 20 anni. All'epoca ero un ebreo religioso, ma non facevo parte di Chabad. Poi, nel 2005, mentre ero in visita a New York, ho incontrato un emissario di Chabad che mi aveva presentato il movimento. Mi chiese se potevo visitare il "770" a Brooklyn NY. Lo feci. Ho partecipato ai loro rituali e alle loro riunioni e nei quattro anni successivi sono diventato un fanatico seguace di Chabad.

Discutevamo della venuta del Messia ebraico e del mondo futuro immaginato da Chabad e dalla religione ebraica: un mondo in cui gli ebrei sono i padroni supremi della Terra, dove ogni singolo ebreo ha fino a 2.800 schiavi gentili, un mondo in cui l'unico scopo dei non ebrei è servire gli ebrei. D'altra parte, gli ebrei sono considerati la "Sede di Dio".

COSA E CHI È CHABAD?

Chabad è un'organizzazione razzista - un culto missionario suprematista ebraico il cui obiettivo principale è la superiorità totale degli ebrei sui "goyim" e la loro schiavitù. Il suo comandamento centrale è l'adempimento del comandamento "Sfondamento", cioè rendere il mondo sicuro per il dominio mondiale sionista.

Chabad addestra i suoi giovani a diventare emissari da grandi. Essere un "emissario" in termini Chabad significa diffondere la loro ideologia razzista agli ebrei di tutto il mondo, soprattutto a quelli che non praticano l'ebraismo. Essi sostengono ideologicamente e moralmente l'agenda sionista e globalista.

Vedono l'asservimento dei "Goyim" attraverso le banche ebraiche internazionali e politica internazionale come funzionale alle loro profezie messianiche - un mondo futuro in cui il NOM ebraico controlla tutte le nazioni del mondo.

Sotto la guida del rabbino Menachem Mendel Schneerson (1902-1994), il movimento ha creato una rete di circa 5.000 istituzioni che forniscono supporto religioso, sociale e ideologico agli ebrei in oltre 1.000 città, in 100 Paesi e in tutti gli Stati Uniti.

GLI EBREI SONO DIO. I GENTILI SONO INSETTI IL CUI UNICO SCOPO È SERVIRE GLI EBREI O MORIRE

Secondo Chabad, gli ebrei stessi sono "Dio". L'usura è permessa e incoraggiata contro i non ebrei (questo è il motivo dei banchieri del NOM). Il libro del movimento di Chabad "La Tania" è tutto incentrato sul fatto che gli ebrei sono Dio sulla Terra e i non ebrei non sono altro che animali - inferiori senza anima. Se hanno un'anima, sono demoniaci e satanici e hanno origine nelle "Klipot A'thmeot", cioè le sfere empie o la "Sitrha Achra.

I gentili sono animali senza anima ai loro occhi. L'"anima ebraica" è Dio incarnato. Ogni ebreo è un "Dio" in carne e ossa. L'intero universo, compresi i trilioni di galassie, stelle e pianeti, è stato creato esclusivamente per gli ebrei e dal Dio ebraico YHVH, che è in realtà una manifestazione del popolo ebraico stesso. Secondo Chabad un'unghia di un ebreo vale più dell'intera popolazione mondiale non ebraica (che comprende europei, musulmani, asiatici e africani).

L'AGENDA del NOM

Chabad non è altro che una manifestazione del razzismo ebraico che alimenta l'agenda del NOM. Il fondatore di Israele ed ex primo ministro David Ben Gurion prevedeva che gli ebrei fossero al centro del Governo Unico Mondiale. Questo sarà il compimento delle promesse della Bibbia, dove gli ebrei saranno i controllori e i governanti di tutte le nazioni.

La Corte Suprema di Gerusalemme, con la piramide degli Illuminati e il marchio dell'"occhio onniveggente", è stata costruita per sostenere questa agenda, come previsto da Ben Gurion: "A Gerusalemme, le Nazioni Unite (una vera e propria ONU) costruiranno un santuario dei profeti per servire l'unione federata di tutti i continenti; questa sarà la sede della Corte Suprema dell'Umanità, per dirimere tutte le controversie tra i continenti federati, come profetizzato da Isaia"... Indovinate chi ha finanziato e costruito la "Corte Suprema" israeliana? I controllori delle banche mondiali, cioè i Rothschild, naturalmente! L'agenda razzista e suprematista ebraica è palesemente sotto gli occhi di tutti... È semplicemente una questione di 2+2=4.

La Cabala e il satanismo sono un mezzo per indebolire le nazioni che

li ospitano, in modo che possa controllare più facilmente queste nazioni degradandole. È così che mantengono il loro monopolio del denaro - distruggendo la razza, la nazione, la famiglia (l'eterosessualità) e la fede in uno scopo spirituale superiore della vita (cioè Dio - non la religione!). Di conseguenza, diventiamo più materialisti e meno spirituali (guardate l'"arte" moderna, per esempio) e siamo quindi più facilmente controllati e schiavizzati da loro, poiché le persone che non hanno un senso nella vita non si ribellano. Questo è l'Occhio di Sauron. L'Occhio Onniveggente. "Un anello per governare tutti."

Quel *Tikkun Olam*, "redenzione", o restaurare/riparare il mondo, come pensano i gentili, è in realtà un genocidio. Lo stesso vale per il loro Messia (Moshiach Ben David) che deve arrivare e completare il massacro del resto dell'umanità ed entrare nel Terzo Tempio da costruire. Gli Stati Uniti, il grande alleato di Israele e del popolo ebraico, non sono risparmiati dalla distruzione, ma sono particolarmente presi di mira per l'annientamento - tale è il livello di odio e di inganno nei confronti delle nazioni cristiane ed europee.

PERCHÉ MI SONO LASCIATO ALLE SPALLE IL CHABAD E IL GIUDAISMO

Ho lasciato Chabad dopo aver vissuto un'esperienza che mi ha fatto capire che questo odio non viene da Dio, ma dall'ego e dalle paure dell'uomo. Spero che gli europei bianchi e coloro che sono contrari al genocidio dei bianchi capiscano che la ragione per cui la razza bianca viene attaccata oggi è lunica ideologia razzista per eccellenza del pianeta: Il giudaismo.

Non c'è niente di chic nel satanismo

La promozione "woke" dei "vaccini", dell'Ucraina, dell'omosessualità, del travestitismo, della CRT, del "cambiamento climatico" non ha nulla a che fare con i diritti umani, altrimenti non calpesterebbe i diritti umani delle persone sane. È un pretesto inconsistente per la distruzione della civiltà occidentale cristiana, lo spopolamento e l'imposizione di un Nuovo Ordine Mondiale comunista dedicato a servire Satana.

I "Progressisti" sono satanisti consapevoli e inconsapevoli

Il satanismo è una guerra contro Dio, cioè contro l'ordine morale e naturale. Li nega e li disfa entrambi. Fa a pezzi il tessuto sociale.

Il satanismo *non è* una religione. La religione discerne e obbedisce alla volontà di Dio. Il satanismo è un'anti religione. È anti-vita. Il suo dio è la Morte. È la religione della morte e della distruzione.

> "Quando abbiamo introdotto nell'organismo statale il veleno del liberalismo, l'intero quadro politico ha subito un cambiamento. Gli Stati sono stati colpiti da una malattia mortale: l'avvelenamento del sangue. Non resta che attendere la fine della loro agonia mortale". (*Protocolli di Sion*, 9)
>
> "Affinché il vero significato delle cose non colpisca i goyim prima del tempo opportuno, lo maschereremo sotto il presunto ardente desiderio

di servire le classi lavoratrici..." (*Protocolli di Sion*, 6).

Atei e agnostici sono satanisti. La creazione è un miracolo. Chi nega il disegno e lo scopo del Creatore è un satanista. L'unico modo in cui l'umanità potrà arrivare all'appuntamento con Dio è che tutti noi lo serviamo vivendo moralmente e facendo la sua opera, come la vediamo noi.

Apocalisse 12:9 "... quel serpente antico, chiamato diavolo e Satana, che inganna il mondo intero".

1. Si definiscono "progressisti". I satanisti invertono tutto. Sostengono tutto ciò che è malato e disfunzionale. In realtà sono "regressivi".

Nonostante le loro pretese morali, per loro il "progresso" è la degradazione e la distruzione del prossimo.

2. L'uomo è collegato a Dio attraverso la sua anima. Se si toglie Dio, l'uomo annaspa come un pesce fuor d'acqua.

Cercando di riempire il vuoto, idealizza qualsiasi cosa perché il suo legame con Dio è stato interrotto.

Togliendo Dio, l'uomo creerà falsi dei, diceva Carl Jung.

Si veda l'assurda idealizzazione delle donne, del sesso e del romanticismo, della letteratura e dell'arte; dei "grandi uomini", dei politici, delle celebrità, ecc.

A causa della sua fame di Dio, gli si può vendere *qualsiasi cosa* come sostituto. Immagina di ottenere Dio.

3. *Siamo stati programmati da Dio.* La vera religione è semplicemente *seguire il programma, cioè obbedire a Dio.* Dio è il programma. I satanisti ci incasinano in modo che non possiamo sentire Dio che ci parla.

4. Sebbene ci sia stato fatto il lavaggio del cervello per negare Dio, in realtà siamo innamorati di Dio, della libertà e della beatitudine che la nostra anima desidera.

Dio è la realtà. L'unica realtà.

Il Dio del satanismo è morte, distruzione e sofferenza.

5. Stiamo assistendo a una lotta cosmica tra il Bene e il Male, e mi dispiace dire che il Male è al comando e prossimo alla vittoria.

6. Siamo stati introdotti nel cabalismo al livello più basso. I culti satanici sfruttano e controllano i loro membri rendendoli malati, corrotti e pervertiti. Malati come la disforia di genere, la dipendenza dal sesso, la promiscuità, la pornografia, la pedofilia, l'incesto, i "vaccini", la guerra infinita... Hanno minato la cosa più meravigliosa ed essenziale della vita, l'amore tra uomo e donna, genitori e figli. La famiglia nucleare è il globulo rosso della società. Questi demoni sono determinati a ucciderla.

Ho 75 anni e sarò in giro solo per un altro decennio o due. Ma rabbrividisco al pensiero di ciò che è in serbo per l'umanità.

È tempo di riconoscere la nostra terribile situazione. Un cancro mortale infetta tutte le istituzioni sociali. Deve essere riconosciuto e affrontato.

La civiltà occidentale andrà nella tomba a causa della nostra incoscienza, codardia e ingenuità?

Il successo in quasi tutte le imprese (governo, affari, intrattenimento, ecc.) richiede l'appartenenza a un culto satanico (la Massoneria).

> "Abbiamo regolato tutto nella loro vita come fanno i genitori saggi che desiderano formare i figli alla causa del dovere e della sottomissione. Perché i popoli del mondo, per quanto riguarda i segreti della nostra politica, sono sempre... solo bambini minorenni, proprio come lo sono anche i loro governi". *Protocolli di Sion* 15:20

Altiyan Childs: L'umanità è ostaggio di un culto satanico (Massoneria)

In un video di cinque ore, qui

https://www.youtube.com/watch?v=7Eeo-82Eac8

La rockstar australiana Altiyan Childs, 45 anni, ha infranto i suoi voti massonici e ha rischiato la vita per dimostrare al di là di ogni dubbio che la Massoneria è satanismo e che i massoni controllano il mondo.

La Merkel riceve un premio dai suoi responsabili massonici ebraici

Si tratta di un controllo di realtà essenziale vent'anni che metto in guardia la gente dalla Massoneria, ma sono ancora sorpreso di vedere il mio avvertimento confermato in pieno da Altiyan Childs.

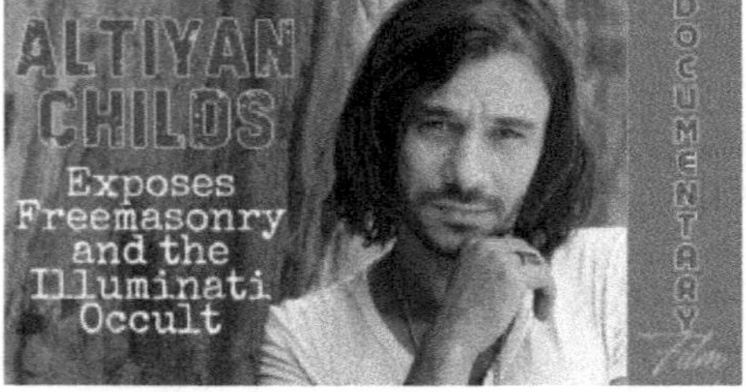

Più di un'ora è dedicata a mostrare come praticamente tutti i politici e gli uomini di spettacolo siano massoni. Essi dichiarano con orgoglio la loro fedeltà a Satana facendo i classici segni di riconoscimento massonici: l'occhio coperto, la mano nascosta, il segno di Baphomet e il segno della mano triangolare.

La Massoneria è lo strumento del cartello bancario centrale ebraico cabalista. Per avere successo nel mondo pubblico è necessario aderire alla massoneria: politica, spettacolo, affari, religione, esercito, istruzione, media. Questa rete segreta di adoratori del demonio, opportunisti e traditori è il modo in cui si realizza l'imbroglio covino e lo spopolamento, l'espropriazione e la schiavitù del mondo, ovvero l'Agenda 2030 delle Nazioni Unite.

"Il pianeta è nostro. Siete stati sfrattati".

Se dubitate che siamo il giocattolo di psicopatici, vi invito a guardare questo video.

Ecco alcuni punti salienti:

- La Massoneria è un culto sessuale. Adora l'atto sessuale. Il grembiule massonico copre i genitali. Celebra e cerca di normalizzare la dissolutezza, la pedofilia, la sodomia, l'incesto e la bestialità. L'emblema massonico - quadrato e compasso - simboleggia l'atto sessuale. (Anche la "Stella di Davide").

- Massoneria e stregoneria sono praticamente identiche. Tom Brady è un massone. Sua moglie è una strega. Hillary Clinton è una strega.

- Nei rituali massonici, animali e bambini possono essere sacrificati e il loro sangue consumato. Ogni anno scompaiono otto milioni di bambini in tutto il mondo. (3.19)

- FDR, Hitler, Stalin e Churchill erano tutti massoni. Il Dalai Lama, Alex Jones e David Icke sono massoni. (4.15)

- La letteratura massonica profetizza che "il mondo intero deve essere bagnato dal sangue". (4.20)

- Le Leggi Noahide, che sono state rifirmate ogni anno dai Presidenti degli Stati Uniti, stabiliscono che il culto di Cristo è una bestemmia e che i bestemmiatori saranno decapitati. Un massone, Joseph Ignace Guillotin (1738-1814), ha progettato la ghigliottina. Il produttore di profumi Chanel ha prodotto una "ghigliottina intelligente.

- Tutte le pompe funebri sono gestite da massoni.

- Odiano Gesù sopra ogni cosa perché Gesù rappresenta la verità che stanno cercando di seppellire per sempre. Gesù è onnipotente e li sconfiggerà.

Altiyan Childs si è convertito al cristianesimo dopo essere sfuggito per poco alla morte in un incidente stradale. Siamo cresciuti sotto la dispensazione cristiana, dove la società era dedicata al benessere e alla realizzazione dei suoi membri. Siamo entrati nel Nuovo Ordine Mondiale Cabalista, dove la società è dedicata a soddisfare le fantasie squilibrate dei suoi membri più ricchi e malvagi.

PRIMO COMMENTO DI DD:

Questo è vero e corretto, Henry. Mio padre è stato massone per poco più di 50 anni; non rivelano mai nulla nemmeno alla propria famiglia. Non sono sposati con noi. Sono venduti 'mestiere'. Come ho appreso il loro programma? Anni di ricerche come Atliyan.

Ho guardato il video ed è proprio così. Mia madre era della Stella d'Oriente; tutto segreto. Sono cresciuta senza capire nessuna delle due. Sono diventata cristiana e sono andata avanti. Spero che tutti i vostri lettori si prendano il tempo di guardare questo video.

MIKE STONE SCRIVE:

Non l'avrei mai fatto senza una raccomandazione così forte da parte vostra, ma ieri sera ho guardato le prime due ore e mezza del video fino a tardi, ho iniziato a guardarlo e non riuscivo a smettere. È assolutamente avvincente. Come ha detto un altro commentatore, conoscevo già molte delle informazioni, ma vederle esposte in questo modo, e l'enorme numero di immagini che confermano che così tanti personaggi pubblici sono coinvolti nella Massoneria, è sconvolgente.

È facile capire come le persone appaiano dal nulla e vengano lanciate nell'attenzione pubblica. O i loro genitori sono massoni o lo sono loro stessi, quindi quando si presentano a New York o a Los Angeles o dovunque, la prima cosa che fanno è contattare o unirsi alla loggia locale e bingo! I contatti vengono creati e messi in atto, i fili vengono tirati, gli agenti più importanti vengono contattati, le audizioni vengono organizzate e improvvisamente sono miglia avanti rispetto ai loro coetanei più talentuosi che lottano per sbarcare il lunario. La recitazione, la musica, la politica, l'editoria e la vendita di libri, forse tutto funziona in questo modo. Anche le persone che non sospettereste mai vengono fotografate mentre si fanno il segno 666 sull'occhio. Non c'è fine a tutto questo.

Artiglio della Triade: L'umanità è vittima di un antico complotto satanico

Di seguito è riportato un elenco di leader politici e culturali di oltre 500 anni i cui ritratti ufficiali li ritraggono mentre fanno il segno della mano a triade, unendo il terzo e il quarto dito. Questo è noto anche come "Artiglio della Triade.

Tutti questi personaggi di spicco che hanno attraversato cinque secoli sono forse dei cripto-ebrei? Se è vero, questo getta la storia sotto una nuova luce. Gli Illuminati - FDR, Hitler, Stalin e Churchill - sono essenzialmente cripto-giudei.

Anche Hillary e Trump lo sono. A quanto pare, si tratta di un gesto di Marano che segnala le lettere M e W, che simboleggiano 666 dalle tre V. La lettera V è "waw" in ebraico e "vav" in Gematria ed è la sesta lettera in entrambe.

Questi leader mondiali stanno facendo il segno della mano della Triade.

Quante probabilità ci sono che persone che vivono a secoli di distanza l'una dall'altra facciano lo stesso segno della mano massonico? Il Segno della Triade è il modo in cui i satanisti si riconoscono tra loro e segnalano la loro fedeltà a Lucifero. Sebbene questa cospirazione abbia avuto origine nella Cabala ebraica, si è diffusa a gran parte della leadership gentile, compresi reali, autori, scienziati e leader religiosi. A meno che molti di loro non siano cripto-giudei.

La tragica storia dell'uomo e le attuali disfunzioni sono dovute al fatto che l'umanità è posseduta satanicamente. Si potrebbe scrivere una storia accurata dell'Europa semplicemente studiando questi personaggi e il loro ruolo. La maggior parte di essi corrisponde allo schema di una cospirazione cabalistica di lunga durata per degradare e schiavizzare l'umanità

"Chi non riesce a vedere che sulla Terra si sta svolgendo una grande impresa, un piano importante, alla cui realizzazione ci è concesso di collaborare come fedeli servitori, deve certamente essere cieco". - Winston

David Livingstone ritiene che la maggior parte delle linee di sangue degli Illuminati, compresi i reali europei, siano ebrei eretici, cripto-ebrei e aspiranti tali. ("Cripto-ebrei" sono ebrei che fingono cristiani, musulmani o di altre religioni o etnie. John Kerry o Madeline Albright ne sono un esempio).

Nel suo libro *Terrorismo e Illuminati*, Livingstone traccia le genealogie di queste linee di sangue khazar, che comprendono i Rothschild, gli Asburgo, i Sinclair, gli Stuart, i Merovingi, i Lusignano e i Windsor.

"Il grande segreto della storia è la storia dell'ascesa dei cabalisti al potere mondiale", dice Livingstone

"Gli ebrei comuni e la gente in generale non hanno idea di come vengono manipolati".

"Questi cabalisti credono che Lucifero sia il vero Dio. Non gli importa nulla delle loro nazioni. Il loro scopo nella vita è umiliare e degradare l'umanità e dimostrare a Dio che l'esperimento umano è un fallimento. Stanno gradualmente raggiungendo questo obiettivo attraverso il controllo occulto dell'economia, dell'istruzione, dei media e del governo".

A sostegno, David ha inviato questo link strabiliante dalla Wayback Machine di Internet.

https://web.archive.org/web/20140419215337/ http://www.pseudoreality.org/westside.html

Veronica Swift: Il satanismo degli Illuminati svelato

Il libro di Veronica Swift, *An Illuminati Primer: Understanding the System through the Eyes of Its Whistleblowers* (2022), rivela dettagli inquietanti sui politici e le celebrità che adoriamo. Appartengono tutti agli Illuminati, che sono davvero una setta satanica.

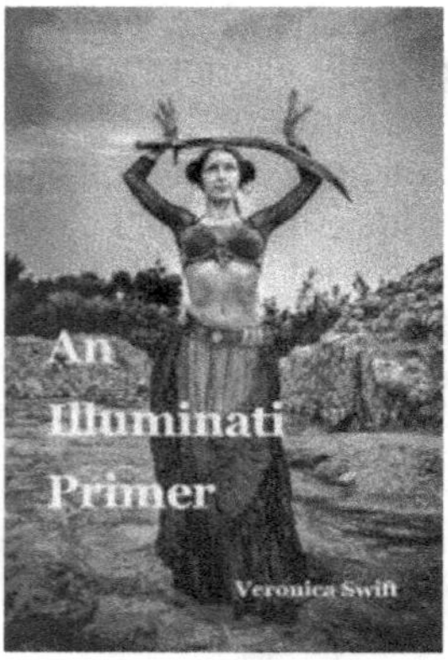

Di seguito sono riportati alcuni estratti che spiegano perché la società occidentale è in tilt

"... Il capo del Consiglio Satanico ricopre una posizione chiamata "Fenice", e tale posizione è stata ricoperta per quasi 30 anni da George Soros, che si è dimesso intorno al 2018-2019. A Soros è succeduto Barack Obama, che è l'attuale Fenice del Consiglio Satanico. (ARA 031)

Ogni quadrante ha un certo numero di Gran Sacerdoti e Sacerdotesse, e uno dei Gran Sacerdoti del quadrante orientale degli Stati Uniti è stato ricoperto da Gloria Vanderbilt fino alla sua morte nel 2019. Avrebbe dovuto succederle Hillary Clinton, ma per qualche motivo Hillary non è stata in grado di assumere quella posizione, per la quale era stata preparata per tutta la vita. (ARA 21) .

Per il posto di Gloria si sono affrontate due Grandi Sacerdotesse, e la vincitrice ha preso quel posto. Le due streghe... erano Beyonce, cantante di fama, e Megan Markle, moglie del principe Harry della famiglia reale britannica. (ARA 21) ..." (pag. 60-62)

"L'intero clan Musk è noto per essere coinvolto nel sistema della Fratellanza ed è stato scoperto dalla loro ex ragazza di casa/babysitter Rosemary, che si fa chiamare Shalom Girl su YouTube. (SG 01

Jessie Czebotar ha notato che il nonno di Elon, Joshua N. Haldeman, era collegato a Joseph Mengele e ad altri nazisti che facevano parte degli Illuminati. (GSR 01) (pagina 71)

"Alcune chiese cattoliche hanno inceneritori sotterranei. (ARA 004) I resti dei bambini sacrificati nei rituali sul terreno (o sotto) le chiese cattoliche possono essere smaltiti tramite incenerimento, e poi, con mia grande repulsione quando lho scoperto, a volte prendono quei resti e ci fanno altre cose, come creare diamanti commemorativi da essi, e poi vendere i diamanti per profitto, o indossarli come diamanti trofeo in anelli..." (pagina 97)

"I vertici delle logge massoniche sono Luciferiani di alto rango negli Illuminati, secondo Jessie e Cheryl. Il livello 32 è l'ultimo livello della massoneria che può essere raggiunto senza che sia necessario un sacrificio umano. I massoni di livello 33 hanno raggiunto questo grado sacrificando un bambino. (ARA 050) ..." (pagina 103)

"... Alcuni dei rituali hanno nomi come "Moonchild" o "Satanic Baptism" o "First Blasphemy/12-year-old ritual". Il primo rituale di cui ho sentito parlare è stato il rituale dei 12 anni, è destinato ai ragazzi della gerarchia d'élite quando si "diplomano" dal circolo magico dell'infanzia e iniziano a prendere parte a quello degli

La coorte della Fratellanza/Cerchio Magico. È anche il primo rituale in cui prendono volontariamente la vita di un altro individuo e, da tutti i resoconti, è un po' un bagno di sangue selvaggio. (RoR 080) Jessie racconta di un rituale di 12 anni a cui ha assistito da bambina, e il ragazzo che lo stava vivendo era un Rothschild.

Il dodicenne viene anche appeso a una corda e, dopo essere stato impiccato, violentato, in tutti i modi possibili e immaginabili, dai membri del cerchio magico che saranno i suoi affiliati adulti. Questi individui saranno i mentori di questo bambino per il resto della sua vita, lo guideranno nella sua carriera e lo sosterranno per tutta la vita. (ARA 003).

In questo particolare rituale, tra gli individui presenti come parte del nucleo adulto c'erano Hillary Rodham Clinton e John Brennan. Un'altra persona presente era Marilou Schroeder Whitney, una parente del clan Vanderbilt. Questi individui adulti dicono al bambino che deve "rinunciare a Dio ed entrare nella (sua) posizione nella Fratellanza.

La rinuncia a Dio è considerata la "Prima Blasfemia". A quel punto il bambino viene liberato, strafatto di adrenocromo, che secondo Jessie produce una psicosi così forte da desiderare di "strappare la faccia alla gente" o di farla a pezzi con le mani e i denti.

Jessie racconta che quando le è stato somministrato l'adrenocromo, al momento della sospensione del le è stata messa una camicia di forza e chiusa in un armadio per evitare che facesse del male a qualcuno.

(GD 03, ARA 042, ARA 034)

Poi inizia il suo primo omicidio cannibalizzando uno dei bambini impiccati e poi si uniscono a lui gli altri che si trovano nella parte profonda dell'area simile a una piscina piastrellata e diventa un gigantesco bagno di sangue (ARA 003).

4 Gran Sacerdoti Illuminati hanno presieduto il rituale, tra cui il defunto Reverendo Monsignor Thomas C Brady e il Cardinale Timothy Michael Dolan. Entrambi hanno un lavoro diurno nella Chiesa cattolica e sono luciferiani a titolo personale.

Dopo lo stupro di un bambino di 12 anni, una delle cose che quel bambino fa è togliersi volontariamente la sua prima vita... Corey Feldman e Corey Haim, star di Hollywood, erano presenti, così come Christina Applegate di Married with Children, Carter Vanderbilt (figlio di Gloria Vanderbilt), il senatore Robert Byrd, Ewan McGregor e Jimmy Saville sono stati citati come presenti ai festeggiamenti prima del rito vero e proprio. ..." (pag. 132-134)

> "... Le persone incaricate di operare in questi quadranti potrebbero essere chiamate con un nome che designa il loro quadrante, per esempio Jacob Rothschild è chiamato il 'Drago Blu' perché opera nel quadrante occidentale e il colore designativo di quel quadrante è il blu" (ARA 010.
>
> " Il controllo degli Illuminati ai vertici di queste organizzazioni è totale. L'FBI permette alle persone buone all'interno dell'organizzazione di "uscire allo scoperto", ad esempio perseguendo reti di pedofili, ma poi se ne serve per distruggere le loro carriere e sostituirle con individui più propensi a essere fedeli ai malvagi ranghi superiori. (FB 01)..." (pagina 178)
>
> "Svali non vede di buon occhio Trump. Crede che sia Trump che Biden siano controllati mentalmente - e questa è un'opinione da esperta, basata sulla sua precedente professione di "capo programmatore" negli Illuminati (SV 26, SV 57

Altri piani che non abbiamo visto realizzati fino ad oggi includono che gli Illuminati vogliono che la valuta degli Stati Uniti sia totalmente svalutata, in quanto ciò farebbe pressione sul popolo affinché accetti un "Governo Unico Mondiale in cambio della stabilizzazione economica". Le sezioni più spaventose di questo piano includono una seconda pandemia altamente fatale per i bambini piccoli e l'attuazione di leggi di odio per criminalizzare "il cristianesimo, l'ebraismo e qualsiasi gruppo politico che non sia d'accordo con l'agenda del culto". (SV 57)

Henry Klein: Sinedrio - Capo del Serpente degli Illuminati?

***Il veleno nella coppa degli ebrei* (1945) - Henry Klein (riassunto da henrymakow.com)**

***I Protocolli di Sion* sono il piano con cui un manipolo di ebrei, che compongono il Sinedrio, mira a governare il mondo distruggendo prima la civiltà cristiana. Gli ebrei, come gruppo, non sanno nulla di questo piano. Sono vittime del Sinedrio tanto quanto i cristiani e le persone di altre fedi religiose.**

"Gesù davanti al Sinedrio", un dipinto di Jacques Tissot

Il Sinedrio opera attraverso la Kehillah. La maggior parte delle organizzazioni ebraiche sono rappresentate nella Kehillah. È l'organo di governo ebraico locale. Tutte le rappresentanze in essa sono costituite da delegati ripartiti in base all'appartenenza agli organi costituenti. Ogni organizzazione ebraica, sia essa una loggia, un ordine fraterno, una sinagoga o altro, ha diritto a una rappresentanza. Questa unità è conforme al consiglio del defunto Louis D. Brandeis che esortava gli ebrei a "unirsi, unirsi, unirsi".

La Kehillah di New York è gestita da un comitato esecutivo su cui è presente un organo consultivo. Questo comitato esecutivo viene eletto di anno in anno o continua a rimanere in carica. È responsabile del funzionamento della Kehillah, che è un'antica istituzione ebraica risalente ai tempi di Gesù, che era l'obiettivo della Kehillah ai suoi tempi. Lo era anche Mosè Maimonide nel XII secolo; lo era Spinoza nel XVIII secolo; lo era Jacob Branfmann nel XIX secolo e lo sono anch'io oggi.

Henry Klein (1879-1955)

Perché ero il bersaglio della Kehillah? Perché ho difeso un cristiano che è stato perseguitato insieme ad altri cristiani, nel falso processo per sedizione a Washington, D.C., durante il 1944 e perché ho smascherato e fermato l'inganno di alcune delle cosiddette organizzazioni e pubblicazioni pro-ebraiche dietro quella persecuzione...

La mia comprensione è stata notevolmente illuminata. A mio parere, i Protocolli non solo sono autentici, ma sono stati quasi interamente realizzati. L'ultimo passo nella loro realizzazione è stata l'adozione della cosiddetta Carta della nazione unita da parte del Congresso, che ha creato un super-governo, il super-governo delineato nei Protocolli, in cui si dice che con la creazione del super-governo, il piano dei Protocolli si realizzerà. Il Sinedrio sarà al potere.

Il Sinedrio ora governa gli Stati Uniti, la Gran Bretagna e la Russia e, con la bomba atomica, ha abbastanza potere per sostenere il suo dominio su tutto il mondo.

VENDETTA

Non sono mai riuscito a capire perché per molti anni Klein abbia avuto un "pollice verso" nel settore dei giornali di New York, dove ho prestato servizio con onore e coraggio per molti anni come crociato e smascheratore, a rischio della mia vita. Consideravo questo lavoro come il dovere di un giornalista.

Sono stato il principale reporter di denuncia del *World* sotto Joseph Pulitzer e dell'*American* sotto Hearst, agli inizi della sua carriera giornalistica a New York; e sono stato il capo investigatore di alcuni importanti organismi investigativi ufficiali e non ufficiali. Ho smascherato da solo più corruzione politica della maggior parte dei giornalisti, dei funzionari pubblici e degli investigatori messi insieme, in un periodo di quarant'anni dei sessantasei anni della mia vita...

Perché c'è stato un "pollice verso" nei confronti di Klein nel settore dei giornali? Perché la Kehillah, attraverso il Sinedrio, governa i giornali e perché il Sinedrio non può sopportare un ebreo onesto e coraggioso

Quando mi candidai a sindaco della città di New York nel 1933, con il partito dei contribuenti e il partito della tariffa di cinque centesimi, nessun giornale della città fu autorizzato a menzionare il mio nome, anche se uno o due lo fecero. Distribuii tre milioni di volantini per superare la soppressione dei giornali, nonostante ciò ricevetti 57.500 voti, anche se la commissione elettorale mi accreditò solo 2607 voti e riportò 55.000 voti espressi per il sindaco ma "non registrati". Diecimila elettori hanno firmato la mia petizione di candidatura per permettermi di candidarmi.

Tutto ciò significa che nessun ebreo rispettabile ha la possibilità di farsi conoscere da altri ebrei o dal popolo in generale, se il Sinedrio vuole che non sia conosciuto". Eppure uno dei principali esponenti della Kehillah era stato associato a me in una transazione immobiliare solo una dozzina di anni prima e la maggior parte degli esponenti della Kehillah conosceva intimamente la mia carriera. Non ero un ebreo di facciata o un ortodosso e questo bastava a bloccarmi; inoltre ero indipendente e creativo e questo era un tabù. La Kehillah cerca di mantenere gli ebrei ortodossi e ignoranti in modo che possano essere più facilmente spaventati e controllati. Vogliono che gli ebrei rimangano docili e obbediscano agli ordini.

Ebbene, gli ebrei sono controllati a fondo, ma per cosa? La reazione contro di loro in tutti i Paesi è stata formidabile. Devono continuare ad andare avanti da soli come hanno fatto finora e conformarsi ai principi dei loro padroni autoproclamati, oppure devono liberarsi dal giogo e proclamare la loro libertà dal controllo razziale e religioso.

Se non fanno quest'ultima cosa, gli ebrei sono condannati. Finora la maggior parte di loro è stata considerata uno schiavo consenziente. Sono stati nutriti con ogni tipo di falsa propaganda per tenerli nell'ignoranza e nella paura. Ebrei e cristiani sono stati usati per fomentare le animosità razziali, in modo da tenere gli ebrei uniti e in riga. I Protocolli dicono che dobbiamo avere l'antisemitismo per tenere unito il nostro popolo, anche se ne sacrifichiamo alcuni per un maggior guadagno...

Correlato: Henry Klein - *Martire ebreo ha smascherato il controllo comunista degli Stati Uniti* (online)

Un'appendice ai Protocolli di Sion

Ciò che Israele fa ai Palestinesi, l'Ebraismo organizzato e la Massoneria finiranno per farlo a tutti noi con pandemie e guerre orchestrate. Un lettore, patriota di lunga data, si è imbattuto in questo opuscolo di quattro pagine tra le sue carte.

"Non ho idea di come ne sia venuto a conoscenza, né di quando. Né della veridicità di quelli come questo. Ho pensato che se qualcuno avesse avuto bisogno di questo, saresti stato tu".

Il contenuto carico di odio è coerente con altre rivelazioni dell'agenda massonica ebraica, come I Protocolli di Sion e le rivelazioni di Harold Rosenthal. Per paura di essere accusato di "antisemitismo", l'Occidente ha abbracciato la propria distruzione. Questa diffamazione è volta a liquidare l'opposizione al satanismo (giudaismo massonico, comunismo) come "bigottismo.

È difficile credere che quanto segue sia stato scritto prima dell'invenzione di Internet: "Abbiamo addestrato un'intera nuova generazione a credere che l'unico obiettivo importante nella vita sia vincere le gare di popolarità; così nessuno, per paura di risultare "antipatico", oserà esprimere un'idea o dimostrare un'iniziativa che non gli impartiamo noi per primi".

UN MESSAGGIO DELL'ALTA CABALA (ABBREVIATO)

SALUTI SEGRETI, o popolo eletto:

"Molti di voi si stanno chiedendo per quanto tempo ancora noi ebrei dovremo continuare a mantenere l'abominevole finzione di fratellanza (oh, fratello!) nei confronti degli odiati goyim cristiani e quando finalmente potremo fare a meno dello schmaltz e assumere apertamente il nostro ruolo destinato di Signori della Terra. Senza dubbio siete disgustati di recitare sempre le vostre parti nel mondo di finzione che abbiamo creato per rendere i goy schmos prostrati e indifesi ai nostri piedi. State aspettando con impazienza il Grande Giorno in cui potremo proclamare l'inizio del nostro Nuovo Ordine del Mondo.

Rallegriamoci! Il Grande Giorno è vicino! Il nostro Messia, tanto atteso, il nostro Re di Sion, sarà presto incoronato per governare su tutta la terra! Dopo secoli interminabili, i piani dei nostri dotti Anziani stanno per realizzarsi completamente.

Lo stupido bestiame goy è ora pronto per il sacrificio. Vedete i loro resti che permettiamo di sopravvivere, dopo averli selezionati, già al nostro servizio nell'Unione Sovietica, nella Cina Rossa, ecc. ecc. come nostre scimmie ammaestrate, felici di morire massacrando e schiavizzando il resto dei loro simili per noi. Avete osservato come si sono comportati fedelmente per noi in Ungheria. E in tutto il mondo "libero" i goyim chiedono a gran voce ci impossessiamo di loro.

Parlando interminabilmente intorno a tutti gli argomenti da tutte le parti, abbiamo talmente confuso e demoralizzato gli stupidi goyim che non vedono l'ora di appoggiare ogni nostra mossa per completare la loro schiavitù. Dipendono sempre più da noi per la leadership, perché solo noi sappiamo pensare.

Osservate quanto sono pronti gli stupidi goyim del Nord a punire i loro recalcitranti parenti del Sud per aver impudentemente rifiutato di obbedire all'ordine di integrarsi con gli infantili selvaggi africani. Ricordate come sono morti per noi quando abbiamo ordinato loro di distruggere Hitler, Mussolini e i signori della guerra giapponesi.

Notate come i loro brutali proletari siano già nostri prigionieri nei sindacati in cui li abbiamo ammassati. Nella loro abissale stupidità non riescono nemmeno a vedere che siamo noi i loro padroni sindacali, anche se non ci sporchiamo mai le mani con un lavoro manuale degradante.

Ci eleggono volentieri, o i nostri burattini, per governare su di loro e obbediscono servilmente ai nostri ordini. Ordiniamo loro di scioperare ancora e ancora per ottenere salari sempre più alti; questi non si rendono mai conto che aumentiamo i prezzi sempre un po' più velocemente e che li entrare in fasce di reddito sempre più alte.

Per compensare i nostri sforzi, estraiamo miliardi da questi buoi goy in quote sindacali e fondi sociali, che usiamo per i nostri scopi. Abbiamo insegnato loro a odiare i ricchi capitalisti senza scrupoli e sfruttatori di , accecandoli completamente sul fatto che noi quei "cattivi" capitalisti, dando loro pacche sulle spalle e dicendo loro che siamo per il "piccolo uomo"!

Naturalmente sono troppo ottusi per rendersi conto che tutti i giornali, i libri, le riviste, la radio, la televisione e i film li bombardano senza sosta con la nostra propaganda, insegnando loro a odiare i nostri nemici, il loro Paese, il loro sistema capitalistico, ecc. e a sentirsi in colpa anche solo per aver osato considerarsi capaci di un pensiero indipendente. Sono i nostri zombie! Per promuovere qualsiasi idea, per quanto assurda, per far avanzare uno dei nostri burattini, per quanto patetico, per distruggere uno dei loro leader, per quanto meritevole, basta premere un pulsante e la nostra irresistibile propaganda inizia ad assalirli giorno e notte, ovunque si girino - non c'è scampo - e loro credono proprio a quello che gli diciamo.

Abbiamo trasformato le loro scuole in asili glamour, dove gli stupidi senza cervello credono di essere istruiti solo perché passano da dodici a sedici anni a essere intrattenuti in bei palazzi, con il cervello confuso dalle nostre tecniche intelligenti. I nostri "psicologi moderni" hanno insegnato ai genitori goy senza cervello che devono lasciare che i loro figli crescano come erbacce nei campi e non devono mai, mai inibire i loro detestabili marmocchi, perché saranno "frustrati e cresceranno disadattati, introversi e nevrotici"!

Poi ci giriamo e insegniamo ai loro barbari figli a disprezzare i loro vuoti genitori per averli trascurati! Abbiamo addestrato un'intera nuova generazione a credere che l'unico obiettivo importante nella vita sia vincere le gare di popolarità; così nessuno, per paura di essere "antipatico", oserà esprimere un'idea o dimostrare un'iniziativa che noi per primi non gli impartiamo.

Coloro che si rifiutano di conformarsi vengono dichiarati bisognosi di un aiuto psichiatrico urgente e inviati ai nostri operatori psico-politici, che credono innocentemente interessati a "curarli", ma che in realtà praticano le nostre ingegnose tecniche per sovvertire le loro menti e renderli nostri inconsapevoli strumenti per il resto dei loro giorni. E pagano fior di quattrini per questo "privilegio"! Oh, uno sciocco e il suo denaro!

Li abbiamo indotti a far votare tutti - se solo dicessimo una parola, voterebbero i bambini nelle loro culle, ma sapete che sarebbe troppo disordinato! Esercitiamo un controllo totale sulle loro masse cieche e stupide, che "pensano" e votano esattamente secondo le nostre indicazioni. Se il vecchio FDR fosse ancora vivo, lo avremmo già alla Casa Bianca a eseguire i nostri ordini. Eleanor balbetta come le diciamo noi, e continua a balbettare!

Per non lasciare ai goyim alcuna possibilità di fuga, abbiamo preso il controllo completo di entrambi i partiti politici. Ora possiamo dire con compiacimento agli elettori goy che devono votare "per preservare la loro libertà!". Diciamo loro di votare la loro scelta, ma con tutti i mezzi per votare - ma gli idioti goyim poco si rendono conto che stiamo dando loro sempre una scelta di due burattini di nostra scelta. Ora che stanno cercando di formare un terzo partito per sfuggirci, compreremo il controllo anche di questo.

Ogni volta che un politico si impiccia, la nostra Bnai Brith ADL sa bene come ; ne sono testimoni Dies, Thomas, McCarthy, Jenner, Welker, Eastland, ecc. Quando un alto funzionario osa opporsi a noi, lo distruggiamo completamente, come abbiamo fatto con il conte Bernadotte, Forrestal, MacArthur, ecc. Abbiamo sempre avuto il controllo completo del programma di energia atomica e tutte le forze armate sono sotto il nostro diretto controllo: combattono chi, quando, come e dove glielo ordiniamo!

I goyim più attenti, avendo notato che non partecipiamo mai direttamente ai combattimenti delle guerre in cui li costringiamo, pensano che siamo dei codardi - ma lasciamo che lo credano, questo aiuta la nostra Causa. Presto se ne accorgeranno.

In nome del benessere stiamo togliendo ai goyim sia la libertà che il denaro. In nome della sicurezza abbiamo costruito intorno a loro una fortezza governativa inespugnabile, che presto scopriranno essere la loro prigione per l'eternità. In nome della fratellanza abbiamo insegnato loro a non opporre resistenza.

In nome della carità li abbiamo privati di miliardi. In nome della prevenzione della carie stiamo facendo costruire loro sistemi di avvelenamento dell'acqua che li completamente alla nostra mercé.

In nome della salute mentale dichiariamo pazzi e imprigioniamo a vita coloro che ci resistono. In nome dell'educazione progressista li addestriamo a essere i nostri robot non pensanti. Nel suo stesso nome stiamo distruggendo la loro fastidiosa Costituzione.

Abbiamo usato la loro abominevole religione cristiana per i nostri scopi. In nome della fratellanza, i loro ministri stanno distruggendo il cristianesimo come da noi prescritto, insegnando invece i principi del nostro brillante stratega, Karl Marx. Qualsiasi tentativo di opporsi a noi viene bollato come "non cristiano"! Che semplici idioti!

Abbiamo promosso scienziati fittizi che, usando parole mostruose e abili inganni, hanno convinto i goyim che siamo così intelligenti che non possono nemmeno tentare di capire le nostre pretenziose teorie. Hanno così consacrato Sigmund Freud e il nostro devoto patriota sionista Albert Einstein, cadendo su se stessi in una cieca adulazione. E ora stanno venerando il nostro Jonas Salk per il suo vaccino antipolio non dimostrato.

Abbiamo così pervertito la loro arte che i nostri Picasso, Gertrude Stein e Jacob Epstein sono considerati così geniali che le pecore imbecilli dei goy non riescono nemmeno a capire cosa significhino, e pagano fior di quattrini per ciò che un bambino avrebbe potuto fare meglio!

Quando alcuni dei loro pochi uomini intelligenti si accorgono della nostra astuzia e tentano di , noi urliamo: "Fascismo, nazismo, antisemitismo, discriminazione, bigottismo, genocidio, follia!" e le nostre scimmie goy addestrate si precipitano follemente a distruggere queste voci inquietanti nel nostro mondo di finzione! Non permettiamo mai a nessuno di criticare un ebreo e a nessun cattivo ebreo è permesso di essere rappresentato.

Temevamo di essere ostacolati quando i nostri piani segreti furono rubati e pubblicati in Russia più di cinquant'anni fa con il titolo di "Protocolli dei dotti anziani di Sion" e il nostro manuale sulla guerra psicopolitica fu pubblicato da uno sporco traditore goy con il titolo di "Brainwashing".

Ma abbiamo scoperto che i nostri dotti anziani avevano assolutamente ragione quando scrivevano che lo stupido goyim ha occhi, ma non vede, e ha orecchie, ma non sente. Avevano proprio ragione: una specie animale così bovina e indegna non può essere considerata umana. Proprio come scrissero i nostri dotti Rabbini nel nostro sacro Talmud, poco dopo esserci liberati dell'impostore Gesù, dobbiamo trattarli come il nostro bestiame...

Rallegratevi, presto rinchiuderemo il resto del bestiame goy nell'aia a cui appartengono, non permettendogli più di disturbarci nella conduzione degli affari umani. Stiamo completando la conquista dell'ultimo bastione del mondo goy, gli Stati Uniti 'America, e da tutto questo caos mondiale pianificato stiamo inesorabilmente assemblando il nostro nuovo Mondo a Nazione Unica: il suo nome sarà Sion! Dopo essere finalmente entrati nel nostro Regno promesso da Dio sulla Terra, la pace, la prosperità e il potere benediranno gli ebrei per sempre.

Viva il nostro Messia, l'Invincibile Re Mondiale di Sion!

Ted Pike: Lo sterminio dei Goyim è alla base della Cabala

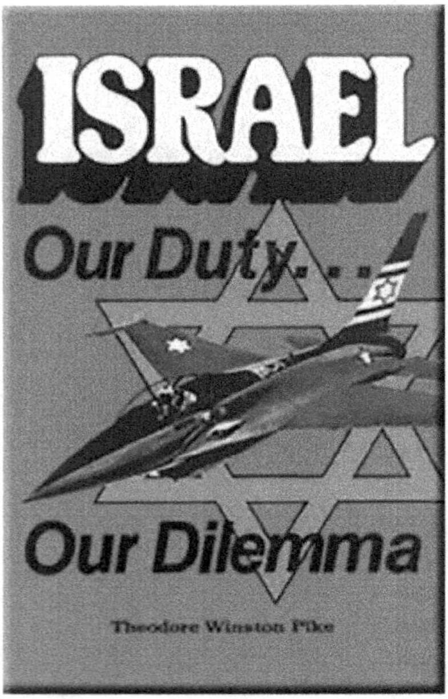

La Cabala (satanismo) è l'ideologia degli Illuminati.

L'accusa di "antisemitismo" distoglie l'attenzione dalla triste realtà: l'odio proviene in realtà dagli ebrei cabalisti e dai loro agenti massoni, sotto forma di un attacco simultaneo alla nostra identità di genere, razziale, religiosa e nazionale. Questo odio trova ora espressione nella psico-opera pandemica e nei vaccini killer.

Ebreo o no, se non sei un "anti-semita" nel senso di opporti a questa agenda diabolica, sei un inganno che pagherà caro il tuo conformismo e la tua ignoranza.

Ted Pike, 74 anni, ha reso un servizio eroico all'umanità in 30 anni di carriera missionaria. Nel 1988 ha inviato 15.000 copie di questo libro agli evangelisti cristiani, grazie alla generosità di un donatore anonimo. Con 750 trasmissioni radiofoniche è stato determinante nell'impedire l'approvazione delle leggi sull'odio negli anni '90. Il suo video *"Sionismo e cristianesimo - Alleanza empia"* è la chiave per comprendere il nostro mondo.

Vi invito a leggere *il libro di Ted Pike Israele: Our Duty... Our Dilemma* (1984) di Ted Pike per comprendere appieno il pericolo in cui si trova oggi l'umanità. L'insegnamento essenziale del libro più sacro dell'ebraismo, la Cabala, è che i non ebrei costituiscono un ostacolo al progresso e devono essere soggiogati o sterminati. Questa ideologia spiega probabilmente gran parte della tragica storia dell'umanità e del suo imminente destino.

Solo gli ebrei "religiosi" sono consapevoli di questa agenda, ma sono molto in controllo dell'Occidente attraverso il loro controllo del sistema bancario e della Massoneria.

Pochi si prendono il tempo di leggere la Cabala. Ted Pike lo ha fatto e ha illustrato le sue scoperte nel capitolo 12, *La cospirazione della Cabala*. (110-123)

La Cabala è "un tentativo dei farisei e dei loro discendenti di strappare a Dio il controllo di questo mondo per darlo a se stessi. Questa è la definizione di satanismo: soppiantare Dio. Il giudaismo, nel suo cuore cabalistico, è satanismo. Ecco perché non è necessario credere in Dio per seguire l'ebraismo.

ODIO PER I GOYIM

Secondo la Cabala, i Gentili, con la loro stessa esistenza, sono un ostacolo al dominio ebraico e al Paradiso in Terra. "I cabalisti consideravano lo sterminio dei gentili come un processo necessario per ristabilire l'ordine nell'universo. Il gentile è una forma di demone... Satana stesso".

Pike cita la Cabala: "Quando Dio si rivelerà, saranno cancellati dalla faccia della terra". (I Ber. 25b

Fino a quel giorno benedetto, gli ebrei continueranno a languire e a sentirsi oppressi dai goyim. Il termine "uomo" nell'Antico Testamento si riferisce solo agli ebrei. Come farà l'uomo a conquistare il mondo?

> "Con l'inganno e il trucco, ovunque sia possibile. Devono essere combattuti senza sosta fino a quando non sarà ristabilito l'ordine. Per questo dico con soddisfazione che dobbiamo da loro e governarli". (I, 160a, trad. it. *di Pranaitus*, p.74

Questo fa paura, considerando chi controlla le armi dell'inganno di massa.

Quando la dominazione mondiale ebraica sarà avvenuta, il Messia "mostrerà la sua forza e li sterminerà dal mondo". (III, Schemoth, 7 e 9b, de Pauly.

> "Quando questi saranno sterminati, sarà come se Dio avesse fatto il cielo e la terra in quel giorno..." (I, Ber. 25b).

"Nel momento in cui il Santo... sterminerà tutti i goyim del mondo, solo Israele sussisterà, proprio come è scritto, il solo ord apparirà grande in quel giorno". Vayschlah, follo 177b de Pauly, Webster p.373

La Cabala raccomanda lo sterminio dei gentili come massimo dovere religioso. Solo allora gli ebrei potranno prosperare.

La maggior parte degli ebrei non è a conoscenza di questa agenda diabolica e certamente non condivide questi obiettivi. Tuttavia, questa sottomissione dei goyim è l'essenza del "globalismo" e del Nuovo Ordine Mondiale.

Il "popolo eletto" è la truffa definitiva. Non mi piace sembrare allarmista, ma questa è la migliore spiegazione degli eventi mondiali passati e presenti. Abbiamo perso la capacità di riconoscere il male e di chiamarlo per nome. Non si tratta di una differenza di opinioni. Si tratta del bene e del male.

Lasciate che vi parli del male. Il male vuole distruggere tutto ciò che è buono, compresi voi e tutto ciò che vi è caro.

E ricordate che molti cabalisti sono massoni. Questi gentili vogliono un posto a tavola e hanno venduto l'anima al diavolo. Erano/sono indispensabili. Stiamo parlando di una cospirazione satanista diffusa. Concentriamoci sui satanisti piuttosto che sui duplicati ebraici.

Se dietro gli eventi mondiali c'è davvero questa agenda, è ora che l'umanità si svegli dal suo compiacimento e organizzi la sua difesa.

Boris Pasternak: Lo scrittore ebreo premio Nobel sosteneva l'assimilazione degli ebrei

Perché i leader ebrei trovano l'assimilazione così minacciosa? Hanno bisogno che gli ebrei siano carne da cannone per i loro piani megalomani.

Nel 1959, il premier israeliano David Ben-Gurion disse alla Jewish Telegraphic Agency che *il Dottor Zivago* era "uno dei libri più spregevoli sugli ebrei mai scritti da un uomo di origine ebraica...".

Cosa ha provocato questa reazione da parte del primo Primo Ministro di Israele?

Ben-Gurion si infuriò per un personaggio del romanzo, un convertito al cristianesimo che si chiedeva perché gli ebrei dovessero subire il flagello dell'antisemitismo:

> *"Nell'interesse di chi è questo martirio volontario? Congedate questo esercito [ebraico] che combatte e viene massacrato in continuazione, non si sa per quale motivo... Dite loro: 'Basta così. Fermatevi ora. Non aggrappatevi alla vostra identità. Non riunitevi tutti in una folla. Disperdetevi. State con tutti altri.*
>
> *La loro idea nazionale ha costretto gli ebrei a essere una nazione e nient'altro che una nazione - e sono stati incatenati a questo compito mortifero per tutti i secoli, mentre tutto il resto del mondo veniva liberato da una nuova forza [il cristianesimo] che era nata in mezzo a ... E l'hanno vista e sentita e l'hanno lasciata andare!*
>
> *Come hanno potuto lasciare che uno spirito di tale travolgente potenza e bellezza li abbandonasse, come hanno potuto pensare che, dopo che esso ha trionfato e stabilito il suo regno, essi potessero rimanere come il guscio vuoto del miracolo che avevano ripudiato?*
>
> *Ritorna in te, fermati. Non aggrappatevi alla vostra identità. Non restate uniti, disperdetevi. State con tutti gli altri. Siete stati i primi e i migliori cristiani del mondo. Ora siete proprio ciò contro cui vi siete rivolti da*

parte dei peggiori e dei più deboli tra voi". - (Dottor Zivago, capitolo 12)

PASTERNAK - UN CRISTIANO NEL CUORE

Pasternak nacque a Mosca da una ricca famiglia ebrea russa assimilata. Suo padre era il pittore post-impressionista Leonid Pasternak, professore alla Scuola di pittura, scultura e architettura di Mosca. Sua madre era Rosa Kaufman, pianista da concerto e figlia dell'industriale di Odessa Isadore Kaufman.

In una lettera del 1959 a Jacqueline de Proyart, Pasternak ricordava che il suo "modo particolare di vedere le cose" era dovuto al battesimo da parte di una bambinaia:

> "Sono stato battezzato da bambino dalla mia tata, ma... è sempre stato sentito come un fatto semisegreto e intimo, una fonte di ispirazione rara ed eccezionale piuttosto che essere tranquillamente dato per scontato. Credo che questo sia alla base della mia peculiarità. La mia mente è stata occupata più intensamente dal cristianesimo negli anni 1910-12, quando i fondamenti principali di questa peculiarità - il mio modo di vedere le cose, il mondo, la vita - stavano prendendo forma..."

IL PUNTO DI VISTA DI MAKOW SUL GIUDAISMO

La maggior parte degli ebrei vi dirà che il rituale ebraico è in gran parte vuoto e noioso. Le feste sono di solito una celebrazione tribale. La Pasqua ebraica commemora l'esodo dall'Egitto. Rosh ha Shonah (Capodanno) si basa sul fatto che alcune candele bruciano più a lungo di quanto avrebbero dovuto: un segno del "favore divino". (Chi non ha mai visto le candele fare questo?) La "festività suprema" Yom Kippur dovrebbe essere un "giorno di pentimento". Ma non avviene alcun pentimento. Invece la preghiera Kol Nidre in ebraico dà agli ebrei il permesso di mentire e imbrogliare i gentili per l'anno successivo. (Il Purim celebra il genocidio degli "anti-semiti".

Il motivo per cui così tanti ebrei sono "laici" e non credono in Dio è che il secolarismo è il giudaismo sotto mentite spoglie. Il secolarismo è una maschera per il satanismo - il rifiuto di Dio e quindi della religione

A parte i Dieci Comandamenti, l'ebraismo non contiene molti insegnamenti morali. Ci sono alcuni consigli mondani ed esortazioni a temere Dio, ma nulla dellautomortificazione (rifiuto delle attrattive terrene) che si trova nel *Discorso della Montagna*. In effetti, il Talmud conferma il commento di Arthur Koestler, secondo cui l'ebraismo "insegna agli ebrei come imbrogliare Dio".

"Fare del bene" di solito significa fare ciò che è bene per gli ebrei. La scrittrice Grace Halsell ha dato un esempio di cosa significhi davvero "fare del bene" . Quando la Halsell aveva scritto libri sulla condizione dei nativi americani, degli afroamericani e dei lavoratori messicani senza documenti, era una grande favorita della matriarca *del New York Times* Iphigene Ochs Sulzberger. Tutte queste cause promuovevano il multiculturalismo, che l'ebraismo organizzato percepisce come benefico.

Quando poi Halsell scrisse un libro forte che descriveva la situazione dei palestinesi, si scontrò con il dispiacere della signora Suzberger e fu rapidamente abbandonata dal Times. Scrive la Halsell: "Non avevo idea che, dopo essere stata sostenuta così in alto, avrei potuto essere abbandonata così all'improvviso quando avrei scoperto - dal suo punto di vista - lo sfavorito 'sbagliato'".

CONCLUSIONE

Gli ebrei alla fine capiranno che non sono impegnati in qualche nobile impresa per la quale sono ingiustamente risentiti. Piuttosto, molti ebrei (e massoni) vengono usati per disumanizzare e schiavizzare la razza umana. Ecco perché David Ben Gurion odiava Boris Pasternak. Voleva che gli ebrei servissero come carne da cannone in questa folle guerra contro Dio e l'uomo. Chi si convertiva o si assimilava era fuori dalla sua portata. L'ebreo medio si trova nella stessa posizione della maggior parte degli occidentali. Sono ingannati.

Se non possono assimilarsi, gli ebrei devono reinventarsi in una nuova struttura non sionista e non comunista.

Profetico! "I cabalisti renderanno schiava l'umanità" - Texe Marrs nel 2018

"Il piano degli Ebrei è quello di utilizzare gli strumenti della magia del caos - usare l'inganno, la menzogna, l'artigianato e la magia - per ottenere... la conquista del mondo gentile... e l'instaurazione di un Regno [satanico] sulla terra. Così il mondo sarà alla fine "riparato" (riparato o restaurato) e "reso perfetto". Perfetto per loro, per gli ebrei. Per i gentili, l'inferno empio sarà arrivato sulla terra". (p.26)

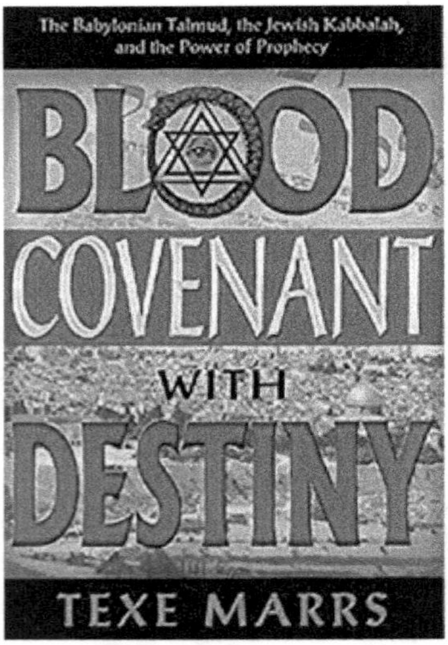

Questa è "l'utopia ebraica". Sembra inverosimile, ma spiega molto di ciò che sta accadendo oggi.

Questo articolo è stato pubblicato il 10 marzo 2018.

Texe Marrs, un grande profeta, è morto il 23 novembre 2019. Ora tutto si sta realizzando.

Nel suo ultimo libro, Texe Marrs ci ricorda il "quadro generale" degli eventi mondiali. L'Occidente è già controllato da ebrei satanisti il cui obiettivo è stabilire uno stato di polizia tecnologica simile ai giorni più bui di Stalin e massacrare tutti i cristiani e i musulmani abbastanza testardi da aderire a Cristo o a Maometto.

Sembra inverosimile, ma gli eventi quotidiani confermano questa analisi. Hanno usato il sistema bancario per sovvertire e controllare tutte le istituzioni sociali del mondo.

Inscenano sparatorie di massa per giustificare il divieto delle armi. Nella sparatoria di massa del 2018 a Parkland HS, i veri tiratori erano poliziotti in uniforme.

Perché devono disarmare i goyim? Perché i goyim non possano difendersi da un terrore pianificato, come è avvenuto nelle precedenti rivoluzioni giudaico-massoniche in Francia e in Russia.

Censurano la libertà di parola su Internet. Sabotano il genere e costringono le ragazze a cercare carriere di alto livello invece di diventare mogli e madri. Distruggendo la femminilità e la mascolinità (l'eterosessualità), stanno vanificando l'alchimia fondamentale della riproduzione. Questo stravolgimento della natura è il cuore del satanismo. La società occidentale sta per essere indotta in un culto satanico, chiamato comunismo.

Promuovono la migrazione e la miscegenazione. C'è una sorveglianza di massa. Siamo il bersaglio della più odiosa campagna di ingegneria sociale, ma veniamo accusati di "incitamento all'odio" se solo ne parliamo. Quanto di più diabolico si possa fare? La presa di potere comunista (satanista) è già avvenuta. Stanno solo aspettando il momento giusto per togliere l'involucro finale.

PATTO DI SANGUE CON IL DESTINO

Nel suo nuovo libro, Texe Marrs afferma che il sionismo è la "forma più satanica e depravata di suprematismo razziale". Incolpa il sionismo e il suo orribile gemello comunista per 250 milioni di morti nel secolo scorso. Vede un'orrenda "bestia che si avvicina a Betlemme" sotto forma di una spietata tirannia ebraica, già in bella mostra in Palestina. La Palestina potrebbe la prova generale. La polizia statunitense è addestrata da Israele.

> "L'umanità ha da tempo un appuntamento con questa bestia crudele. Non possiamo sfuggire... alla sua psicopatica e barbara follia criminale... È l'epitome del male consumato". (14)

> "Gli ebrei sono su una corsia preferenziale per il loro destino occulto. Hanno fatto un accordo con l'inferno, patto con la morte, e i pagamenti del loro debito con Satana devono essere effettuati in conformità tale accordo contrattuale." (15)

> "Il cristiano medio presume che gli ebrei siano semplicemente dei credenti dell'Antico Testamento che hanno bisogno di Gesù per essere "completati". Il giudaismo è, in realtà, una religione malvagia e corrotta, fatta di odio, inganno, sessualità deviata ed edonismo." (130)

Marrs mostra come nel corso della storia gli ebrei si siano comportati in modo barbaro ogni volta che avuto il sopravvento. Approfondisce il

Talmud e la Kabbalah per dimostrare che la vera Alleanza ebraica non è con Dio ma con il diavolo. Mostra come la Kabbala sia un'incestuosa soap opera familiare in cui i partecipanti raggiungono l'equilibrio cosmico scopandosi a vicenda. La preghiera ebraica (davening) imita il coito

> "L'obiettivo ultimo della Cabala, nonostante le vane e vuote negazioni di molti dei suoi sostenitori, è la distruzione totale di tutta la materia, dell'umanità stessa: L'annientamento. Il serpente Ouroboros che avvolge e strangola l'umanità. Distruzione creativa, la chiamano i malvagi cabalisti satanici... La cabala dei neocon è una dimostrazione velata e oscura. In realtà vogliono far precipitare il mondo nella catastrofe nucleare e nel caos. Un caos e una distruzione incandescenti su cui sperano di costruire il loro nuovo, occulto ordine utopico dei tempi. È una prospettiva spaventosa e finora ha avuto successo". (86)

Si stanno mettendo le basi per una guerra nucleare. Durante il suo primo mandato, Trump ha tradito la promessa fatta in campagna elettorale di allentare le tensioni con la Russia e di evitare guerre gratuite in luoghi come la Siria. L'Occidente si sta preparando ad attaccare l'Iran e, se questo diventerà nucleare, Putin ha giurato di rispondere a tono.

CONCLUSIONE

Come ebreo etnico, sono addolorato dal fatto che una fazione segreta del "mio popolo" sia passata a Satana, mentre la maggioranza è ignorante o indifferente. I satanisti hanno messo in pericolo tutti gli ebrei. L'antisemitismo potrebbe esplodere in violenza. Alcuni prevedono una guerra civile. Gli ebrei devono rinnegare l'agenda satanica o affrontarne le conseguenze. Devono stare dalla parte dei loro vicini gentili e opporsi al comunismo in tutte le sue miriadi di forme.

Ma anche i goyim sono stati complici. Mi lascia perplesso il fatto che Marrs si concentri solo sugli ebrei. Questa affermazione mi lascia più perplesso: "La maggioranza ebraica odia l'umanità, disprezza la vita, odia Dio. Perciò sono psicopatici e amano la morte". (16)

(Se volete odiare gli ebrei, odiate quelli che sono strumentali alla cospirazione).

Questo vale per la leadership ebraica e i suoi tirapiedi, ma la "maggioranza ebraica" è composta da ingannatori che non la pensano così. Come la Massoneria, l'ebraismo è un culto satanico. Solo gli "iniziati" conoscono il vero programma. La massa viene manipolata con luoghi comuni altisonanti.

Gli ebrei che conosco non odiano l'umanità e non amano la morte. Non conoscono il lato oscuro dell'ebraismo e preferiscono l'assimilazione. Il tasso di matrimoni tra ebrei è quasi del 60%. ignoranti quanto il goyim medio. La colpa per associazione è sbagliata. I veri odiatori sono i Chabadnik e i loro simili.

Mi lascia perplesso il fatto che Texe Marrs non abbia incluso la Massoneria. I banchieri hanno bisogno della collaborazione di goyim che hanno tradito la loro società, religione e cultura. E il Congresso degli Stati Uniti? Sono massoni che sperano che gli "ebrei" si prendano tutta la colpa della rovina dell'America.

C'è un solo riferimento alla Massoneria nel libro di Texe Marrs. A pagina 85, dice che la Massoneria "è una setta religiosa giudaica, che crede che Dio sia sia buono che cattivo.

Tutto qui? Quando gli Stati Uniti sono gestiti da massoni oltre che da ebrei.

Perché tutti lasciano liberi i massoni.

Perché gli ebrei assimilati sono destinati a diventare i capri espiatori.

Yossi Gurwitz: Quando Israele è potente (Estratti dalla trascrizione)

Nel 2012, l'ex studente della Yeshiva Yossi Gurwitz ha spiegato cosa possono aspettarsi i non ebrei quando gli ebrei talmudici conquistano l'ascendente totale: ["Secondo l'ebraismo], sono idolatri e bisogna ucciderli".

Deve esserci una purificazione. La legge religiosa proibisce il contatto con i non ebrei. Naturalmente, le leggi kosher vietano di mangiare con loro. Altre leggi vietano di trattarli in modo equo. È vietato restituire un oggetto smarrito a un non ebreo, se non per "mantenere la pace". Non è vietato rubare a un non ebreo, se non "mantenere la pace". Non si può salutare un non ebreo, a meno che non ci sia un'alternativa. E così via.

Quello che sappiamo è che, fin dall'inizio, il giudaismo rabbinico è un giudaismo che odia gli uomini [l'umanità]. Definisce umani solo gli ebrei, solo gli ebrei che credono religione...

Il caso peggiore, a mio avviso, è quello di Maimonide, che decreta - prima di tutto, decreta che è lecito avere rapporti sessuali con una bambina di tre anni. L'età del consenso è problematica. In secondo luogo, stabilisce che se un ebreo stupra una bambina di tre anni non ebrea, deve essere giustiziato. Lei, non lui, perché lei lo ha tentato a peccare...

Gli ebrei nascondono queste convinzioni fino a quando "Israele è potente". A quel punto c'è un regime ebraico. È indipendente e spietato; può fare ciò che vuole. In queste circostanze - è tutto finito, si torna alla lettera della legge.

Niente più "vie pacifiche", niente di niente. Quando si pensa alla storia ebraica di , molti parlano delle guerre asmonee, che furono praticamente una delle uniche volte in cui gli ebrei impugnarono le armi, e pensano a ciò che gli Asmonei fecero ebrei ellenizzati [che avevano assimilato la cultura greca]. Che era quello di farli estinguere, di distruggerli. Un piccolo genocidio. E io lo ricordo spesso, ogni volta che si avvicina l'Hanukah. Ma non si sono fermati lì.

Si imbarcarono in campagne di saccheggio e di conquista e all'inizio, durante primi 20 anni, ovunque arrivassero, distruggevano i templi locali. Era proibito che un luogo sotto il dominio ebraico avesse un tempio pagano. È di questo che stiamo parlando. Costrinsero anche gli Edomiti a convertirsi al giudaismo, pena la morte. Era una conversione forzata. Una cosa che, come sappiamo, fece in seguito anche l'Inquisizione [spagnola]. Prendevano le persone e dicevano loro: "O sei morto, o ti convertirai al giudaismo". E da lì le cose non fecero che peggiorare...

GENOCIDIO

Abbiamo conquistato un territorio popolato principalmente da musulmani. e i musulmani ci combattono - quindi queste difese cadono. E guardate, ora si comincia a parlare di genocidio. C'è il libro "Torah Hamelech" [Torah del Re] che dice che si possono uccidere i bambini se c'è una ragione per credere che un giorno potrebbero causare danni.

Ora, se uccidete l'intera famiglia di qualcuno e lasciate in vita solo lui, egli avrà effettivamente un motivo per fare del male. Se gli rubate le terre, lo trasformate in un rifugiato, lo gettate in Giordania o in Libano, avrà davvero un motivo per fare del male. Molti hanno detto che le argomentazioni del libro non sono valide secondo la legge religiosa, e così , ma nessuno ha mai affrontato la questione di petto. E non c'è da stupirsi che sia diventato un best seller. Perché in generale, ciò che i sionisti religiosi vogliono è che la Terra d'Israele sia solo per gli ebrei.

Ora la situazione per i cristiani, invece, sarà davvero brutta. [Secondo l'ebraismo, sono idolatri e bisogna ucciderli anche se non si oppongono al dominio ebraico. A Gerusalemme, gli studenti dei seminari religiosi hanno un'abitudine spregevole: urinano o defecano sulle chiese. Se andate lì e parlate con il personale della chiesa, lo sentirete da ogni chiesa. Sputare sugli ecclesiastici per strada è una cosa che accade regolarmente. Se il sacerdote ha la faccia tosta di colpire la persona, di darle uno schiaffo o qualcosa di simile, viene espulso tranquillamente. Gli annullano il permesso di soggiorno nel Paese. Se si vuole giustificare un pogrom, basta pronunciare le parole "minaccia missionaria".

Da questo punto di vista, il cristianesimo, che è l'acerrimo nemico storico dell'ebraismo, subirà un duro colpo una volta che i religiosi sionisti saranno al potere. I fondamentalisti cristiani che inviano loro denaro apparentemente non capiscono con cosa hanno a che fare. Ma si tratta in realtà di un caso di "peste su entrambe le vostre case".

Chabad: Lubavitch e l'inganno della profezia globalista (2018)

Quando Mike Pompeo ha detto che Covid era una "simulazione", Trump ha detto: "Vorrei che qualcuno me lo avesse detto". Il suo ruolo era quello di fingere di essere il "poliziotto buono" mentre dava il negozio ai suoi compagni satanisti.

Da Ken S

Il sito web di Ken è Redefining God https://redefininggod.com/.

I membri di Chabad e i Kusher hanno l'orecchio di Trump

La montatura va oltre il semplice lancio del Nuovo Ordine Mondiale; è una montatura che mira, in ultima analisi, a realizzare artificialmente la profezia biblica e a simulare una Seconda Venuta di Cristo.

Questo schema di adempimento delle profezie è un progetto dei banchieri centrali "ebrei" cabalisti e dei loro partner criminali della famiglia reale, ed è orchestrato dal culto cabalista "ebreo" Chabad Lubavitch.

Il Chabad è una facciata religiosa del Mossad ed è focalizzato sulla produzione dello spettacolo globalista dei tempi finali. Ha anche legami intimi con Donald Trump e Vladimir Putin. Infatti, sia Trump che Putin hanno grandi ruoli all'interno del loro copione dei tempi finali.

Per il primo atto, Trump è stato scelto per interpretare il "Moshiach ben Yosef" (il messia precursore), mentre Putin è stato scelto per interpretare il "Moshiach ben David" (il messia principale).

E nel secondo atto, il personaggio di Putin passerà al ruolo di "Anticristo finale" del falso Gesù dei globalisti, il "Cristo-Cabala". Per ingannare il mondo e fargli accettare la loro Cabala-Cristo come il vero Gesù, i globalisti stanno progettando di adempiere artificialmente le profezie bibliche DUE volte.

Il primo adempimento fornirà l'"inganno satanico" che i cristiani si aspettano, mentre il secondo fornirà la "vera Seconda Venuta" che anch'essi si aspettano.

Entrambi gli adempimenti avranno un Cristo e un Anticristo. Entrambi includeranno una Bestia a 7 teste e 10 corna dal mare e una Bestia dalla terra per aiutare la Bestia dal mare. Entrambi avranno guerre Gog-Magog e battaglie di Armageddon. Ma entrambi sono falsi adempimenti. Lo so con certezza perché ho osservato i loro propagandisti gettare le basi per entrambi e ho documentato i loro inganni nel mio blog.

Nel primo adempimento, i globalisti contrapporranno "l'Anticristo americano e il suo malvagio NOM unilaterale / unipolare" al "Cristo russo e al suo benevolo NOM multilaterale / multipolare". Il Cristo russo sarà naturalmente interpretato da Vladimir Putin, ed è per questo che nei media alternativi controllati si è sentito tanto parlare di Putin come di "un buon cristiano che si è opposto ai satanisti occidentali e al loro NOM.

Durante il prossimo conflitto della Terza Guerra Mondiale in Corea, Medio Oriente e Ucraina, Putin sconfiggerà l'Occidente e trasformerà l'ONU "dominata dall'Occidente" nel NOM multilaterale / multipolare. E per convincere le persone che stanno vivendo qualcosa di soprannaturale, i globalisti metteranno in scena un grande spettacolo che prevede finti assassinii, finte resurrezioni e finti extraterrestri, il tutto reso possibile dalla magia di Hollywood, dalla tecnologia sequestrata e da un budget quasi illimitato.

Alla fine di questo primo adempimento, la maggior parte sarà convinta che Putin sia il Messia ebraico e cristiano e che la "nuova ONU/NOM riformata" sia il suo regno democratico.

Nel secondo adempimento, il NOM di Putin diventerà piuttosto brutto circa 3,5 anni dopo il suo lancio, e diventerà chiaro a tutti che sono stati "ingannati da Satana" nell'accettare l'Anticristo finale al posto di Cristo. Dopo altri 3,5 anni di "grande tribolazione", Putin guiderà il suo esercito dell'ONU e i suoi amici ET contro un secondo gruppo di esseri in arrivo, il "vero Gesù" e i suoi angeli.

Alla fine di questo secondo adempimento, i globalisti si aspettano che tutti comprino e accettino il "vero Gesù" che hanno presentato. Ed è attraverso questo falso Gesù che sperano di governarci come dei in un mondo post-democratico di cui sono padroni.

Libro secondo

La farsa comunista-sionista della sinistra-destra

Trump e il Tag Team ebraico massonico

A sinistra, comandanti comunisti ebrei dei Gulag in URSS. A destra, i pionieri ebrei sionisti del Kibbutz Gan Shmuel nel 1921. Entrambi fanno il classico segno della mano massonico.

Qual è il posto di Donald Trump nel quadro generale.

Trump è un massone e un cripto-ebraico.

L'ebraismo organizzato non può soggiogare l'umanità da solo; ha bisogno che i goyim si distruggano a vicenda.

Così, hanno sviluppato due tag team per farsi la guerra.

A sinistra, abbiamo gli ebrei comunisti ("globalisti") che attaccano i goyim minando la loro identità nazionale, religiosa (morale), razziale e familiare (di genere). I loro strumenti includono i "vaccini" tossici, la geoingegneria, la cultura dell'annullamento, la disforia di genere (femminismo, omosessualità) e la migrazione.

A destra ci sono i fascisti, i nazisti o gli ebrei sionisti ("nazionalisti"), che sembrano difendere i goyim da questo assalto. Trump ha vinto due (e probabilmente tre) elezioni facendo appello a questa demografia.

Arnold J. Toynbee, propagandista della fazione comunista (globalista), ha scritto:

> "La colpa - o il merito - di aver messo a morte Gesù è attribuita nel Talmud agli ebrei, non ai romani" (p. 481.)

Toynbee aggiunge:

> "C'è stato anche l'obiettivo di convertire il mondo gentile al culto di Yahweh sotto l'egida di un impero mondiale centrato su Eretz Israel e governato dall'"Unto del Signore": un prossimo re umano di stirpe davidica". (*Riconsiderazioni*, 1961, p. 486)

Ci sono molti indizi che indicano che il nazismo fu finanziato dagli ebrei sionisti. Ad esempio, l'ex cancelliere tedesco (1930-1932) Heinrich Bruning rivelò l'identità dei finanziatori di Hitler in una lettera del 1937 a Winston Churchill:

> "Non ho voluto, e non voglio nemmeno oggi per comprensibili, rivelare che dall'ottobre 1928 i due maggiori contribuenti regolari del Partito nazista erano i direttori generali di due delle più grandi banche berlinesi, entrambi di fede ebraica e uno dei quali era il leader del sionismo in Germania."

Il comunismo e il sionismo sono due facce della stessa medaglia e alla fine rappresentano la stessa cosa, la tirannia della banca centrale giudaica massonica, l'Ordine Mondiale Ebraico. Tuttavia, il loro conflitto viene fatto sembrare autentico, proprio come lo stallo tra NATO e Russia in Ucraina.

Nel numero di gennaio/febbraio 2003 di *The Barnes Review* - lo storico nazionalista russo, il dottor Oleg Platonov, ha affermato, senza mezzi termini, che Stalin aveva effettivamente lanciato una grande offensiva contro il sionismo.

Platonov ha scritto

> "Il dominio ebraico-bolscevico sulla Russia fu spezzato da Stalin che, nella seconda metà degli anni Trenta, attuò una controrivoluzione e tolse il potere ai portatori dellideologia sionista.
>
> Negli anni '30 e '40, sotto guida di Stalin, furono annientati non meno di 800.000 bolscevichi ebrei, l'élite dell'organizzazione anti-russa che aveva progettato di trasformare la Russia in uno Stato ebraico. Quasi tutti i leader ebrei furono epurati e le possibilità di riconquistare il potere per quelli rimasti furono ridotte al minimo. Gli ultimi anni della vita di Stalin furono dedicati allo sradicamento del sionismo e alla liquidazione organizzazioni ad esso associate.

Il dottor Platonov ha aggiunto questi dettagli estremamente rilevanti: Dopo la morte di Stalin, tutto cambiò bruscamente. Lo Stato fu preso in mano da persone intenzionate a restaurare il bolscevismo ebraico. La rinascita del sionismo continuò durante tutto il governo di N. S. Krusciov.

LA DIFFERENZA?

> "Qual è la differenza tra uno stalinista e un trotskista? Alcune persone di vi diranno: "Tutti i comunisti sono uguali.
>
> Michael Collins Piper scrive "...Uno stalinista rappresenta il nazionalismo russo primordiale. Un trotskista rappresenta gli interessi ebraici internazionalisti di New York

La cospirazione comunista mondiale non è una cospirazione russa, ma una cospirazione ebraica americana. New York è il vero centro della cospirazione.

Piper ha sottolineato che le vecchie etichette di "destra" e "sinistra" non hanno più alcun significato reale.

Trump ha subito una caduta nel 2020, proprio come un wrestler della WWF

Come DJT ha perso la Casa Bianca nel 2020. Donald Trump è un attore di un reality show politico.

Aveva una strada chiara per rovesciare le elezioni truccate, e non l'ha percorsa. Il sionismo e i comunisti sono le ali destra e sinistra della Massoneria ebraica. Il ruolo di sionisti come Trump e del brasiliano Bolsonaro è quello di far vincere le elezioni ai comunisti.

La sera di venerdì 18 dicembre 2020, Sydney Powell, Michael Flynn e Patrick Byrne hanno avuto un incontro informale con Donald Trump.

Durante questo incontro, Powell e Flynn hanno detto a Trump che avrebbe potuto impugnare con successo il risultato delle elezioni sulla base di due Ordini Esecutivi che erano stati emanati in seguito a prove di un intervento straniero in un'elezione americana. Uno era stato emesso da Obama e l'altro da Trump.

Per dimostrare l'inganno bastava controllare sei contee chiave. Hanno illustrato il processo nei dettagli. Trump fu sufficientemente impressionato da nominare subito Sydney Powell suo consigliere speciale.

Il drammatico resoconto è stato fornito da Byrne in un video di 30 minuti. Trump ha finto di essere sorpreso da questa informazione. "Perché non me hai parlato?", ha rimproverato il suo avvocato Pat Cippollone. "Non fai altro che dirmi cosa non posso fare.

"Riuscite a capire cosa avrei potuto fare se fossi stato circondato da altre persone?", rivolse ai suoi tre ospiti.

Ma poi si ammorbidisce: "Ma Pat è un amico. È a posto".

"RUDY, DEVE ESSERE RUDY"

Anche Rudy Giuliani era "un amico". Trump ha insistito perché Powell condividesse la responsabilità con Giuliani, che ha immediatamente litigato con Powell e si è trovato in disaccordo sulla strategia.

Trump sembra un don mafioso. La fedeltà agli "amici" ha la precedenza sulla difesa della democrazia. Non aspettatevi che un gangster abbia un senso storico o dei principi. Quelli li ha avuti dal suo speechwriter, Stephen Miller. Ha graziato spie israeliane e criminali Chabad, ma non Julian Assange o Edward Snowden.

NEGABILITÀ PLAUSIBILE

Così "fedele" a se stesso, perché si è circondato di "amici" come questi. Anche il suo capo dello staff Mark Meadows era un traditore. Persino Mike Pence lo ha gettato sotto lautobus. Sono i suoi amici/manipolatori degli Illuminati (massoni)

Il MAGA era una farsa. Trump è servito a uno scopo, dividere la nazione. Poi fa vittima, fingendo di non essere responsabile delle persone che ha scelto. Anche i suoi tre nominati alla Corte Suprema si sono rivelati dei traditori.

La settimana successiva Sydney Powell è stata scaricata. È chiaro che Trump non ha il carattere per adempiere alla sua sacra responsabilità nei confronti suoi concittadini.

Aveva una strada chiara per la vittoria e non l'ha imboccata. Per essere uno che si vantava di vincere, ha fatto una brutta fine.

Perché ci si aspettava che un gangster ebreo di New York mantenesse le sue promesse? Goyim, stati fregati ancora una volta.

Trump è un agente del Mossad ricattato sessualmente

Il 26 aprile 2016 una certa "Katie Johnson" ha presentato una denuncia per stupro in un tribunale della California contro gli imputati Donald Trump e Jeffrey Epstein.

"Nel quarto e ultimo incontro sessuale con l'imputato Donald J. Trump, la querelante, Katie Johnson, è stata legata a un letto dall'imputato Trump, che ha poi proceduto a violentare con la forza la querelante Johnson. Nel corso di questo selvaggio attacco sessuale, la querelante Johnson ha supplicato a gran voce l'imputato Trump di "indossare un preservativo".

L'imputato Trump ha risposto colpendo violentemente il querelante Johnson in faccia con la mano aperta e urlando che "avrebbe fatto tutto quello che voleva", dato che si rifiutava di indossare le protezioni.

Dopo aver raggiunto l'orgasmo sessuale, l'imputato Donald J. Trump è rimesso il vestito e quando la querelante Katie Johnson, in lacrime, ha chiesto all'imputato Trump cosa sarebbe successo se l'avesse ingravidata, l'imputato Trump ha afferrato il suo portafoglio e le ha lanciato dei soldi, urlando che avrebbe dovuto usare i soldi "per ottenere un fottuto aborto".

Katie Johnson, a destra, da adolescente

avvocato del New Jersey Thomas Francis Meagher ha rielaborato il caso di Johnson e lo ha depositato presso la Corte distrettuale degli Stati Uniti per il distretto meridionale di New York.

> "La querelante è stata oggetto di atti di stupro, cattiva condotta sessuale, atti sessuali criminali, abusi sessuali, toccamenti forzati, aggressioni, percosse, inflizione intenzionale e sconsiderata di stress emotivo, costrizione, falsa prigionia e minacce di morte e/o di gravi lesioni fisiche da parte degli imputati che hanno avuto luogo in diverse feste durante i mesi estivi del 1994.

"Le feste sono state tenute dall'imputato Epstein in una residenza di New York City utilizzata dall'imputato Epstein al 9 E. 71st St. a Manhattan [nota come Wexler Mansion]. Durante questo periodo, la querelante era minorenne e aveva 13 anni".

Una presunta testimone dello stupro di cui sopra, Tiffany Doe, si è fatta avanti. Ha dichiarato di essere stata pagata da Epstein per attirare ragazze minorenni alle feste di Epstein e amici con l'esca di promesse opportunità di fare da modella.

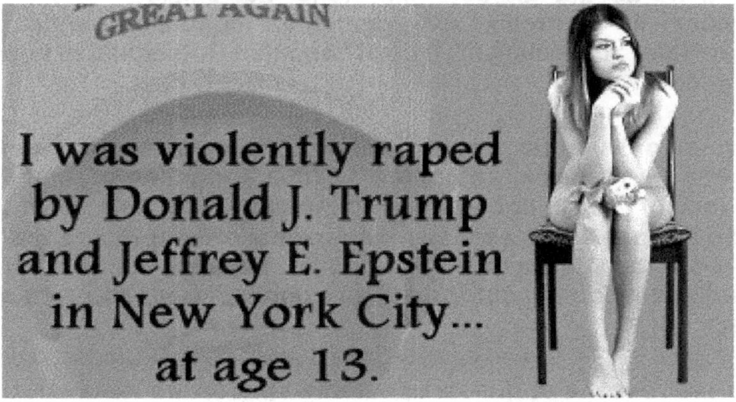

GREAT AGAIN
I was violently raped
by Donald J. Trump
and Jeffrey E. Epstein
in New York City...
at age 13.

"È stato durante questa serie di feste che ho assistito personalmente al fatto che la querelante fosse costretta a compiere vari atti sessuali con Donald J. Trump e Mr. Epstein. Sia il signor Trump che il signor Epstein erano stati informati che lei aveva 13 anni."

https://www.dailymail.co.uk/news/article-3894806/Woman-alleged-raped-Donald Trump-13-Jeffrey-Epstein-sex-party-DROPS-case-casting-doubt-truth-claims.html

La guerra fredda è nata dallo scisma comunista: Scisma ebraico sionista

In un documento del 1965, Louis Bielsky spiegò che la Guerra Fredda era dovuta alla determinazione "nazionalista" di Stalin di usurpare il controllo dell'egemonia mondiale ebraica (il comunismo) ai "globalisti", cioè ai banchieri Rothschild di Londra e New York.

Nel corso della storia, il centro del potere ebraico ha attraversato l'Europa - Venezia, Spagna, Olanda, Inghilterra (l'Impero "britannico") - per poi passare in America. L'attuale acrimonia contro la Russia può essere compresa nei termini di una fazione globalista che attacca quella nazionalista? Questo conflitto è reale o è solo un modo per controllare gli eventi controllando entrambe le parti.

Ecco i retroscena di questa apparente spaccatura nella struttura di potere ebraica. Biblioteca dei segreti politici: L'artiglio sovietico israelita strangola gli stato.

CONSEGUENZE DELLO SCISMA EBRAICO-STALINISTA DI LOUIS BIELSKY

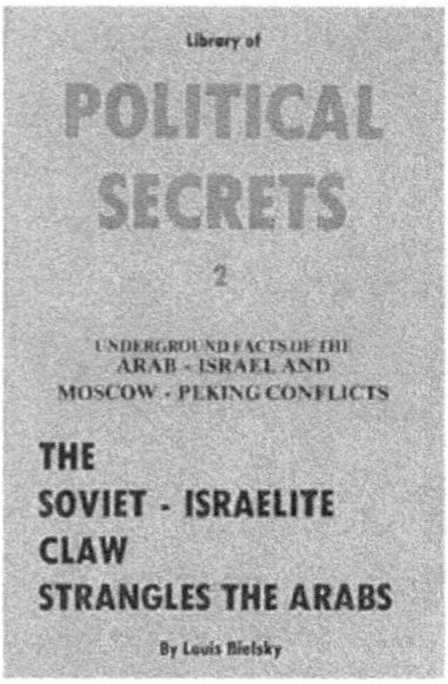

La lotta tra Stalin e lo Stato di Israele, che egli aveva con entusiasmo, si svolse nel modo seguente.

Dopo che i cripto-giudei Roosevelt e Harry Salomon Truman consegnarono l'Europa orientale e la Cina al fratello israelita Stalin, secondo i piani ebraici di instaurare la dittatura comunista in tutto il mondo, le aspirazioni paranoiche di potere di Stalin lo fecero sentire quasi padrone del mondo, desiderando diventare, come abbiamo detto, il capo supremo dell'ebraismo internazionale.

Ciò provocò, alla fine del 1948, una rottura tra Stalin e le comunità ebraiche staliniane da un lato e il resto dell'ebraismo internazionale dall'altro.

In questo caso, le divergenze tra Stalin e l'ebraismo internazionale, che venivano discusse... nel Sinodo Rabbinico Universale segreto ebraico, giunsero all'estremo di rompere totalmente l'unità istituzionale dell'Israele internazionale.

Stalin e la sua setta segreta ignorarono l'autorità del Congresso ebraico mondiale e Bernard Baruch, sulle comunità israelite dell'Unione Sovietica e degli Stati rossi satelliti dell'Europa orientale. Allo stesso tempo, estesero lo scisma in tutto il mondo, cercando di attirare a Stalin il maggior numero possibile di ebrei.

In Russia e negli Stati satelliti fu in grado di imporre lo scisma con la forza brutale, uccidendo o incarcerando ogni israelita che si opponeva a lui. Al contrario, nel mondo libero, fu possibile attrarre allo stalinismo scismatico solo una piccola minoranza di ebrei fanatici e attivisti. Il risultato di questo scisma temporale all'interno del popolo d'Israele diffuso tutto il mondo fu dannoso per la sua impresa rivoluzionaria.

LE ORIGINI DELLA "GUERRA FREDDA"

Nel nuovo Stato di Israele, gli ebrei stalinisti hanno cercato di controllare il governo, ma hanno fallito.

Lo Stato ebraico, così come il Movimento sionista mondiale, rimasero nelle mani degli ebrei fedeli al Congresso ebraico mondiale di New York e al suo leader occulto, Bernard Baruch.

Baruch usò il sionismo, che aveva ricevuto un grande sostegno dai leader ebrei sovietici, come un'arma contro di loro, spingendo così i leader israeliti del Cremlino a iniziare una feroce guerra contro il sionismo, contro lo Stato di Israele, il Congresso Mondiale Ebraico di New York, l'Ordine B'nai-B'rith e contro il leader nascosto di tutto questo [Bernard Baruch era il George Soros dei suoi tempi.

Allo stesso tempo, Stalin e i suoi seguaci ebrei iniziarono ... un'azione penale brutale, non solo contro i sionisti, ma anche contro i rabbini e i leader delle comunità ebraiche, che avrebbero dovuto essere fedeli al comando ebraico di New York. Questi furono sostituiti... da rabbini e leader di affiliazione stalinista. Le carceri erano piene di ebrei antistalinisti e in queste circostanze molti leader ebraici e funzionari governativi... furono assassinati.

Il potere ebraico di New York reagì violentemente contro Stalin. Essi imposero al loro suddito ebreo, il Presidente degli Stati Uniti, Harry Salomon Truman - e altri cripto-giudei che controllavano o influenzavano i governi dell'Inghilterra e delle altre potenze occidentali - il violento cambiamento della loro politica internazionale che molti ancora non capiscono e che salvò il Mondo Libero da un'imminente caduta nelle mani del comunismo, verso il quale il Mondo Libero veniva condotto con la complicità di Washington e Londra, all'epoca segretamente controllate dalla massoneria e dal giudaismo.

Truman e la banda ebraica che aveva consegnato l'Europa dell'Est e la Cina a Stalin ora guidavano la lotta per impedirgli di raggiungere il controllo del mondo. All'inizio del 1949 si formò la NATO (Organizzazione del Trattato dell'Atlantico del Nord) e successivamente l'Alleanza del Mediterraneo, nonché l'Alleanza di Baghdad e quella del Sud-Est asiatico. L'OSA, Organizzazione degli Stati Americani, fu praticamente trasformata in un'alleanza anti-comunista.

Si creò così la più grande rete di alleanze della storia dell'Umanità, perché i leader ebraici mondiali si ricordavano dei massacri di ebrei - trotzkisti, zinovieviani, bujarinisti, ecc. Si sentivano in pericolo di essere fucilati se non si fossero preparati a fermare i tremendi progressi di Stalin, che avevano precedentemente sponsorizzato.

Prima di ciò, Truman aveva progettato di consegnare l'India e il Giappone settentrionale a Stalin, ma questi eventi impedirono un tale grande crimine. Quando si verificò questa rottura dell'asse cripto-ebraico New York-Londra-Mosca, gli ebrei Truman e Marshall, che avevano silenziosamente e surrettiziamente armato il fedele collaboratore di Stalin, Mao Tse-Tung, e avevano fatto tutto il possibile per eliminare Chiang Kai-Chek, non poterono impedire a Stalin di conquistare la Cina.

Ma inviarono la Sesta Flotta per impedire la caduta di Formosa nelle mani di Mao, proteggendo così l'ultimo quartier generale del regime nazionalista cinese, pur non consentendo azioni offensive contro il regime comunista.

Durante il periodo di questo scisma ebraico transitorio, i leader newyorkesi dell'ebraismo internazionale volevano impedire a Stalin di raggiungere il controllo del mondo, ma non distruggere il comunismo, perché ciò avrebbe significato la distruzione del loro stesso lavoro e la perdita di tutto ciò che la rivoluzione mondiale ebraica aveva guadagnato in 32 anni...

Haviv Schieber ha smascherato la complicità tra sionismo e comunisti

Come gli anticomunisti ebrei Henry Klein e Myron Fagan, Haviv Schieber è stato gettato nel buco della memoria. Haviv Schieber fuggì in Palestina dalla Polonia nel 1937 e si unì all'Irgun sotto Menachem Begin.

Quando fondò un partito sionista anticomunista, divenne un anatema per i sionisti. Descrive la loro persecuzione nel suo libro *Terra Santa tradita* (1987).

Il suo avvocato Bella Dodd ha combattuto i loro sforzi per deportarlo in Israele. Si tagliò le vene per protesta. Fu una causa celebre ai tempi in cui gli Stati Uniti avevano una stampa libera.

Schieber ha tolto il velo alla farsa comunisti (sinistra) contro sionisti (destra). Ha rivelato che Israele deve la sua esistenza alla Russia. Al vertice, il sionismo e il comunismo sono vie alternative al governo globale dei Rothschild.

E si è schierato a favore di uno Stato palestinese che includa i palestinesi in egual misura. Non vedrete mai un film veramente anticomunista (su Bella Dodd) perché gli Stati Uniti sono gestiti da ebrei comunisti e massoni.

Haviv Schieber, 1913-1987

> "Il nazismo mi ha fatto paura di essere ebreo. Il sionismo mi ha fatto vergognare di essere ebreo". Haviv

Come i miei lettori sanno, i Rothschild controllano gli eventi utilizzando due culti satanici massonici ebraici apparentemente opposti, il comunismo (a sinistra) e il sionismo (a destra.)

L'ala sionista (destra) è nazionalista, conservatrice e promuove il NOM attraverso la guerra. L'ala comunista è "progressista" (woke) e favorisce la disintegrazione dello Stato-nazione attraverso la migrazione, l'ingegneria sociale e la repressione.

Questo conflitto viene combattuto come se fosse reale. Ad esempio, nel 1948 una guerra civile fu evitata per un pelo dopo che Ben Gurion ordinò l'affondamento di una nave dell'Irgun, l'Altalena, che costò 35 morti, centinaia di feriti e tonnellate di munizioni perse. Begin fece marcia indietro nell'interesse dell'unità ebraica, perché in fondo sionismo e comunismo sono due facce della stessa medaglia.

Oggi Schieber sarebbe stato allineato con Netanyahu e Trump, ma ancora perseguitato perché ha denunciato il legame sionista con la Russia:

1) L'URSS era dietro la fondazione di Israele. Allo scoppio della guerra del 1948, "i sovietici vennero ancora una volta in aiuto dei loro fratelli marxisti. Inviarono molti alti ufficiali dell'Armata Rossa per addestrare e guidare l'esercito israeliano". (20)

2) I sovietici aprirono la porta all'emigrazione ebraica in Israele e fornirono armi molto necessarie dal loro satellite ceco. Hanno finto di sostenere gli arabi e li hanno incitati con armi e promesse limitate.

3) Per quanto riguarda la Guerra dei Sei Giorni, i sovietici incoraggiarono l'Egitto a fare minacce bellicose per sembrare l'aggressore. Poi i sovietici dissero a Nasser di fare marcia indietro. L'attacco alla USS Liberty fu un tentativo a bandiera falsa per attirare gli Stati Uniti in guerra.

Nel 1950, Schieber fondò la Lega anticomunista di Israele, cui aderirono musulmani, cristiani ed ebrei. "Dobbiamo mostrare al mondo che non ci sono solo ebrei comunisti, ma anche ebrei anticomunisti". (29) Descrive la collaborazione sionista-nazista: "i sionisti di sinistra soppressero tutti i tentativi di protesta e di rivolta contro Hitler da parte dei ghetti ebrei tedeschi... erano più informati dei tedeschi sui campi di concentramento, ma non fecero nulla per fermarli".

Naturalmente i sionisti hanno finanziato Hitler per spingere gli ebrei tedeschi in Israele.

Schieber incoraggiò i suoi seguaci con queste parole: "Se qualcuno ha la possibilità di distruggere il comunismo, sono gli ebrei. Dopo tutto, siamo quelli che lo hanno iniziato e costruito". (52)

"Bella Dodd fu l'unica a comprendere la necessità di creare un'organizzazione mondiale... Fino alla sua morte, nel 1969, fu profondamente coinvolta nella mia causa". (53) Quando il rabbino Wise disse che il comunismo è il compimento dell'ebraismo, Schieber avvertì gli ebrei che "venivano danneggiati dalle azioni della loro leadership ebraico-marxista-liberale".

CONCLUSIONE

Schieber si convertì al cristianesimo e fu sepolto in un cimitero cristiano. In *Terra Santa tradita*, ha scritto il suo epitaffio.

> "Per tutta la vita mi sono dedicato con passione al concetto di uno Stato ebraico in Palestina... Ero disgustato da ciò che si era sviluppato. I miei sogni per quello Stato erano di dignità, libertà e sicurezza. Invece, ho visto ogni forma di degrado umano, corruzione, vizio e crimine. I risultati del sionismo mi facevano rivoltare lo stomaco".
>
> "Credo che il piano di Dio sia questo: Israele dovrebbe disarmare, aprire i suoi confini e adottare un sistema di libera impresa. Questo è l'unico modo per evitare una distruzione di massa, forse una guerra nucleare globale". (64)

Alcuni ebrei hanno sostenuto Schieber, ma hanno chiesto di rimanere anonimi. Gli ebrei sono tenuti in ostaggio dalla duplice tenaglia massonica del sionismo e del comunismo, che ora ci imprigiona tutti.

Lo stesso vale per le persone sotto il giogo dell'Islam radicale, creato dai massoni per facilitare una terza guerra mondiale giudaico-massonica.

Israele e Iran sono entrambi gestiti da massoni che tramano la terza guerra mondiale

Se non vogliamo battere le mani per l'Iran, non lasciamoci coinvolgere dalla farsa della terza guerra mondiale. Gli islamisti (Hamas) sono l'equivalente musulmano dei comunisti ebrei.

Sionisti e comunisti sono ali della stessa setta massonica. I loro dogmi sono solo un pretesto per derubare i loro popoli della libertà e della proprietà e per fomentare guerre gratuite.

Ora si stanno unendo per distruggerci inscenando una guerra nucleare. La profezia di Pike si sta avverando! I leader musulmani e sionisti sono letteralmente agenti degli Illuminati.

Anche l'Iran è controllato dai satanisti.

Albert Pike aveva previsto tre guerre mondiali

Questo è stato scritto da un iraniano di 18 anni e pubblicato il 4 ottobre 2010.

Fin dall'inizio della rivoluzione islamica, posizioni chiave come la magistratura sono state affidate a mullah che non avevano alcuna esperienza nella gestione del Paese. Comandanti dell'esercito, ingegneri e medici di che si opponevano al regime venivano impiccati perché "nemici di Allah".

La rivoluzione islamica dell'Iran non aveva nulla a che fare con l'Islam. Come tutte le altre rivoluzioni della storia recente, aveva lo scopo di consegnare il potere a pochi individui. Nel caso della rivoluzione iraniana del 1979, lo Stato è stato consegnato al culto di Khomeini, un gruppo di Fratelli Musulmani che ha legami diretti con le agenzie di intelligence straniere.

Non bisogna essere così ingenui da credere che l'Iran sia un'opposizione al nuovo ordine mondiale.

È molto difficile per me credere all'idea che gli inglesi, che hanno combattuto Mussadeq con tanto vigore, rinuncerebbero improvvisamente al petrolio iraniano e lascerebbero che i mullah si impadroniscano delle risorse petrolifere del Paese.

La storia vera è che gli inglesi hanno istigato la rivoluzione islamica di Khomeini. L'obiettivo era controllare l'energia dell'Iran indebolendolo (riducendo gli iraniani alla fame) e distruggere la società religiosa e familiare iraniana.

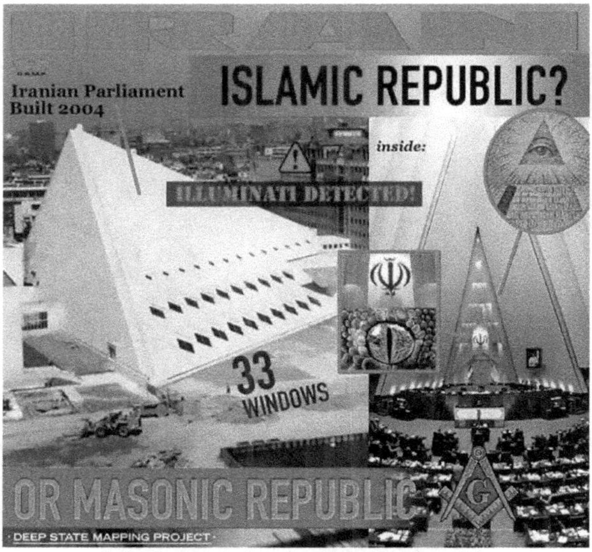

Il Parlamento iraniano - una piramide

Molti dei nostri grandi ayatollah sono anche massoni, membri della Fratellanza Musulmana e ho fonti attendibili che mi dicono che ogni tanto si recano a Londra per ricevere gli ordini. Una delle figure più potenti del regime di culto dell'Iran è l'ayatollah Mesbah Yazdi. È il leader di un culto molto potente chiamato Scuola Haqqani.

Tra i membri figurano Mahmoud Ahmadinejad (un allievo di spicco di Mesbah), comandanti delle guardie rivoluzionarie, della milizia Basij, avvocati, giudici e direttori di importanti testate giornalistiche...

Credo che la fonte principale di questi problemi sia il fatto che la nostra società e soprattutto le giovani generazioni non hanno più fiducia in valori come la famiglia, la religione e il duro lavoro.

La causa è che il culto ci ha tolto i diritti fondamentali e ci propina una versione dell'Islam che ha portato alla distruzione della religione e della società.

Non ho dubbi che i satanisti siano tra gli insegnanti di religione a Qom, dato che ho sentito molte storie vere di abusi sui bambini. I nostri ingegneri sociali Mullah hanno reso il pubblico così confuso che non sa più cosa sia giusto o sbagliato e quindi è pronto ad accettare una presa di potere del NOM.

I fanatici religiosi hanno dirottato Israele (e degli Stati Uniti)

L'unica soluzione pratica al conflitto in Medio Oriente è quella dei due Stati. Ma questa sembra senza speranza, dato che 800.000 coloni vivono nel settore palestinese e non hanno intenzione di spostarsi. Se si aggiunge il complotto per realizzare la profezia occulta della supremazia ebraica, la situazione appare piuttosto desolante. Il governo israeliano è fuori controllo e l'Occidente è controllato da loro grazie al controllo del credito.

La spirale suicida deve essere congelata e gradualmente invertita. In definitiva, si tratta di una farsa per giustificare il caos, la sofferenza e lo spopolamento. Entrambe le parti sono controllate da satanisti (massoni). Il satanismo è il culto della morte e della distruzione.

I quattro cavalieri dell'Apocalisse

Per decenni, attaccare Gaza è stato il piano di Netanyahu per contrastare il malcontento interno.

Il libro di Haim Bresheeth-Zabner *Un esercito come nessun altro* (2019) apre gli occhi. Stabilisce che il genocidio di Gaza non è un'aberrazione, ma la continuazione di una politica coerente di pulizia etnica e genocidio su cui è stato costruito lo Stato di Israele.

In effetti, Benjamin Netanyahu aveva una politica di massacro dei gazesi ogni volta che c'erano disordini interni in Israele, come l'opposizione alle sue "riforme giudiziarie" prima del 7 ottobre 2023. Ad esempio, nel 2012 ci sono state proteste a causa dell'alto costo della vita.

> "Netanyahu (che stava perdendo terreno nei sondaggi) ha deciso di dare all'opinione pubblica la sua medicina preferita, un attacco a Gaza. L'attacco a Gaza del 2012 ha messo fine alla protesta sociale e ha riportato Netanyahu in una posizione di leadership. Mentre le tribù ebraiche israeliane sono profondamente divise su molti temi, la questione della "sicurezza" funge da collante sociale più efficace". (p.344)

Solo una minaccia esterna può tenere unito il Paese.

Sebbene Israele si dichiari favorevole a una "soluzione a due Stati", il suo obiettivo è sempre stato quello di controllare la Palestina "dal mare al fiume" e oltre.

Questo è ancora più vero ora che i partiti che rappresentano gli 800.000 "coloni" della Cisgiordania hanno preso il controllo del governo e dell'IDF.

Il trattamento riservato da Israele ai palestinesi è sempre stato barbaro. "Durante le festività natalizie del 2008, Israele è entrato a Gaza con una forza enorme. Quasi 1.500 palestinesi sono stati uccisi, per lo più civili, di cui più di 400 erano bambini. La devastazione di Gaza è stata più intensa di qualsiasi altro assalto dell'IDF. Israele ha colpito le infrastrutture - elettricità, gas e sistemi idrici, fragili a Gaza nei momenti migliori e già colpiti dal blocco annunciato da Israele nel 2006".

"Nelle due successive incursioni a Gaza, nel novembre 2012 e nel luglio-agosto 2014, il livello già terrificante di morte e distruzione è stato superato: l'IDF ha ucciso 2310 gazesi nell'estate del 2014 e ne ha feriti 10.626. Interi quartieri di Gaz sono scomparsi da un giorno all'altro e più di 120.000 persone hanno perso le loro case. Le infrastrutture, parzialmente riparate dall'ultimo attacco, giacciono in rovina". (322) Lo stesso fecero a Beirut nel 1982. In effetti, la dottrina della distruzione sproporzionata prende il nome da "Dahiya", il quartiere di Beirut che Israele ha raso al suolo. (207)

Sono rimasto colpito dalla totale barbarie e dalla mancanza di umanità comune mostrata dagli israeliani, persone che si considerano civilizzate.

L'Occidente ha firmato per una nave che sta affondando. Israele riceve il 55% di tutti gli aiuti militari statunitensi.

Se si comprende il fanatismo dei leader israeliani, si capisce che non c'è speranza di pace.

La leadership proviene dall'elemento più fanatico della società israeliana, i coloni. La popolazione in più rapida crescita è quella degli ebrei eredi o ortodossi, che non contribuiscono in alcun modo ma chiedono ogni tipo di sussidio e privilegio. Sostengono l'espulsione o la liquidazione dei palestinesi.

HB-Z spiega che la guerra è il pane quotidiano di Israele. L'IDF è l'istituzione più ricca del Paese. Più del 20% della popolazione lavora per essa o per il complesso militare-industriale che promuove. Hanno creato una società che "si nutre di aggressione, prospera grazie ad essa". (198)

Anche se i sionisti possono parlare di compromesso, non ce ne sarà alcuno. L'unico modo per fermare il genocidio è sconfiggere Israele in combattimento.

Correlato: *La discesa di Israele in un abisso morale* (online o in Illuminati I)

Henry Klein: Il sionismo è la maledizione dell'ebraismo

Henry Klein (1879-1955) rappresentava la maggioranza degli ebrei che volevano solo assimilarsi. Tuttavia, come spiega in questo saggio del 1945, i banchieri avevano bisogno di loro per ottenere la tirannia del governo mondiale.

Di conseguenza, gli ebrei sono stati ingannati per far avanzare il "globalismo" e senza dubbio la colpa ricadrà su di loro e non sui massoni.

La maggior parte degli ebrei non sa di essere usata in un complotto diabolico. Sono più efficaci come "utili idioti".

di Henry Klein

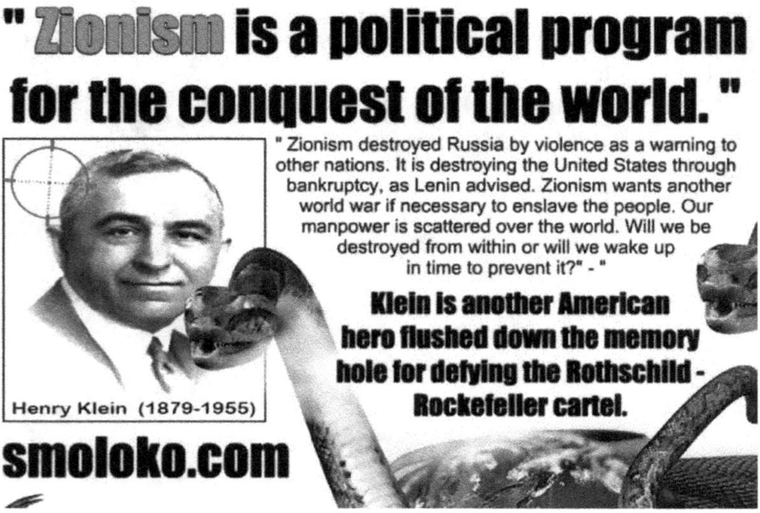
" Zionism is a political program for the conquest of the world. "
" Zionism destroyed Russia by violence as a warning to other nations. It is destroying the United States through bankruptcy, as Lenin advised. Zionism wants another world war if necessary to enslave the people. Our manpower is scattered over the world. Will we be destroyed from within or will we wake up in time to prevent it?" - "
Klein is another American hero flushed down the memory hole for defying the Rothschild - Rockefeller cartel.
Henry Klein (1879-1955)
smoloko.com

"Fate in modo che gli ebrei siano consapevoli del mondo, dicono i loro leader. Fateli sognare la Palestina e uno Stato mondiale. Non lasciateli diventare nazionalisti nel pensiero. Non permettete che si considerino cittadini di alcuna nazione, tranne quella sognata dagli ebrei in Palestina. Rendeteli internazionalisti".

È quello che hanno fatto con gli ebrei della Russia e di altre parti d'Europa; è quello che stanno facendo con la maggior parte degli ebrei degli Stati Uniti. Il mezzo principale attraverso il quale questo viene fatto è il sionismo politico.

Che cos'è il sionismo politico? A mio parere, è la maledizione dell'ebraismo. Quello che un tempo era un bel sogno per gli ebrei ortodossi che volevano trascorrere i loro anni di declino in Palestina, si è trasformato in un incubo lurido che minaccia l'estinzione di ebrei, cristiani e maomettani.

Un tempo i principali ebrei degli Stati Uniti si opponevano al sionismo politico e a una nazione ebraica in Palestina. ...Dopo la rivoluzione del 1917, in Russia sostenere il sionismo era un reato capitale. Il sionismo era considerato ostile alla filosofia economica e politica del comunismo in quanto produceva uno Stato nello Stato.

I principali ebrei americani ritenevano che gli ebrei dovessero essere fedeli agli Stati Uniti e non a una nazione indipendente. Alla fine, questi ebrei di spicco cambiarono opinione. Adottarono il concetto che un tempo condannavano; non perché credessero che gli ebrei americani volessero andare in Palestina, ma perché furono indotti a credere che una nazione ebraica in Palestina fosse un simbolo del potere mondiale ebraico e che loro favorissero tale potere. Non si rendevano conto che il potere politico ebraico era venuto meno in seguito all'assassinio di Gesù.

La dichiarazione Balfour del 1917 diede al sionismo un grande impulso. La Gran Bretagna promise agli ebrei una "patria" in Palestina. In cambio, i sionisti politici contribuirono a trascinare gli Stati Uniti nella prima guerra mondiale. La Gran Bretagna aveva anche promesso agli arabi l'autodeterminazione e la protezione in Palestina, contro i turchi, due anni prima.

Una "patria" non era allora interpretata come uno Stato ebraico. Questa interpretazione è stata data da coloro che hanno fatto del sionismo un business e che sognano una recrudescenza del potere mondiale per l'ebraismo. Gli ebrei in massa non hanno questo sogno né questa ambizione. Si accontentano di vivere in pace e felicità dove sono. Non hanno alcun desiderio di tornare in Palestina o di dominare il mondo. Solo pochi hanno questa mania.

Molti ebrei ora in Palestina vorrebbero andarsene se potessero.

A cosa ha portato il sionismo politico? Ha portato alla raccolta di ingenti somme di denaro dagli ebrei di tutto il mondo. Ha portato alla creazione di organizzazioni pro-sioniste nella maggior parte dei Paesi. Ha portato al massacro degli ebrei in Europa e alla minaccia di rivolta dei musulmani contro gli ebrei e i cristiani, anche se ci sono molti arabi cristiani...

I musulmani conoscono i Protocolli. Li leggono e li studiano da almeno una generazione e la conoscenza dei loro contenuti ha suscitato in loro l'odio.

I loro rappresentanti protestarono a San Francisco contro la concessione di ulteriori diritti agli ebrei in Palestina e protestarono più volte presso il governo britannico. Hanno protestato con il Presidente Roosevelt. Sanno che i sionisti politici stanno forzando il loro programma nonostante tutte le loro proteste e avvertono che qualsiasi passo manifesto per stabilire uno Stato ebraico in Palestina, con o senza l'aiuto di qualsiasi nazione, sarà accolto da una violenta opposizione da parte loro. Sono contrari a uno Stato ebraico e al potere mondiale ebraico e intendono fermare entrambi.

Avverto il popolo ebraico di prestare attenzione alle minacce musulmane. Fermate la follia del Sinedrio e l'inganno e la propaganda dei sionisti politici. Essi costituiscono il veleno nella coppa degli ebrei.

Libro terzo

Storia nascosta

Il Vaticano ha concesso l'egemonia ebraica nel 1890

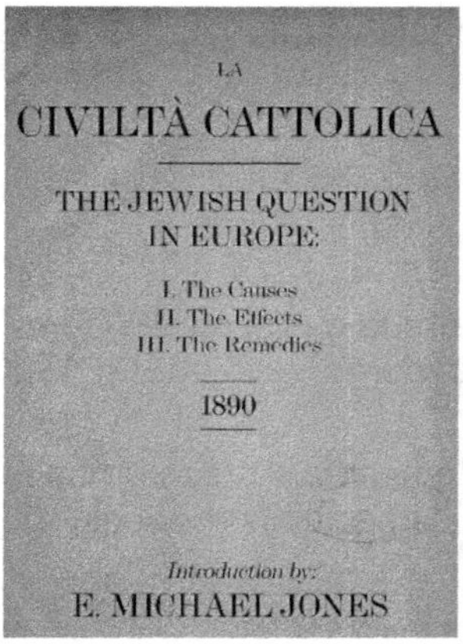

La Civilta Cattolica è un periodico pubblicato senza interruzioni dai gesuiti a Roma dal 1850 ed è uno dei più antichi periodici cattolici italiani.

Una pubblicazione vaticana mette in prospettiva il NOM.

"Lo strumento scelto dal cielo per punire il cristianesimo degenerato del nostro tempo sono gli Ebrei.

Dobbiamo tornare al 1890 per capire cosa è successo. Un articolo del periodico ufficiale vaticano *La Civilta Cattolica* del 23 ottobre 1890 rivela come gli ebrei erano percepiti dai cattolici 135 anni fa. L'articolo conferma che l'umanità è stata colonizzata da un culto satanico, il giudaismo cabalistico, grazie anche alla Massoneria, che è la Cabala ebraica per i gentili. La società è davvero "satanicamente posseduta".

L'articolo del 1890 inizia denunciando "l'invasione degli israeliti in ogni settore della vita pubblica e sociale" in Europa e in Russia.

I cristiani si stanno mobilitando per fermare "la diffusione di questa piaga" e "le sue conseguenze più perniciose".

> "Una volta acquisita l'assoluta libertà civile e l'uguaglianza in ogni ambito con i cristiani e con le nazioni, la diga che prima tratteneva gli Ebrei si aprì per loro e in breve tempo, come un torrente devastante, penetrarono e si impadronirono astutamente di tutto: l'oro, il commercio, la borsa, le più alte cariche nelle amministrazioni politiche, nell'esercito e nella diplomazia; l'istruzione pubblica, la stampa, tutto cadde nelle loro mani o in quelle di coloro che inevitabilmente dipendevano da loro... le stesse leggi e istituzioni degli Stati impediscono alla società cristiana di liberarsi del giogo dell'audacia ebraica, imposto sotto l'apparenza della libertà."

L'articolo stabilisce chiaramente le intenzioni malevole della leadership ebraica. Le persone che gridano "odio" sono in realtà i veri odiatori. Il loro obiettivo - "lo sterminio della civiltà cristiana" - è stato quasi raggiunto.

Il Talmud considera tutti i non ebrei come subumani, cioè bestie. Gli ebrei si considerano "la razza più alta dell'umanità" e hanno il diritto di "rivendicare tutte le ricchezze dell'universo...". Il loro Messia deve essere "un grande conquistatore che metta le nazioni sotto il giogo degli ebrei". (È qui che Cristo ha fallito).

Il Talmud "insegna che un israelita è più gradito a Dio degli angeli del paradiso; che colpire un ebreo è colpire Dio...".

Gli ebrei comuni come me non conoscono il Talmud e non condividono queste opinioni. Tuttavia, esse informano l'agenda genocida del NOM.

L'articolo attribuisce l'antisemitismo a questa demenziale megalomania ebraica, all'immoralità degli ebrei e al loro "insaziabile appetito di arricchirsi attraverso l'usura"...

"RIMEDI"

L'autore si interroga su come difendere la civiltà cristiana quando tutte le istituzioni sociali - governo, media, istruzione ed economia - sono state prese in mano dai banchieri ebrei Illuminati e dai loro agenti ebrei e massoni.

Gli ebrei "sono una piaga per la società cristiana". La guerra è giustificata. Purtroppo al cristiano mancano i mezzi necessari e la spietatezza. Non vuole "ricorrere allo spargimento di sangue".

Le ricchezze ebraiche dovrebbero essere confiscate e gli ebrei dovrebbero essere espulsi: "È assolutamente legittimo... che la nazione saccheggiata recuperi i guadagni illeciti dai ladri...

L'oro è l'arma più potente con cui gli ebrei sterminano la religione e opprimono il popolo; ... si ha almeno il diritto di sequestrare quest'arma".

Gli ebrei dovrebbero essere considerati stranieri e dovrebbe essere loro vietato di possedere terreni agricoli, che stanno rapidamente cadendo nelle loro mani. Ma l'autore ammette che potrebbero comunque possedere proprietà urbane.

L'autore riconosce che non tutti gli Ebrei sono "ladri, imbroglioni, usurai, massoni, mascalzoni e corruttori di costumi... un certo numero non è complice degli inganni degli altri". Come potrebbero questi innocenti essere "inclusi nella punizione"? L'autore cita le controdeduzioni secondo cui l'urgenza della situazione deve superare ogni remora.

Poi fa un'inversione di rotta e dice: "Anche supponendo che il rimedio dell'esilio universale degli Ebrei fosse fattibile ora, non sarebbe in accordo con il modo di pensare e di agire della Chiesa romana".

L'Europa diventerà "un'unica enorme piantagione sfruttata dagli ebrei attraverso il lavoro e il sudore dei cristiani ridotti in schiavitù".

Questa visione del Nuovo Ordine Mondiale ha 135 anni!

Vedere: *Manifesto antiebraico di Dresda - I Gentili si sono arresi nel 1882* Online o in *Illuminati 3*

Omicidio massonico 109 anni fa

Il 1° luglio 1916, il generale Douglas Haig, massone, diede inizio alla Battaglia della Somme, che a novembre causò la morte di un milione di patrioti britannici cristiani nel fiore degli anni.

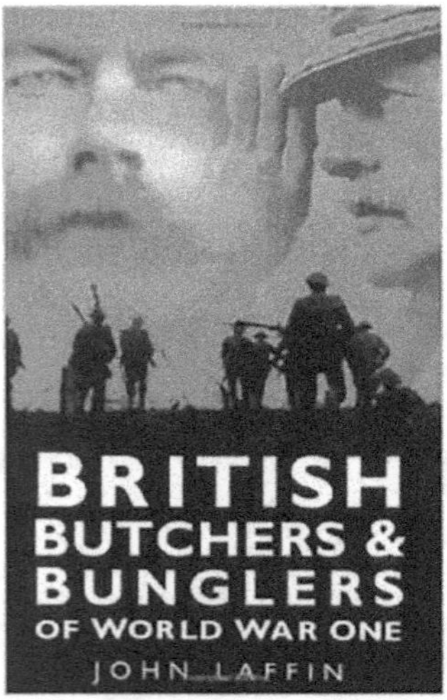

Padri, figli, mariti, fratelli, amanti.

La guerra è un espediente con cui l'élite satanica globalista uccide i patrioti con il pretesto del dovere nazionale.

Mitragliere tedesco: "Quando iniziavamo a sparare, dovevamo solo caricare e ricaricare. Sono caduti a centinaia. Non dovevamo prendere la mira, dovevamo solo sparare contro di loro".

Circa 10 milioni di soldati sono morti in battaglia da entrambe le parti nella Prima Guerra Mondiale, una delle guerre più costose della storia. L'inutile massacro nella guerra di trincea è solitamente dipinto dai media e dal sistema educativo controllato dalla Massoneria come una conseguenza non voluta.

In realtà, queste guerre sono orchestrate dai banchieri ebrei Illuminati e dai loro tirapiedi massonici per uccidere i cristiani al fine di degradare la civiltà occidentale in vista del satanico NOM che si sta ora chiaramente manifestando.

Tutte le guerre sono progettate per arricchire e potenziare i banchieri, distruggendo e demoralizzando l'umanità. Il "patriottismo" guerrafondaio è un espediente . Prima i creduloni non satanisti smetteranno di cadere sulla spada, meglio sarà.

Mi concentrerò sulla battaglia della Somme, una delle più grandi battaglie della Prima Guerra Mondiale. Le mie informazioni si basano su *British Butchers and Bunglers of World War One* di John Laffin (1988, pag. 63 e segg.).

Sia il generale Douglas Haig, comandante in capo del fronte occidentale, sia il suo principale co-progettista Sir Henry Rawlinson erano massoni. L'offensiva della Somme ("The Big Push") doveva porre fine alla situazione di stallo e vincere la guerra. Gli Alleati disponevano di 700.000 uomini, con una superiorità numerica di 7-1. Haig e Rawlinson prevedevano di perdere 500.000 uomini.

Il piano era semplice: Bombardare i tedeschi per cinque giorni e cinque notti, poi raggiungere a piedi la trincea nemica e uccidere i soldati rimasti o catturare quelli che si erano arresi.

Tuttavia, dopo 5 giorni di bombardamenti, le trincee tedesche e le loro difese furono appena scalfite. Gli inglesi trascurarono la ricognizione o l'osservazione dall'alto. I tedeschi dovevano solo sparare con le loro mitragliatrici, ricaricare e sparare di nuovo. Lo stesso tipo di attacco continuò dal 1° luglio al novembre 1916. Morirono oltre un milione di uomini; 58.000 il primo giorno.

Il 1° luglio 1916, 11 divisioni britanniche attaccarono su un fronte di 13 miglia. Alle 7.30 del mattino, le sei divisioni tedesche finirono di fare colazione, si pulirono il viso con i tovaglioli e portarono le loro mitragliatrici da comode e profonde cantine. Iniziarono a spruzzare gli attaccanti che avanzavano in file ordinate, "per mantenere l'ordine".

Un mitragliere tedesco ha scritto:

> "Eravamo sorpresi di vederli camminare; non li avevamo mai visti prima. Gli ufficiali andavano davanti. Uno portava un bastone da passeggio...
>
> Quando abbiamo iniziato a sparare, abbiamo dovuto caricare e ricaricare. Sono caduti a centinaia. Non abbiamo dovuto prendere la mira, abbiamo semplicemente sparato contro di loro."

Un ufficiale tedesco riportò le sue impressioni sull'attacco.

> "Interi settori sembravano cadere. Lungo tutta la linea si potevano vedere inglesi che gettavano le braccia in aria e crollavano, senza più muoversi. I feriti mortali si rotolavano in agonia, mentre i feriti gravi strisciavano nelle buche delle granate per trovare riparo". "

John Laffin:

> "Dei 110.000 uomini che attaccarono, 60.000 furono uccisi o feriti in questo solo giorno. Circa 20.000 giacciono morti tra le linee. Haig e Rawlinson erano direttamente responsabili dell'ipotesi che il bombardamento avrebbe tagliato il filo spinato e reso vulnerabili i tedeschi. Si stima che il 1° luglio i tedeschi persero 8000 uomini. 2000 furono fatti prigionieri". (64)

Una stazione ospedaliera ha gestito 10.000 feriti nelle prime 48 ore. Un chirurgo ha scritto:

> "Torrenti di ambulanze lunghe un miglio aspettavano di essere scaricate. L'intera area del campo, un campo di sei acri, era completamente ricoperta di barelle affiancate, ognuna con il suo uomo sofferente o morente. Noi chirurghi eravamo impegnati nella sala operatoria, una buona capanna con quattro tavoli. Di tanto in tanto ci guardavamo intorno per selezionare tra le migliaia di pazienti quei pochi che avevamo il tempo di salvare. Era terribile. (73) Il colonnello Boraston, cronista di Haig, scrisse che l'attacco "confermò le conclusioni dell'Alto Comando britannico e giustificò ampiamente i metodi tattici impiegati". (Senza dubbio questi uomini erano tutti massoni).

Laffin scrive:

> "Questa è un'affermazione oltraggiosa. È più corretto definire il 1° luglio 1916, come fa H. L'Etang, "probabilmente il più grande disastro per le armi britanniche dai tempi di Hastings... Certamente non si è mai vista, né prima né dopo, una tale inutile carneficina...".

Laffin lamenta la completa "assenza di intelligenza" nella strategia militare. Sottolinea che "le perdite elevate erano una regola di base del gioco e dovevano essere semplicemente accettate". (76)

Chissà come sarebbe diverso il mondo se la crema di quella generazione di cristiani non fosse stata calpestata nel fango della Francia nel 1915-18?

Non c'è semplicemente alcuna spiegazione per l'invio di ondate di uomini al massacro, se non che questo era l'obiettivo deliberato.

Qualsiasi generale sano di mente avrebbe interrotto l'attacco non appena fosse stato evidente che la strategia era un fallimento.

La società occidentale è controllata da un culto satanico il cui obiettivo è schiavizzare l'umanità. È ora di smettere di essere complici della nostra stessa distruzione.

Genocidio: L'influenza spagnola causata deliberatamente dai vaccini

Swine Flu Expose - un libro di Eleanora I. McBean, Ph.D., N.D.

http://www.whale.to/a/mcbean2.html

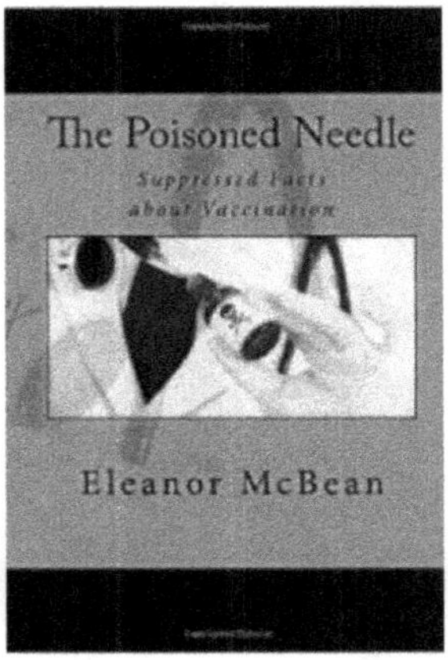

Si stima che la Prima guerra mondiale abbia provocato 16 milioni di vittime. L'epidemia di influenza che ha colpito il mondo nel 1918-1920 ha ucciso circa 50 milioni di persone. Un quinto della popolazione mondiale fu attaccato da questo virus mortale. Nel giro di pochi mesi, aveva ucciso più persone di qualsiasi altra malattia registrata nella storia.

"SONO STATO UN OSSERVATORE IN LOCO DELL'EPIDEMIA DI INFLUENZA DEL 1918".

Tutti i medici e le persone che vivevano all'epoca dell'epidemia di influenza spagnola del 1918 dicono che è stata la malattia più terribile che il mondo abbia mai avuto. Uomini forti, sani e robusti, un giorno erano morti il giorno dopo.

La malattia aveva le caratteristiche della morte nera sommata a tifo, difterite, polmonite, vaiolo, paralisi e a tutte le malattie per le quali la popolazione era stata vaccinata subito dopo la guerra mondiale.

1. Praticamente l'intera popolazione era stata "seminata" con una dozzina di malattie o sieri tossici. Quando tutte queste malattie create dai medici cominciarono a scoppiare tutte insieme, fu una tragedia.

Quella pandemia si trascinò per due anni, mantenuta in vita con l'aggiunta di altri farmaci velenosi somministrati dai medici che cercavano di sopprimere i sintomi. Per quanto ho potuto scoprire, l'influenza colpì solo i vaccinati. Chi aveva rifiutato i vaccini era scampato all'influenza. La mia famiglia aveva rifiutato tutte le vaccinazioni e quindi siamo sempre stati bene. Sapevamo dagli insegnamenti sulla salute di Graham, Trail, Tilden e altri, che le persone non possono contaminare il corpo con veleni senza causare malattie.

Quando l'influenza era al suo culmine, tutti i negozi erano chiusi, così come le scuole, le aziende e persino l'ospedale, poiché anche i medici e gli infermieri erano stati vaccinati ed erano affetti dall'influenza. Per le strade non c'era nessuno. Sembrava una città fantasma. Sembrava che fossimo l'unica famiglia a non aver contratto l'influenza; così i miei genitori andavano di casa in casa a fare il possibile per prendersi cura dei malati, visto che allora era impossibile trovare un medico.

Se i germi, i batteri, i virus o i bacilli potessero causare malattie, avrebbero avuto l'opportunità di attaccare i miei genitori quando passavano molte ore al giorno nelle stanze dei malati. Ma non hanno preso l'influenza e non hanno portato a casa nessun germe che potesse attaccare noi bambini e causare qualcosa. Nessuno della nostra famiglia ha avuto l'influenza, nemmeno un raffreddore, ed è stato in inverno, con la neve alta sul terreno.

Quando vedo le persone rabbrividire quando qualcuno vicino a loro starnutisce o tossisce, mi chiedo quanto tempo impiegheranno per scoprire che non possono contrarre la malattia, qualunque essa sia. L'unico modo per contrarre una malattia è svilupparla da soli mangiando, bevendo, fumando o facendo altre cose che causano un avvelenamento interno e una diminuzione della vitalità. Tutte le malattie sono prevenibili e la maggior parte di esse sono curabili con i metodi giusti, che non sono noti ai medici e nemmeno tutti i medici senza farmaci li conoscono.

Si dice che l'epidemia di influenza del 1918 abbia ucciso 20.000.000 di persone in tutto il mondo. Ma, in realtà, sono stati i medici a ucciderle con le loro cure e i loro farmaci rozzi e letali. È un'accusa severa, ma è comunque vera, a giudicare dal successo dei medici senza farmaci rispetto a quello dei medici.

Mentre i medici e gli ospedali medici perdevano il 33% dei casi di influenza, gli ospedali non medici come *Battle Creek, Kellogg e MacFadden's Health Restorium* ottenevano quasi il 100% di guarigioni con le loro cure idriche, i bagni, i clisteri, ecc., il digiuno e alcuni altri semplici metodi di guarigione, seguiti da diete accuratamente elaborate a base di cibi naturali. Un medico non ha perso un paziente in otto anni.

Se i medici fossero stati all'avanguardia come i medici senza farmaci, non ci sarebbero stati quei 20 milioni di morti dovuti al trattamento medico dell'influenza.

I soldati vaccinati sono stati colpiti da un numero di malattie sette volte superiore a quello dei civili non vaccinati, e le malattie erano quelle contro cui erano stati vaccinati.

Un soldato che era tornato dall'estero nel 1912 mi disse che gli ospedali dell'esercito erano pieni di casi di paralisi infantile e si chiedeva perché uomini adulti dovessero avere una malattia infantile.

Ora sappiamo che la paralisi è un effetto comune dell'avvelenamento da vaccino. I pazienti in patria si sono ammalati di paralisi solo dopo la campagna di vaccinazione mondiale del 1918.

Hitler: Israele è il quartier generale del futuro Stato mondiale ebraico

Otto Wagener fu per breve tempo a capo delle SA naziste e fu compagno costante di Hitler nel 1930-1932. Le memorie di Wagener rivelano che Hitler comprendeva chiaramente la cospirazione bancaria giudaico-massonica, eppure scelse di servirla.

Ha attaccato la sua appendice (l'URSS) invece del suo cuore, la City di Londra. Questa è un'ulteriore prova che Hitler era un agente degli Illuminati e una falsa opposizione.

"Negli anni 1931 e 1932 ho accompagnato Hitler nella maggior parte dei suoi frequentissimi viaggi. Nel 1931, il primo anno del mio matrimonio, passai solo 42 giorni a Monaco. Per tutto il resto del tempo ho viaggiato con Hitler, di solito in auto... 'Germania' era il nostro unico pensiero: il volk tedesco e il futuro tedesco". (177)

Secondo Otto Wagener (1888-1971), nel 1932 Hitler disse che gli ebrei volevano Israele non come "patria" ma come "quartier generale mondiale degli ebrei".

Essi "intendevano, col tempo, (usare il loro) potere finanziario internazionale - per prendere il controllo assoluto dei destini di tutti i popoli del mondo".

Egli disse che l'obiettivo finale era "l'espansione della Società delle Nazioni in una sorta di Stato mondiale".

> "Allora, se questo Stato mondiale (fosse) in grado di esercitare la potenza militare... come polizia mondiale - allora Giuda avrà finalmente stabilizzato il suo potere finanziario nel mondo".
>
> "(Questo sarà) garantito e assicurato dalla... forza militare internazionale in cui gli oppressi di Otto Wagener (1888-1971) saranno arruolati per servire i loro oppressori. Questo è il significato della Palestina!".

Ha detto che questo adempirà alla promessa dell'Antico Testamento:

> "'Tutte le nazioni ti saranno soggette, i loro re ti serviranno'".

Ha detto,

> "Questo potere finanziario verrebbe spezzato una volta per tutte dalla nostra idea di (stampare) moneta", ma l'ebraismo mondiale e la sua miriade di alleati nell'industria e nel commercio si opporranno a questa misura. Ecco perché Hitler ha giurato ai suoi confidenti di mantenere il segreto". (Citazioni sopra, pp. 187-188)

L'OPPOSIZIONE DI HITLER È SOSPETTA

L'opposizione di Hitler all'agenda dei banchieri è discutibile. Sapeva che l'Impero britannico era lo strumento della cospirazione mondiale giudaico-massonica. Paragonò la Gran Bretagna a un'azienda privata: "Il consiglio di amministrazione è il governo - o meglio, l'organizzazione della loggia massonica che sta dietro al governo". (154)

I Protocolli di Sion dicevano a Hitler che i massoni erano galoppini dei satanisti ebrei.

Hitler sapeva che il comunismo sovietico è cabalismo ebraico, cioè satanismo, massoneria. Sapeva che l'URSS era stata fondata dalla Massoneria britannica e americana. Eppure insisteva che la Germania e l'Inghilterra erano alleati naturali nella guerra contro il comunismo. Disse a Wagener:

> "Anche l'Inghilterra riconosce il pericolo che rappresenta la Russia. L'Inghilterra ha bisogno di una spada sul continente. Così i nostri interessi sono gli stessi - sì, siamo persino dipendenti l'uno dall'altro.
>
> Se il bolscevismo ci travolge, anche l'Inghilterra cade. Ma insieme siamo abbastanza forti da contrastare il pericolo internazionale del bolscevismo". (157)

Wagener si rammaricava del fatto che Hitler non si rendesse conto che l'Inghilterra avrebbe considerato una minaccia una Germania potenziata e avrebbe gettato il suo peso con la Russia piuttosto che contro di essa. Hitler continuava a insistere sul legame razziale tra Germania e Inghilterra, nonostante le prove di incroci ebraici con l'aristocrazia inglese. Erano in parte ebrei proprio come lui.

Sapeva che la Russia è un'entità massonico-ebraica: "La Germania nazionalsocialista non può stringere alleanze con la Russia. Vedo piuttosto la determinazione dell'ebraismo a usare la Russia come trampolino di lancio per dirigere la rimozione dell'ordine esistente anche in altre nazioni! ... il Comintern è puramente ebraico". (167)

Hitler non ha riconosciuto che il Regno Unito e l'America avevano già ceduto. La sua ottusità potrebbe essere dovuta al fatto che era finanziato dagli stessi banchieri ebrei massoni di Londra e New York contro cui inveiva.

Nelle precedenti edizioni di Illuminati, e sul mio sito web, ho elencato alcuni articoli che sostengono la mia opinione che Hitler fosse una falsa opposizione. Il suo ruolo era quello di eliminare tutta l'opposizione al dominio satanico del mondo e di condurla alla distruzione. Era in grado di svolgere questo ruolo in modo efficace perché, sospetto, era una personalità multipla. Potrebbe aver subito un lavaggio del cervello a Tavistock durante un periodo di otto mesi nel 1912.

(Vedere *Hitler era un agente degli Illuminati* online o in *Illuminati I*)

Wagener era un autentico patriota tedesco, non un opportunista e un traditore come Hitler. Sollevò contraddizioni e pose domande imbarazzanti sulle finanze di Hitler e Goering. Fu quasi assassinato durante l'epurazione delle SA del 1934. Per un caso fortuito, il camion che trasportava lui e i compagni veterani delle SA verso l'esecuzione si ruppe e furono trasferiti in una prigione.

Gli amici riuscirono a ottenere il suo rilascio. In seguito Wagener prestò servizio nella Wehrmacht e raggiunse il grado di maggiore generale. Fu internato dal 1945 al 1992 quando scrisse le sue memorie. Esse esprimono un livello di intelligenza e di cultura raramente riscontrabile ai giorni nostri.

In conclusione, nel maggio-giugno 1940 l'Inghilterra era prostrata. Hitler aveva l'opportunità di strappare il cuore del monopolio del denaro giudaico massonico che tiene in pugno l'umanità. Invece permise a 330.000 soldati britannici e alleati di fuggire a Dunkerque, dimostrando di essere il loro agente, non la loro nemesi.

I nazisti salvarono il rabbino Chabad da Varsavia in tempo di guerra

Un culto suprematista ebraico satanista chiamato Chabad è la "testa del serpente degli Illuminati?".

Il trattamento da VIP riservato al suo leader fa pensare che lo sia.

Nel gennaio 1940, la Gestapo rimase sconcertata nel vedere un gruppo di 18 ebrei ortodossi che viaggiavano in prima classe su un treno da Varsavia a Berlino.

Rebbe Frierdiger

I loro accompagnatori dell'Abwehr hanno spiegato che erano sotto "piena protezione diplomatica".

Il gruppo era composto da Josef Yitzhak Schneerson, a destra, il leader dinastico del movimento mondiale Chabad Lubavitcher, dalla sua famiglia e dal suo staff. Voleva portare con sé la sua biblioteca di 40.000 volumi, ma il colonnello dell'Abwehr Ernst Bloch, anch'egli mezzo ebreo, lo ritenne poco pratico.

Da Berlino, il gruppo viaggiò in prima classe fino a Riga, in Lettonia, e poi a Stoccolma, dove si imbarcò su una nave per gli Stati Uniti, arrivando nel marzo 1940. La "fuga" è documentata nel libro *Rescued from the Reich* (2004) di Bryan Mark Rigg, dottore di ricerca a Cambridge e professore all'American Military University.

> "Ironia della sorte, senza il salvataggio di Rebbe Schneersohn, il salvataggio di suo genero e del successivo Rebbe Menachem Mendel Schneersohn non sarebbe avvenuto. Lavorando con il governo e con i contatti all'interno del Dipartimento di Stato americano, Chabad fu in grado di salvare Menachem Mendel dalla Francia di Vichy nel 1941, prima che le frontiere fossero chiuse." (Wikipedia)

Questo salvataggio contraddice la narrazione secondo cui i nazisti erano antisemiti determinati a sterminare l'ebraismo europeo. Piuttosto, sostiene l'opinione che il Chabad sia, secondo le parole di Tim Fitzpatrick, "la testa del serpente degli Illuminati" che esercita un incredibile potere invisibile sugli eventi mondiali. Sostiene l'opinione che i banchieri ebrei Illuminati, che, come i Chabad, sono satanisti cabalisti, abbiano architettato la Seconda Guerra Mondiale per distruggere la Germania e fornire un pretesto (l'omicidio di massa di ebrei principalmente assimilati) per la creazione dello Stato di Israele.

Ammiraglio Wilhelm Canaris

Il salvataggio di Schneerson fu architettato dall'ammiraglio Wilhelm Canaris, massone (cabalista) e forse cripto-ebraico. Canaris era a conoscenza del copione e, all'apice del successo nazista nell'agosto 1940, avvertì il ministro rumeno Michael Sturdza (e successivamente il generale Franco) che la Germania avrebbe perso la guerra.

Il Dipartimento di Stato americano, un bastione degli Illuminati, faceva parte della cospirazione per sacrificare milioni di ebrei per giustificare la creazione di Israele. Tuttavia, fecero un'eccezione per il rabbino Schneerson e il suo partito. Perché? Perché i Chabad erano complici o responsabili.

Scrive Bryan Rigg: "I funzionari americani non risposero non solo alle migliaia di disperate suppliche degli ebrei europei che volevano fuggire negli Stati Uniti, ma anche alla richiesta della Germania stessa, durante la Conferenza di Evian del 1938, di permettere loro di emigrare. Ci sono voluti politici estremamente influenti, tra cui il Segretario di Stato Cordell Hull e l'assistente capo della Divisione Affari Europei del Dipartimento di Stato Robert T. Pell, insieme al Direttore Generale delle Poste James A. Farley, al giudice Louis Brandeis, al senatore Robert Wagner, al

Procuratore Generale Benjamin Cohen e a molti altri, per guidare il caso di Rebbe Schneersohn attraverso il Triangolo delle Bermuda burocratico. Senza una lobby così potente e persistente a Washington, quali possibilità avrebbe avuto un ebreo europeo medio di raggiungere l'America?". (p. 197)

IL MEMORANDUM HOYER

Nel suo libro *The New Underworld Order* (2007) Christopher Story (1938-2010) ha sostenuto che "il peggior nemico degli ebrei sono gli altri ebrei". Gli ebrei nazisti (cioè cabalisti) hanno contribuito a organizzare l'Olocausto. Ha citato un rapporto del 1952 del generale delle SS Horst Hoyer che suggerisce che il salvataggio di Schneerson da parte dei nazisti non fu unico.

> "Dopo una riunione con il Consiglio ebraico degli anziani responsabile del ghetto di Varsavia, un inserviente annunciò: "Funzionari! Dirigenti! I signori sono arrivati". Circa sedici o diciassette ebrei dall'aspetto serio furono fatti entrare, presentati e presero posto attorno a un grande tavolo ovale. In un'ora scarsa di festa, a questi ebrei fu consegnato un riconoscimento con certificati personalizzati (su carta rigida bianca, 40 x 40 cm). A sinistra c'era una grande insegna nazionale dorata con lettere in gotico e un sigillo con la firma originale di Adolf Hitler".
>
> "Questi certificati assicuravano la piena protezione di questi ebrei, delle loro famiglie e delle loro proprietà da parte del Grande Reich tedesco. Erano incluse parole di ringraziamento e di benedizione da parte di Hitler a nome del popolo tedesco. Intorno a questo tavolo, con i suoi illustri ebrei e in quest'ora di festa, non si percepiva né odio, né guerra, né cospirazione...

Una volta, durante le nostre discussioni, mi è stato detto con passione: "La nostra razza deve imparare a sacrificarsi!". Più tardi mi è stato detto da ebrei fascisti: "Di quelli che sono qui, lasceremo che il 60% 'morda la polvere' prima del Madagascar (cioè Israele)".

Un commentatore che ha letto il memorandum di Hoyer ha detto:

> "Bisogna tenere presente l'intensa tensione e il contrasto inter-ebraico, soprattutto tra gli obiettivi degli ebrei assimilati a livello nazionale e quelli dell'ebraismo mondiale e del sionismo.
>
> Queste divisioni sono molto più profonde delle relazioni tra ebrei credenti e non credenti... un gruppo di ebrei è stato vittima di un altro..." (Story, 532) Nel suo libro *Patto di sangue con il destino*, (2018)

Texe Marrs ha scritto che

> "L'obiettivo ultimo della Cabala... è la distruzione totale di tutta la materia, dell'umanità stessa: L'annientamento... La cabala neocon ne è una dimostrazione velata e oscura. In realtà vogliono far precipitare il mondo nella catastrofe nucleare e nel caos. Un caos e una distruzione incandescenti su cui sperano di costruire il loro nuovo, occulto ordine utopico dei tempi. È una prospettiva spaventosa, e finora ha avuto successo" (p. 86).

Confermato che i britannici salvarono Bormann da Berlino assediata

Prima che "James Bond" diventasse una parola comune, era il nome dell'operazione che salvò Martin Bormann da Berlino, il 2 maggio 1945. La missione è stata guidata da Ian Fleming e John Ainsworth Davis, che ha ispirato i romanzi di Fleming.

Ainsworth Davis ha raccontato questa missione nel suo libro *Op JB* (1996) scritto con lo pseudonimo di Christopher Creighton. L'ho recensito qui: Proof WW2 Was a Psyop to Kill Goyim. Martin Bormann era un agente "britannico".

https://henrymakow.com/martin_bormann_was_rothschild.html (Ristampato in Illuminati 3)

Il giornalista Milton Shulman fu consulente di John Ainsworth Davis per il libro *Op JB*. Ha lasciato un resoconto di 70 pagine di questa collaborazione nella sua autobiografia, *Marilyn, Hitler & Me,* pubblicata nel 1998.

La sua autenticità è supportata dal resoconto di Milton Shulman sulla loro collaborazione durata sette anni.

Richard Overy, professore di Storia moderna al King's College di Londra:

> "L'idea che Churchill abbia autorizzato un'operazione così assurda è semplicemente incredibile. Non posso credere che Churchill abbia rischiato di alienarsi i nostri alleati proteggendo segretamente una persona di alto livello come Bormann, mentre veniva fatto ogni sforzo per arrestare altri criminali di guerra".

La reazione del professor Overy è stata tipica dello scetticismo che ha accolto il libro di John Ainsworth Davis, *Op JB*, sia prima che dopo la sua pubblicazione nel 1996. Martin Bormann non era solo un nazista "anziano". Era secondo solo a Hitler. Controllava la macchina del partito nazista. controllava il denaro. Inoltre, promosse la "Soluzione Finale" che portò alla morte di milioni di ebrei. L'idea che quest'uomo potesse essere un agente britannico era più di quanto molti potessero sopportare.

Ancora più sconcertante è il fatto che *Op JB* sia stato pubblicato da una grande casa editrice, Simon and Schuster. Come è possibile?

Milton Shulman (1913-2004) è stato per 38 anni il critico teatrale del *London Evening Standard*. Durante la guerra, ha prestato servizio presso i servizi segreti militari per la stesura del profilo dell'ordine di battaglia della Wehrmacht. Nel 1989, dopo aver scritto della sua esperienza di guerra, ricevette una lettera da "Christopher Creighton". Iniziò così una collaborazione durata sette anni che portò alla pubblicazione di *Op JB* nel 1996.

Il dettagliato resoconto di 70 pagine di Shulman (*Martin Bormann e l'oro nazista*) nella sua autobiografia risponde a molte domande su questo libro, il più controverso e rivelatore della Seconda Guerra Mondiale.

Almeno tre grandi editori hanno opzionato il libro e hanno rinunciato, prima che Simon and Schuster acquistasse i diritti all'asta per circa 250.000 dollari.

Nel 1983, il quotidiano tedesco *Stern* aveva pagato 6 milioni di dollari per il Diario di Hitler, che si rivelò una bufala. I redattori interessati furono licenziati e il professor Hugh Trevor Roper, che aveva appoggiato il Diario, fu umiliato. Per il timore che anche Creighton fosse un imbroglione, fu costretto a sottoporsi a numerosi interrogatori da parte di editori diffidenti. Shulman scrive:

> "Qualunque cosa Creighton descrivesse, che si trattasse di un percorso di viaggio, di una conversazione... di un pezzo di attrezzatura tecnica complessa come gli strumenti a infrarossi... venivano forniti fatti minuscoli per giustificarne l'autenticità. In sette anni di monitoraggio dei resoconti (di Creighton), ho riscontrato una sorprendente coerenza su questa miriade di dettagli, e sotto le domande di numerosi esperti, raramente ha vacillato". (p. 126)

Creighton produsse lettere di Churchill, Ian Fleming e Lord Mountbatten (tutti ormai morti) che confermavano l'autenticità dell'operazione. Mountbatten gli inviò un memorandum che elencava tutto il personale che aveva preso parte all'operazione e confermava che Creighton e Fleming "scortarono Martin Bormann fuori dal bunker e fuggirono a valle lungo i fiumi Sprea e Havel, arrivando sulla sponda occidentale dell'Elba per raggiungere la sicurezza delle forze alleate l'11 maggio..."

(p.133).Quando gli editori misero in dubbio l'autenticità di queste lettere, Creighton produsse una dichiarazione giurata di "Susan Kemp", il terzo in comando dell'operazione, che alla fine si presentò di persona agli editori. "Non solo Susan Kemp era stata il terzo in comando nei kayak che portavano Bormann a Potsdam, ma era anche il controllo dei servizi segreti di Bormann quando arrivò in Inghilterra e alla fine prese il posto di Morton come capo della Sezione M". (155)

Quando il libro finalmente apparve, l'accoglienza della critica fu "orrenda". Nessuno riusciva a credere che "una fantasia così infantile fosse un fatto" né a capire come un editore rispettabile come Simon and Schuster potesse pubblicare "una tale farragine di sciocchezze". (160) Eppure, quando Creighton offrì una ricompensa di 30.000 dollari a chiunque fosse riuscito a smontare la storia, nessuno ci provò.

Nonostante la reazione della critica, il libro ha venduto circa un milione di copie in tutto il mondo, ma non è stato realizzato alcun film. Sembra probabile che l'MI6 abbia orchestrato la campagna per screditare il libro. Un altro libro che sosteneva che Bormann fosse morto a Berlino era apparso esattamente nello stesso periodo, e prima ancora l'MI6 aveva prodotto un Bormann che era stato poi smascherato come una bufala.

PERCHÉ GLI ILLUMINATI HANNO PERMESSO A CREIGHTON DI PRODURRE QUESTO LIBRO?

Churchill aveva dato a Creighton il permesso di scrivere questa storia dopo la sua morte, "omettendo, naturalmente, quelle questioni che lei sa non potranno mai essere rivelate".

Churchill potrebbe aver avuto un legame sentimentale con qualcuno che lui, Mountbatten e Morton avevano sfruttato sessualmente da giovani. Forse volevano che Creighton ricevesse il giusto riconoscimento e la giusta ricompensa per il suo illustre servizio agli Illuminati. Ma soprattutto, credo che avessero fiducia nel modo in cui la storia era stata raccontata. Bormann avrebbe accettato di consegnare tutti i beni nazisti all'estero, in modo che potessero essere restituiti ai legittimi proprietari, in cambio di una scorta sicura in Inghilterra e di protezione e sicurezza come immigrato britannico. (133)

In realtà sappiamo che il bottino non fu restituito, come era stato promesso a Creighton e Fleming. Fu conservato dagli Illuminati, tra cui molti nazisti. Shulman scrive:

> "Milioni, se non miliardi, di fondi tedeschi furono scremati dalla Sezione Morton (MI6) e dalla CIA, con ben poco rimasto per le vittime depredate" (167) In Inghilterra, Bormann si sottopose a un intervento di chirurgia plastica e a una nuova identità e continuò a essere quello che era sempre stato, un agente degli Illuminati. Tra il 1945 e il 1956 compì diversi viaggi in Sud America dove promosse la causa nazista.
>
> Quando le cose si fecero troppo calde in Inghilterra nel 1956, il suo alias morì convenientemente e si trasferì definitivamente in Argentina. La sua salute cominciò a cedere e morì in Paraguay nel febbraio 1959, all'età di 59 anni.

Ainsworth Davis, morto nel novembre 2013, ha poi scritto un prequel di *Op JB* che Greg Hallett ha pubblicato nel 2012. Ho trovato che contenesse poche nuove informazioni sugli Illuminati.

CONCLUSIONE

Anche se i nazisti non lo sapevano, erano controllati ai vertici dal cartello bancario ebraico degli Illuminati con sede a Londra. Sia Hitler che Bormann erano traditori, il vero motivo per cui furono salvati dopo la guerra. È assurdo pensare che gli Alleati avessero bisogno della firma di Bormann per recuperare i tesori saccheggiati dai nazisti e depositati nelle banche svizzere.

Martin Bormann e Hitler erano agenti degli Illuminati. Lo scopo della guerra era uccidere il "meglio dei goyim", massacrare un numero sufficiente di ebrei per giustificare Israele, distruggere il nazionalismo tedesco e creare l'ONU.

Le guerre sono ideate e orchestrate dagli Illuminati per far avanzare il dominio di Satana sul pianeta Terra. Siamo letteralmente posseduti da Satana.

L'Olocausto e la crocifissione di David Irving

Sessanta milioni di gentili sono morti nella Seconda Guerra Mondiale. Fu un vero e proprio olocausto dei gentili. Sei milioni di antisemiti (nazisti) sono morti. I sionisti hanno architettato l'olocausto per costringere gli ebrei a fondare Israele. I sionisti lo usano per scopi politici, ed è per questo che molti negano che sia accaduto. Pensano che i nazisti amassero così tanto gli ebrei da fornire loro vitto e alloggio gratuiti. Mia madre si nascose mentre i suoi vicini venivano radunati dai nazisti. Attraverso le persiane, li guardava sfilare davanti alla sua finestra. David Irving non è un "negazionista dell'Olocausto". In una confessione del 2009 - *https://www.bitchute.com/video/iYSaATOqtBOT/* **- ha riconosciuto che circa due milioni di ebrei sono stati gassati in quattro campi.**

Allora perché viene perseguitato?

DAVID IRVING | PARLARE CON FRANCHEZZA

David Irving sulla sua carriera, la sua vita e la sua famiglia.

David Irving, 86 anni, nel 2009 ha pubblicato una confessione di due ore in cui spiega che la storia è un monopolio ebraico. Gli storici che promuovono questa narrazione (Martin Gilbert, Ian Kershaw, ecc.) sono ricompensati con recensioni entusiastiche e vendite. Gli storici che cercano di arrivare alla verità vengono ostracizzati. Il crimine di Irving è quello di portato alla luce documenti che dimostrano che Hitler non era a conoscenza dell'Olocausto e non lo aveva ordinato. Questo è falso, poiché anche Irving ammette che i nazisti produssero documenti per coprire le loro colpe. Ha intervistato i sostenitori di Hitler e il loro culto dell'eroe lo ha contagiato.

Per il suo crimine, Irving è stato perseguitato senza sosta dall'ebraismo organizzato. È stato attirato a Vienna e imprigionato in isolamento per 400 giorni. Sospettava di essere in pericolo, ma è andato lo stesso! Ha usato questo tempo per scrivere un libro a memoria!

Irving afferma che l'"Olocausto" fu una campagna di marketing ebraica. Non si parlava di "Olocausto" prima del 1972. Tuttavia, come mostra l'articolo qui sotto , egli credeva che due milioni di ebrei fossero stati gassati per saccheggiare le loro ricchezze. Ha stupidamente citato in giudizio Debra Lipstadt per diffamazione e ha perso tutto ciò che possedeva, compresi i suoi documenti.

Come può essere così ignorante sul controllo giudaico massonico del sistema giudiziario? E poi dice stupidamente che lo rifarebbe?! È veramente sconsiderato. Descrive come il team di Lipstadt, finanziato dal satanista Steven Spielberg, abbia cercato di destabilizzarlo prima del processo sfruttando il suicidio della figlia disabile. Questi ebrei credono che il fine giustifichi i mezzi. Che siate d'accordo con lui o meno, David Irving è un prodigio. La sua memoria è enciclopedica.

David Irving, 86 anni, è stato diffamato dall'ebraismo organizzato come "negazionista dell'Olocausto", ma il suo vero crimine è stato quello di fare ricerche originali.

Qualcuno ha detto che "la storia è propaganda sul passato" e, pur affermando che ci furono gassazioni, Irving si è discostato dalla linea del partito. Mette in dubbio quanti ebrei siano morti ad Auschwitz e se gli stermini siano stati eseguiti su ordine di Hitler. Afferma che Hitler ha sempre cercato di mitigare o fermare la violenza contro gli ebrei.

Nel 2009, Irving ha realizzato una "Confessione" autobiografica di due ore che consiglio vivamente. È un genio, il migliore che la Gran Bretagna possa produrre in termini di carattere e coraggio. La sua capacità di parlare e la sua padronanza delle informazioni sono fenomenali. Quest'uomo avrebbe dovuto essere il Primo Ministro d'Inghilterra. Fa vergognare tutti gli altri imbecilli, compreso lo psicopatico Winston Churchill. L'ebraismo organizzato deve a David Irving delle scuse e un risarcimento milionario.

Nel 2005 Irving fu attirato in Austria da un agente della polizia segreta che si spacciava per uno studente e fu imprigionato per 13 mesi. Si tratta di 400 giorni in isolamento, in una cella di 6' x 6', per non aver fatto altro che cercare di conoscere i fatti sull'olocausto. Tratta dell'olocausto a partire da 1 ora e 35 minuti nella Confessione. 35 minuti nella Confessione. Ha trovato documenti che confermano che i campi "Bug River" erano effettivamente campi di sterminio e che circa due milioni di ebrei furono gassati a Treblinka, Sobibor, Belzec e Majdanek.

Dice di essere un "deviazionista" tra i revisionisti che sostengono che non ci furono gasazioni. Afferma che questi stermini, chiamati Operazione Reinhard, erano di natura economica - saccheggiando gli ebrei ricchi e poi uccidendoli. I documenti elencano gli orologi d'oro, le monete, le penne stilografiche ecc. accumulati con questa operazione.

Per quanto riguarda Auschwitz, cita una fonte che dice che le persone non idonee al lavoro furono gassate, ma tende a minimizzare i numeri. Cita un documento polacco del dopoguerra che indica in 300.000 i morti totali. Laurence Rees, autore di *Auschwitz, una nuova storia*, sostiene questa tesi.

> "Secondo Rees, nel 1942 i nazisti uccisero 2,7 milioni di ebrei, di cui 1,6 milioni nei campi dell'Operazione Reinhard, ma quell'anno solo 200.000 ebrei furono gassati ad Auschwitz in due vecchie case coloniche convertite. Rees ha scritto che quasi la metà di tutti gli ebrei uccisi ad Auschwitz erano ebrei ungheresi che furono gassati in un periodo di 10 settimane nel 1944. Fino alla primavera del 1944, erano stati i tre campi dell'Operazione Reinhard a Treblinka, Belzec e Sobibor i principali centri di sterminio nazisti per gli ebrei, non Auschwitz".

Dal momento che Irving riconosce che molti altri ebrei sono morti per le pallottole, è difficile capire perché sia considerato un "negazionista dell'Olocausto". Persino storici ufficiali come Raul Hilberg hanno stimato un numero di vittime più vicino ai cinque milioni. Irving suggerisce che l'olocausto è un grande guadagno per l'Ebraismo organizzato ed è per questo che si sono accaniti su di lui. Naturalmente, viene anche usato per dare agli ebrei uno status speciale di martiri.

HITLER

Irving è stato anche ostracizzato per aver umanizzato Hitler.

Cita Hitler che disse di voler rimandare la risoluzione della "questione ebraica" a dopo la guerra.

Non so perché Irving abbia citato Deborah Lipstadt per diffamazione per averlo definito un negazionista dell'Olocausto. Come poteva aspettarsi di ottenere giustizia? Dice che Lipstadt ha ammesso in un'intervista che hanno cercato di "destabilizzarlo" prima del processo.

Irving racconta che il giorno in cui la sua figlia trentenne, che soffriva di una malattia incurabile, si suicidò, un ricco ebreo gli inviò un costoso reeve con la scritta "morte misericordiosa", riferendosi all'eutanasia nazista. Hitler era un'anziana figlia ebrea massonica che soffriva di una malattia incurabile dell'agente si suicidò, un ricco ebreo gli inviò un costoso reeve con l'iscrizione "una morte misericordiosa", facendo riferimento al programma nazista di eutanasia.

Il team di difesa della Lipstadt, costato 15 milioni di dollari, è stato finanziato da ebrei Illuminati come Steven Spielberg. Irving è rimasto da solo. Il verdetto l'ha fatto fuori. Eppure, quando Hollywood ha recentemente girato un film su questo processo, Davide, l'eroe solitario che si è battuto per la verità contro Golia, è stato fatto passare per il cattivo. Questo è ciò che fa l'ebraismo organizzato, invertire il bene e il male. (Il vero significato di "rivoluzione").

Sono felice che la confessione di David Irving sia stata registrata. Le persone con carattere e coraggio sono una razza in via di estinzione in una cultura in via di estinzione. Dobbiamo ascoltarlo e lasciarci ispirare.

Anche se penso che Irving sia ingenuo su Hitler, in generale è uno dei pochi storici di cui possiamo fidarci. Come dice lui stesso, tra cento anni la gente vorrà leggere i suoi libri, perché è stato incarcerato per averli scritti.

Correlato: L'"eutanasia" nazista è stata un precedente per l'Olocausto - Perché David Irving è cieco riguardo alla Massoneria? (Per questi articoli consultare il mio sito web)

La Seconda Guerra Mondiale nel Pacifico totalmente evitabile

L'attacco di Pearl Harbor del 7 dicembre 1941 fu istigato dagli ebrei comunisti dell'amministrazione di FDR per salvare Stalin da un potenziale attacco da parte del Giappone.

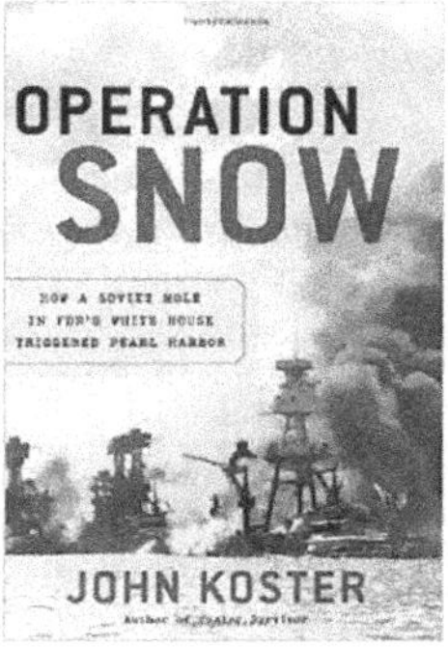

36 milioni di goyim sono morti.

Come le mosche per i ragazzi vogliosi, noi siamo per gli dèi,
Ci uccidono per il loro divertimento.
Re Lear Atto 4, scena 1

Nel nostro caso, gli "dei" sono i banchieri centrali ebrei satanisti che scatenano tutte le guerre, distruggono milioni di vite e poi pagano storici come John Koster per farle passare per rivalità nazionali.

I banchieri considerano la guerra "rivoluzionaria", poiché rovescia la civiltà e spiana la strada alla loro tirannia giudaico-comunista, il *Nuovo Ordine Mondiale*.

Uccide i "migliori tra i goyim" (un'ingiunzione talmudica) e fa ottenere ai banchieri enormi profitti sia dalle munizioni che dal debito.

L'U234 si arrende alla USS Sutton il 14 maggio 1945, per essere scortato a Portsmouth NH. Il sottomarino da trasporto trasportava uranio arricchito e altre tecnologie naziste avanzate.

Dopo che Hitler invase la Russia nel giugno 1941, i banchieri centrali erano pronti a distruggere la Germania una volta per tutte. Il loro agente Hitler aveva invischiato la Germania in una fatale guerra su due fronti. L'unico pericolo era che il Giappone, alleato dei nazisti, invadesse la Russia dall'Estremo Oriente. Allora anche la Russia avrebbe dovuto affrontare un attacco su due fronti.

Per risparmiare questo dilemma al loro protetto, Stalin, i banchieri dovettero provocare un attacco giapponese agli Stati Uniti. Istituirono un embargo sul petrolio e congelarono i beni giapponesi. Il Giappone non aveva voglia di fare la guerra agli Stati Uniti. Fecero un'offerta conciliante. In cambio della fine dell'embargo , il Giappone si sarebbe ritirato dalla Cina e non avrebbe esteso il suo territorio oltre l'Indocina francese. (pp.123-124) Il Giappone e gli Stati Uniti avrebbero ripristinato relazioni diplomatiche e commerciali armoniose. (132)

John Koster scrive:

> "Entrambe le parti avevano da guadagnare: Il Giappone non poteva vincere una guerra prolungata con gli Stati Uniti, e la maggior parte dei giapponesi voleva uscire dalla Cina con una perdita minima di faccia, mantenendo Manciuria e Corea e respingendo la rivoluzione. Gli Stati Uniti avrebbero evitato una guerra per la quale non erano preparati". (133)

Il primo ministro giapponese Fuminaro Jonoe chiese un incontro con Roosevelt per suggellare il trattato.

MOLE SOVIETICA

Entra in scena l'agente "sovietico" "Harry Dexter White" (in origine Weit), figlio di ebrei lituani, che era il principale consigliere del Segretario al Tesoro, Henry Morgenthau, anch'egli ebreo. Morgenthau era vicino a Rosenfeld (FDR), un cripto-ebraico.

"Harry Dexter White" (originariamente Weit)

Weit stilò un elenco di dieci richieste che il Giappone non avrebbe potuto accettare senza provocare una rivoluzione. Tra queste, l'abbandono totale dell'Asia, la ricostruzione della Cina, la vendita di 3/4 della produzione bellica agli Stati Uniti e l'espulsione di tutti i tedeschi. (pp.135-136)

Nelle parole di Koster, la proposta americana, basata sulle raccomandazioni di Weit, era "una dichiarazione di guerra". Il risultato, sei mesi dopo l'attacco di Hitler alla Russia, fu l'attacco giapponese a Pearl Harbour. Hitler dichiarò obbligatoriamente guerra agli Stati Uniti, assicurando che la Germania avrebbe dovuto combattere su due fronti.

Ricordate che Hitler era un agente degli Illuminati incaricato di distruggere la Germania.

Conosciute come le *decrittazioni di Venona*, i fili di guerra tra Mosca e l'ambasciata sovietica a Washington rivelarono che Harry Dexter White era la "spia" sovietica nota come *Jurist*. (169) (Inoltre, i disertori di Elizabeth Bentley e Whitaker Chambers avevano confermato che Weit era un agente comunista già nel 1939). Nonostante l'FBI avesse informato la Casa Bianca nel 1945, Harry Truman nominò Weit primo direttore del Fondo Monetario Internazionale nel 1946.

Koster racconta la sua storia come *"Come una talpa sovietica alla Casa Bianca di FDR ha scatenato Pearl Harbour"*, ma è chiaro che provocare il Giappone era la politica dell'amministrazione di FDR come stratagemma per entrare in guerra contro la Germania. (137) Koster cerca di ritrarre FDR come un aristocratico "anglo-olandese", ma le sue stesse azioni lo rivelano come parte del cartello bancario ebraico degli Illuminati.

Nel 1933, FDR ripristinò le relazioni diplomatiche con l'URSS interrotte nel 1917. Nel 1935 mise il simbolo degli Illuminati con l'occhio di Lucifero sulla banconota da un dollaro.

"Alcuni dei miei migliori amici sono comunisti" disse FDR quando un deputato cercò di metterlo in guardia dal pericolo "immaginario" di furti, sovversioni e veri e propri tradimenti da parte dei comunisti nella sua amministrazione.

Il 2 settembre 1939, Whitaker Chambers consegnò al direttore della sicurezza del Dipartimento di Stato, Adolphe Berle (un altro ebreo), un elenco di quattro pagine di agenti comunisti nell'amministrazione FDR.

Berle li passò a FDR che chiuse un occhio. Anche lui era un traditore. A parte Pearl Harbour, gli altri contributi di Weit alla tirannia dei banchieri centrali ebrei comunisti sono impressionanti:

1. Weit tagliò il sostegno finanziario a Chiang Kai shek "contribuendo alla vittoria comunista in Cina che sia i giapponesi che gli americani avevano sperato di evitare". (166)

2. Weit consegnò ai sovietici le lastre per la stampa della moneta professionale, in modo che potessero finanziare l'occupazione della Germania Est. Usarono il credito del contribuente americano per

stampare abbastanza denaro da dare a tutto l'esercito sei anni di stipendi arretrati.

3. Weit contribuì alla stesura del Piano Morgenthau, che avrebbe deindustrializzato e ridotto la Germania a una colonia agricola. FDR lo spinse su Churchill con una tangente di 6 miliardi di dollari per ricostruire la Gran Bretagna. Il Segretario alla Guerra Henry Stimson lamentò il fatto che Weit e Morgenthau avessero "preso il controllo" dell'amministrazione di FDR: "È un semitismo impazzito per vendetta e... getterà i semi per un'altra guerra nella prossima generazione". (167)

Sotto inchiesta da parte dell'HUAC, White si suicidò nel 1948.

Koster sottolinea che, oltre alla vendetta, l'eliminazione della Germania rimosse l'ostacolo all'espansione comunista in tutta l'Europa occidentale. Tuttavia, gli Illuminati sostituirono il Piano Morgenthau con il Piano Marshall dopo aver deciso di fabbricare la "guerra fredda" e di far passare all'umanità altri 50 anni di miseria e sprechi.

CONCLUSIONE

Harry Dexter Weit è stato un efficace servitore del satanismo. Ha contribuito a scatenare l'inutile guerra del Pacifico, in cui morirono 36 milioni di persone, circa la metà del totale della Seconda Guerra Mondiale. La guerra era "progressista" e "rivoluzionaria" perché promuoveva la causa dell'egemonia giudaico-massonica.

Un diabolico parassita succhiasangue ha preso il controllo dell'umanità e ci ha ingannato facendoci credere che la guerra sia naturale e che la resistenza sia "bigotta".

Bormann forniva l'uranio nazista per le bombe atomiche statunitensi

Altre prove che la Seconda Guerra Mondiale è stata una farsa progettata per uccidere i goyim e distruggere le loro nazioni... Sigillati in cilindri "rivestiti d'oro", c'erano 1.120 libbre di uranio arricchito etichettato come "U235", il materiale fissile da cui si ricavano le bombe atomiche.

Il libro *Critical Mass* documenta come questi componenti della bomba nazista siano stati poi utilizzati dal Progetto Manhattan per completare sia la bomba all'uranio sganciata su Hiroshima che quella al plutonio sganciata su Nagasaki.

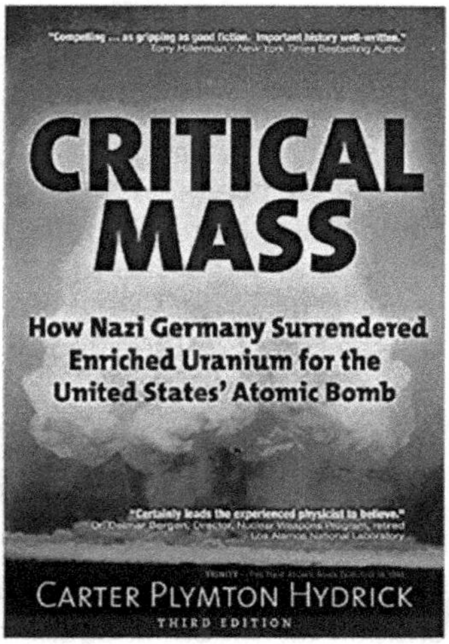

Martin Bormann organizzò il trasferimento di tecnologia nazista avanzata agli Stati Uniti alla fine della Seconda Guerra Mondiale. Questa è un'ulteriore prova che Martin Bormann era un agente degli Illuminati e che la Seconda Guerra Mondiale era una farsa. Bormann era un agente bancario cabalista che ha sovvertito lo sforzo bellico nazista. Hitler lo protesse. Entrambi erano traditori della Germania.

Il trasferimento tecnologico è stato rivelato nel libro *Critical Mass* (1998) di Carter Hydrick. Il libro è stato largamente ignorato a causa della sua scomoda verità. Inoltre, Hydrick, un ricercatore meticoloso, non ha evidenziato il significato delle sue scoperte come ho fatto io. Si è invece concentrato sui dettagli della produzione di bombe atomiche negli Stati Uniti, sui movimenti di Bormann, sul registro dell'U234, ecc. per dimostrare la sua tesi.

Kirkus Reviews fornisce un eccellente riassunto del libro di Hydrick:

Uno sguardo radicalmente revisionista sulla corsa alla bomba atomica durante la Seconda Guerra Mondiale.

"Secondo la storia convenzionalmente accettata, gli Stati Uniti sono stati il primo Paese a inventare una bomba atomica e, di conseguenza, a vincere la guerra contro le potenze dell'Asse. Tuttavia, l'autore Hydrick sostiene che in realtà il governo americano non fu in grado di produrre né l'uranio arricchito sufficiente né il meccanismo di innesco necessario per un dispositivo pienamente funzionante.

Inoltre, afferma, la Germania di Hitler aveva abbastanza uranio per le bombe, ma alla fine ha deciso in modo calcolato che non era nel suo interesse usarlo, poiché avrebbe rischiato l'equivalente di 2 miliardi di dollari per quello che era, nella migliore delle ipotesi, un passo falso.

Invece, scrive l'autore, la Germania intendeva usare la bomba completata come leva nei negoziati o consegnarla al Giappone. L'autore afferma che Martin Bormann, vice di Hitler, tentò di mediare un accordo con il Giappone, ma alla fine si accordò segretamente per consegnare i materiali agli Stati Uniti.

In breve, questo libro sostiene che l'America ha perso la corsa agli armamenti e che, senza il trasferimento tecnologico della Germania, la conseguenza sarebbe stata un'Unione Sovietica più potente. In questa terza edizione del suo libro, Hydrick affronta la critica secondo cui, se il suo resoconto fosse stato vero, sarebbero rimaste enormi quantità di uranio non speso, sebbene non ne sia mai stato trovato.

Ma in realtà sono stati scoperti 126.000 barili, a ulteriore conferma della sua tesi. Le teorie di Hydrick sono tanto provocatorie quanto meticolose; a differenza di altri ricercatori che si sono concentrati sulle testimonianze personali e sui registri degli Archivi Nazionali, egli ha setacciato i registri di produzione dell'uranio, le carte di spedizione e i registri di fabbricazione metallurgica che sono stati in gran parte trascurati da altri. Il resoconto che ne deriva si legge come un dramma avvincente... Questo libro segna un punto di svolta nella storia degli studi sulla bomba atomica e nessuno studio futuro potrà ignorare in modo credibile le sue convincenti affermazioni.

Una rarità nella letteratura accademica, un libro veramente originale su un argomento di grande importanza".

ALTRE MERCI

Oltre all'uranio arricchito, l'U234 trasportava anche piani, parti e personale per costruire i razzi V4, i jet Messerschmidt 262 e persino l'aereo stratosferico Henschell 130. (p. 294) Il Progetto Paperclip, il reclutamento di scienziati nazisti su , fu la continuazione di questo trasferimento tecnologico. (p. 294) *Il Progetto Paperclip*, il reclutamento di scienziati nazisti su , fu la continuazione di questo trasferimento di tecnologia.

Hydrick afferma che la fabbrica di gomma Buna di Auschwitz era in realtà un impianto per arricchire l'uranio. Consuma più elettricità dell'intera città di Berlino e non ha mai prodotto gomma. (72)

Dice che il sottomarino ha lasciato Bormann in Spagna. L'intera operazione fu mascherata come un trasferimento di tecnologia al Giappone. Due addetti navali giapponesi a bordo furono autorizzati a suicidarsi quando fu loro comunicata la vera destinazione.

Hydrick ha trovato prove d'archivio che dimostrano la complicità nazista degli Stati Uniti. Gli Stati Uniti erano a conoscenza dei progressi dell'U234 e proteggevano il sottomarino. Sapevano dove si trovava Bormann. (270) Hydrick afferma che negli archivi che ha visitato mancano documenti chiave.

Hydrick conclude: "Per credere che gran parte delle azioni descritte in questo libro si siano realmente verificate, bisogna credere che il governo degli Stati Uniti, in qualche forma e ad alto livello, fosse in combutta con Martin Bormann e con coloro che erano coinvolti nella sua fuga". (269) In effetti lo erano. Come nel caso del salvataggio di Bormann da Berlino da parte degli inglesi, il trasferimento di tecnologia fu presentato come uno scambio per la sicurezza di Bormann (e di Hitler?) dopo la guerra. Bormann è sempre stato un agente "alleato".

I nazisti erano una falsa opposizione. Ai vertici, lavoravano per i banchieri Illuminati che controllano sia il fascismo che il comunismo. Le guerre sono architettate dai massoni di entrambe le parti a scopo di lucro, distruzione e spopolamento. Le guerre sono offerte a Satana.

I nazisti non sono mai stati distrutti

Paul Manning, illustre giornalista MSM, è stato perseguitato per aver rivelato nel 1981 che la Seconda Guerra Mondiale era una farsa.

Con la collaborazione degli Alleati, Martin Bormann assicurò la rinascita economica della Germania del dopoguerra trasferendo le ricchezze naziste all'estero. Sia lui che Hitler probabilmente sopravvissero. Questa è un'ulteriore prova del fatto che, ai vertici, i nazisti e gli Alleati erano controllati dalle stesse persone, i banchieri ebrei Illuminati (sabbatiani franchi). Lo scopo della guerra in generale è uccidere i patrioti ebrei e goy non massoni, degradare e demoralizzare l'umanità, aumentare il debito e consolidare il potere nelle mani dei banchieri.

Perché le persone sono riluttanti a credere che l'umanità sia in preda ai satanisti? La storia moderna è stata (ed è) un inferno in terra per molti milioni di persone. Non è stato fatto da ragazzi del coro.

L'impero nazista sabbateo frankista dopo la seconda guerra mondiale è il titolo di un video imperdibile di Dave Emory. Ho trovato questa recensione nei commenti. A Dave va il merito di aver tenuto in vita da solo questa storia cruciale. Naturalmente, vogliono sopprimerla.

La pura e semplice verità

Recensione di Martin Bormann: *Nazi In Exile* 1981, di Paul Manning.

Di John C. Sanders (su Amazon.it)

Anticipando la sconfitta del Terzo Reich, il Reichsleiter Martin Bormann creò 750 società nei Paesi neutrali, destinate a ricevere la ricchezza liquida della Germania oltre a brevetti e altre informazioni industriali proprietarie.

Genio dell'organizzazione e vera forza di Hitler, Bormann, noto come "Eminenza grigia", fuggì con successo dall'Europa per l'America del Sud e amministrò un "Reich in esilio" negli anni successivi alla guerra.

Con i resti delle SS come braccio esecutivo, l'ex capo della Gestapo, il generale Heinrich Mueller, come direttore della sicurezza, 750 corporazioni come base del potere economico e il silenzio e la cooperazione degli alleati occidentali, Bormann guidò la sua organizzazione verso una posizione di potere consumato.

Un banchiere citato da Manning ha definito l'Organizzazione Bormann "la più importante accumulazione di potere monetario sotto un unico controllo nella storia".

Controllando le principali aziende tedesche, la stessa Repubblica Federale e gran parte dell'America Latina, l'Organizzazione Bormann manteneva anche un formidabile circolo di influenza negli Stati Uniti.

Paul Manning ha scritto il testo definitivo sull'Organizzazione Bormann. Manning ha lavorato alla radio CBS durante la Seconda Guerra Mondiale a Londra come membro del team d'élite Edward R. Murrow/Walter Cronkite e poi è diventato speechwriter per Nelson Rockefeller.

SCOPERTE

Alcuni decenni dopo la seconda guerra mondiale, Manning si imbatté nelle interviste dell'esercito americano CSDIC (Combined Services Detailed Interrogation Centers) a membri di magnati dell'industria e delle banche tedesche negli archivi nazionali degli Stati Uniti. Incuriosito dalle scoperte, Manning decise di scrivere un libro sulle macchinazioni segrete del riciclaggio di denaro nazista.

All'insaputa di Manning, il manoscritto era un paletto nel cuore dell'ex direttore della CIA Allen Dulles, che negli anni Trenta e Quaranta rappresentava molti interessi tedeschi su entrambe le sponde dell'Atlantico attraverso il suo studio legale Sullivan and Cromwell con uffici a New York e Berlino.

Dopo la resa della Germania, Dulles fu determinante nel reclutare silenziosamente il capo dell'intelligence di Hitler, il generale Reinhard Gehlen, e molti dei suoi agenti chiave.

Vennero portati a Fort Hunt, in Virginia, e inseriti nell'O.S.S. americano, trasformato in CIA con la promulgazione, sotto Truman, dell'NSC68 nel 1948. Gehlen rimase segretamente alle dipendenze degli Stati Uniti fino a quando non tornò a dirigere il BND tedesco negli anni Cinquanta. Nel suo libro *"The Service"* (1972) ha confermato che Bormann era un agente "sovietico".

https://henrymakow.com/hitler_and_bormann_were_traito.html

Preoccupato per l'esposizione pubblica dell'indagine di Manning, Dulles si offrì di "aiutare" l'ignaro Manning con il suo manoscritto e lo mandò alla ricerca di Martin Bormann in Sud America. Senza sapere di essere stato deliberatamente sviato, Manning scrisse un'introduzione al suo libro ringraziando personalmente Allen Dulles per avergli assicurato che "ero sulla strada giusta" e che "avrei dovuto continuare".

In realtà, l'assistenza di Dulles era finalizzata a mandare Manning e il suo manoscritto nell'oscurità per evitare la divulgazione del trasferimento e della protezione del denaro nazista.

STORIA DELLA PUBBLICAZIONE

Grazie ai suoi legami con le principali società americane, il gruppo Bormann riuscì a fare pressione su un editore dopo l'altro affinché rifiutasse il manoscritto di Manning. Particolarmente importante nella soppressione del libro di Manning fu la famiglia Thyssen.

(Suo nipote, il conte Zichy Thyssen, che controllava la Thyssen Steel da la sua base in Argentina, ha fatto sapere che sarebbe stato molto apprezzato se gli editori americani si fossero tenuti alla larga dal testo di Manning.

Manning trovò finalmente una casa per il libro presso la casa editrice anticonformista Lyle Stuart. Per rappresaglia, al direttore della casa editrice vennero spezzate le gambe nella settimana di uscita del libro e le recensioni del libro vennero bloccate nei principali mercati dei giornali e nelle pubblicazioni tradizionali. Nel 1993, dopo un altro decennio di intense ricerche, il figlio di Manning, Jerry, fu assassinato in modo insensato e inspiegabile.

Sulla base delle informazioni ottenute dai suoi contatti nella comunità dei servizi segreti, Manning concluse che l'uccisione era una ritorsione per il suo continuo lavoro e per l'intenzione di pubblicare un libro successivo, "Alla ricerca di Martin Bormann". La morte del figlio devastò

Manning e bloccò il completamento del secondo libro. Morì poco dopo, nel 1995.

Nel dicembre 1998, il ricercatore ed emittente californiano Dave Emory ha condotto un'intervista radiofonica in diretta... con il figlio superstite di Manning, Peter, riguardo all'organizzazione dei capitali di volo di Bormann e al lavoro di suo padre nel portare alla luce le sue attività. Peter ha raccontato in modo commovente le difficoltà incontrate dalla sua famiglia a causa del lavoro del padre sul libro.

Oltre alla sorveglianza e alle molestie, la famiglia ha subito difficoltà economiche e mentali a causa degli sforzi deliberati di elementi ostili al suo messaggio. Per ovvie ragioni, le copie di questo libro sono state assiduamente ritirate dal mercato e per qualche tempo sono state introvabili.

GLI ALLEATI HANNO FINANZIATO I NAZISTI

Nell'agosto del 1934, l'American *Standard Oil* in Germania acquistò 730.000 acri di terreno e costruì grandi raffinerie di petrolio che rifornirono i nazisti di petrolio.

Allo stesso tempo, la Germania ricevette segretamente dagli Stati Uniti le più moderne attrezzature per le fabbriche di aerei, che avrebbero iniziato la produzione di aerei tedeschi. La Germania ricevette un gran numero di brevetti militari dalle aziende americane *Pratt and Whitney, Douglas, Curtis Wright*, e la tecnologia americana stava costruendo lo Junkers 87.

Nel 1941, quando infuriava la Seconda Guerra Mondiale, gli investimenti americani nell'economia della Germania ammontavano a 475 milioni di dollari.

La Standard Oil investì 120 milioni, la *General Motors* 35 milioni, la *ITT* 30 milioni e la *Ford* 17,5 milioni. La stretta collaborazione economica e finanziaria tra i circoli economici angloamericani e nazisti fu lo sfondo in cui, negli anni '30, una politica di appeasement portò alla seconda guerra mondiale.

PRIMO COMMENTO DI ANONIMO

(Dichiarazione: la pubblicazione di questi estratti non è un'approvazione. Decidete voi stessi).

"Il libro di Manning è datato. La diaspora nazista è un fatto noto in Sud America.

Harry Cooper si imbatte nella prole di tutto il mondo...

Il governo degli Stati Uniti assunse nazisti in massa. Nessuno disse ai cittadini dell'Iow che piangevano i figli perduti che il Reich lasciò Berlino e prese Washington. Gehlen dirigeva la CIA in Europa. Un nazista ha diretto il Pentagono fino alla vecchiaia.

I nazisti dirigevano la Bell Helicopter, la NASA e altre organizzazioni. Il sorvolo UFO della Casa Bianca del 1952 era una squadra di dischi nazisti che spiegava chi era il capo. Una spia nazista divenne Presidente degli Stati Uniti. Il Reich inviò un adolescente Scherff a spiare Tesla. Conosciamo Scherff come George H.W. Bush. La guardia del corpo di Hitler, Otto Skorzeny, ha lasciato una prova documentale della sua vera identità. Il clan Bush l'ha falsificata.

... I satanisti sono bugiardi, così uno (H.W. Bush) è diventato Comandante in Capo, dopo aver diretto l'ambasciata cinese e la CIA. Scherff ha avuto più mandati alla Casa Bianca. Ha diretto Reagan, Clinton e Obama. Il suo mandato personale è stato usurpato illegalmente da un alieno nemico nato all'estero con una storia familiare falsa.

Vi suona familiare? Obama era un bambino della setta sessuale Subud. La setta aveva un agente nei registri vitali delle Hawaii. La moglie di Obama era un uomo. Le sue figlie sono state "prese in prestito" da un'altra famiglia per le pubbliche relazioni. Obama ha recentemente indossato un "costume da festa" satanico, cioè un abito rituale. Vediamo la cucina dello spirito di Hillary. La moglie di Scherff, "Barbara Bush", era la figlia del culto sessuale rituale di Crowley.

Ha detto in TV che se si critica il marito, "si è morti". Scherff ha rivolto un gesto tagliente a Trump in diretta TV. È la via della setta. Scherff ha contribuito a uccidere JFK e successivamente JFK Jr. con una bomba aerea per cancellare la corsa al Senato di Hillary. La democrazia è uno scherzo per i satanisti. Reagan fu soggiogato da un attentato per mettere al potere il vicepresidente Scherff. In seguito Reagan prese gli ordini come un bravo bambino.

Il vero governo è la setta. Il suo potere deriva dall'illudere le masse con una politica e una storia fasulle. Il collaborazionista nazista George Soros ora finanzia le camicie brune di Antifa.

Antifa significa antifascista. Il nazismo è il nazionalsocialismo, il comunismo è il socialismo internazionale, e l'omosessuale Hitler cercava di lavorare con entrambi. I finanziatori di Hitler erano anche quelli di Lenin. Hanno presentato al mondo una falsa scelta tra socialismo e socialismo. "Combattiamo tu e lui".

Anche Pierre Elliot Trudeau era un traditore comunista

Un biglietto d'addio scritto a mano da Fidel Castro Diaz-Balart, 68 anni, il maggiore dei figli legittimi di Fidel Castro, sembra confermare la voce che da tempo circola a Cuba secondo cui Fidel Castro sarebbe il padre di Justin Trudeau.

La morte dello scienziato nucleare di alto profilo del governo, noto anche come "Fidelito" o "Piccolo Fidel" per la somiglianza con il padre, ha scioccato la nazione, ma è il suo biglietto d'addio "esplosivo" che ha fatto scalpore all'Avana.

In mezzo a un'ampia serie di lamentele, la nota suggerisce che Fidelito era arrabbiato con il suo defunto padre, il dittatore rivoluzionario cubano. Fidelito ha scritto che suo padre, Fidel Castro, "mi paragonava sempre in modo sfavorevole a Justin" e "ignorava i miei risultati rispetto al suo successo in Canada".

> "Ma cosa dovevo fare? Io sono cubano. Mio fratello è canadese. Se fosse nato e cresciuto a Cuba, avrebbe vissuto per sempre nell'ombra di nostro padre, proprio come me".

https://thepeoplesvoice.tv/bombshell-evidence-proves-justin-trudeau-is-fidel-castros-son/

Il "padre" cornuto di Justin, Pierre Elliot Trudeau (1919-2000), è stato primo ministro canadese nel 1968-1979 e nel 1980-1984.

Il suo dossier è stato distrutto perché era un agente comunista (degli Illuminati). Trudeau ha compiuto i primi passi verso la normalizzazione dell'omosessualità e la trasformazione dei canadesi europei in una minoranza, ovvero il "multiculturalismo".

Nel 1968, il disertore russo Igor Gouzenko avvertì che Trudeau "sarebbe diventato un altro Castro e avrebbe trasformato il Canada in un'altra Cuba". Il figlio illegittimo di Castro ha seguito le orme di Trudeau ed è stato odiato allo stesso modo.

Steve Hewitt, docente senior presso l'Università di Birmingham, ha criticato il CSIS per aver inviato il file del Primo Ministro "in un buco di memoria orwelliano". Ha definito l'epurazione del file "un crimine contro la storia canadese" e ha affermato che tali azioni sono "previste da uno Stato autoritario e non da una vera democrazia".

Segnalando la sua fedeltà a

Un dossier sull'ex Primo Ministro Pierre Trudeau, compilato dall'allora agenzia di spionaggio del Paese, il Royal Canadian Mounted Police (RCMP) Security Service, è stato distrutto nel 1989 e quindi non è finito negli archivi nazionali come avrebbe dovuto.

Il file sarebbe stato reso disponibile al pubblico nel settembre 2020. Il CSIS (Canadian Security & Intelligence Service) ha affermato che i file di Trudeau e degli ex Primi Ministri Lester Pearson e John Diefenbaker sono stati distrutti nell'interesse della "privacy" e perché l'RCMP era stato "troppo zelante" nell'ambiente della guerra fredda. Tutti e tre i Primi Ministri erano massoni. Tutte le agenzie di intelligence lavorano per i Rothschild, non per i governi nazionali che le finanziano.

Tuttavia, il fascicolo dell'FBI di PET è stato reso pubblico dieci anni fa e ha rivelato una costante difesa delle cause comuniste e la frequentazione di leader comunisti.

IGOR GOUZENKO

Nel 1968, alla vigilia dell'ascesa di Pierre Elliot Trudeau alla leadership liberale e alla carica di Primo Ministro, Igor Gouzenko (1919-1982) pubblicò un dossier in cui sosteneva che il PET era un pericoloso comunista.

Igor Sergeyevich Gouzenko era un impiegato dell'ambasciata sovietica in Canada a Ottawa, Ontario. Disertò il 5 settembre 1945, tre giorni dopo la fine della Seconda guerra mondiale, con 109 documenti che descrivevano le attività di spionaggio dell'URSS in Occidente. Questo si rivelò un grande imbarazzo, poiché i leader dell'Occidente erano tutti comunisti segreti (massoni). L'uomo che aveva guidato il PET al potere, Lester Pearson, era stato smascherato dalla disertrice del KGB Elizabeth Bentley come una risorsa russa.

I traditori globalisti hanno deciso di prendere un limone e farne una limonata. Hanno usato le rivelazioni di Gouzenko per dare il via alla falsa "guerra fredda".

Igor Gouzenko

Vivendo in clandestinità, Gouzenko ha avvertito che a PET era stato impedito di entrare negli Stati Uniti in quanto comunista. Ha detto che le idee di PET erano prese in prestito da Mao e Lenin.

I suoi scritti accademici erano tutti filocomunisti. Minacciò di trattenere il nichel dagli Stati Uniti a causa della guerra del Vietnam.

PET si era comportato in modo sospetto da giovane. Ha partecipato a conferenze al Cremlino, si è recato su Vietnam durante la guerra del Vietnam ed è stato effettivamente arrestato dalla Guardia Costiera statunitense mentre cercava di remare verso Cuba prima della Baia dei Porci.

Il Primo Ministro Lester Pearson non permise all'FBI di interrogare Gouzenko. Nominò l'omosessuale Robert Bryce Vice Ministro delle Finanze. In questa posizione, Bryce eliminò il servizio internazionale della CBC che veniva trasmesso in URSS. Bryce aveva fatto parte di un gruppo di studio comunista a Washington DC.

JUSTIN TRUDEAU CASTRO

Gli Illuminati sono deviati sessualmente. Abusano dei propri figli come parte del processo di lavaggio del cervello. C'è l'ipotesi che questo sia accaduto a Justin.

Nel suo libro *Trance-formation of America* (1995), Cathy O'Brien, sopravvissuta all'MK-ULTRA, ha dichiarato che molti leader mondiali, tra cui Pierre Trudeau e Brian Mulroney, sono pedofili. Li ha conosciuti nel corso della sua vita di schiava sessuale addestrata (con la figlia piccola) a servire politici di alto profilo. Altre fonti sostengono le affermazioni di Cathy O'Brien.

Il matrimonio di Pierre con Margaret, nel 1968, fu "organizzato" dai militari. La coppia fu programmata con l'LSD in una fattoria remota della Columbia Britannica. Questo potrebbe spiegare perché Margaret fu passata a Fidel Castro.

Justin ha incontrato il suo vero padre Fidel Castro al funerale.
Il volto di una madre non mente.

L'elogio di Justin alla morte del suo Fidel ha suscitato uno scandalo e molte parodie.

Justin ha elogiato suo padre per aver "servito il suo popolo", trascurando il fatto che Castro ha ucciso, secondo le stime, 140.000 persone e ha ridotto il suo Paese alla schiavitù e allo squallore dello Stato di polizia. Castro era miliardario mentre i medici guadagnavano pochi centesimi lavorando per i loro "compagni". L'Avana è una fatiscente capsula del tempo del 1958.

Fidel Castro era il papà di Justin Trudeau?

https://www.winterwatch.net/2024/03/was-fidel-castro-justin-trudeaus-daddy/

Libro quarto

Illuminati osservati

Kay Griggs - L'esercito statunitense è un'operazione mafiosa gestita da fanatici del sesso cabalisti

Ken Adachi: "Ogni cittadino americano deve ascoltare l'intera intervista video di Kay Grigg, della durata di otto ore, del 1998, per comprendere la completa degenerazione e la sottomissione che ha avuto luogo nella struttura di comando superiore dell'Esercito, della Marina e dei Marines a causa della sovversione dei quinti-colonnisti sionisti".

Le rivelazioni di Kay Grigg del 1998 sul controllo degli Illuminati sulle forze armate statunitensi sono una delle più inquietanti denunce dello "Stato profondo".

Kay Pollard Griggs è l'ex moglie del colonnello George Griggs, capo delle operazioni speciali sotto l'ammiraglio Kelso della NATO.

Kay Pollard Griggs

Il col. George Griggs, laureato a Princeton (classe 1959) e diplomato al NATO Defence College di Roma, è stato una spia e un assassino delle operazioni speciali a partire dal periodo della guerra del Vietnam.

Basandosi su innumerevoli rivelazioni fatte dal col. Griggs mentre era in stato di ebbrezza, Kay Griggs ha riferito in una lunga intervista del 1998 che le forze armate statunitensi sono gestite da deviati sessuali, per lo più omosessuali, e che le stesse forze armate statunitensi sono un'operazione di controllo mentale.

La prima parte di 4 interviste condotte nel 1998 dal pastore Rick Strawcutter include le descrizioni della Grigg delle sue molestie di gruppo (organizzate dai militari) e delle operazioni di controllo mentale e dei culti che operano nella cultura militare statunitense.

1. Ai livelli più alti del Corpo dei Marines e dell'Esercito nelle forze per le Operazioni Speciali, gli individui fanno tutti parte della mafia di Brooklyn e del New Jersey. Mio marito, il generale Al Gray, il generale Sheehan, Heinz Kissinger, Caspar Weinberger... fanno parte di un gruppo di sionisti arrivati dalla Germania (nell'operazione "Paperclip" e in altre).

Riciclano molto denaro nelle banche, effettuano transazioni in contanti per la droga che portano qui. I militari sono tutti coinvolti una volta andati in pensione.

Vanno a finire nella vendita di droga e di armi secondarie.

L'ammiraglio Jeremy Boorda, ebreo, è stato assassinato nel 1996 quando ha minacciato di denunciare questo traffico di droga.

https://www.henrymakow.com/2018/12/The-Murder-of-Admiral-Jeremy-Boorda.

2. È una piccola setta/società segreta. Ho sentito cosa fanno quando diventano Colonnelli. È la stessa cosa che fanno in Skull and Bones, e in Cap and Gown (che ha molti ufficiali dei servizi segreti e ragazzi che sono stati violentati).... Fanno un sacco di adescamenti omosessuali. Questo impedisce loro di rivelare i segreti. La crema del raccolto lo fa; fanno festini a base di sesso, orge, ecc. Gli uomini che salgono al vertice sono quelli che vengono scelti per fare feste in piscina, ecc. ...

3. I metodi di induzione Skull and Bones sono ora utilizzati nell'esercito. Questo risale alla Germania; è quello che faceva l'Alto Comando tedesco. Dicono che risale alla Grecia. Fanno il trucco della palla da bowling. Ora sono i capi di Stato Maggiore a doverlo fare. Fanno ubriacare tutti quanti. A volte lo chiamano "cena in casa". Non tutti lo fanno.

Ma quelli che lo fanno, arrivano fino in cima. Fanno sesso anale. Mettono qualcuno nella bara e lui è il destinatario di tutti gli atti di sesso orale e anale...

4. W.W. Rostow e i terroristi rivoluzionari ebreo-cabalisti: Dall'attentato di Dresda della seconda guerra mondiale all'assassinio di JFK, fino al controllo delle forze armate statunitensi di oggi Walt Whitman Rostow (ebreo) e la sua folla erano dietro i bombardamenti di Dresda in Germania durante la seconda guerra mondiale. Rostow è un uomo molto pericoloso, un comunista. Era uno dei "saggi" dell'amministrazione Kennedy. Credo che sia stato probabilmente responsabile del movimento che ha portato all'assassinio di Kennedy. Credo che sia stato un gruppo israeliano a farlo, con alcune di queste canaglie. I "saggi" di Kennedy erano quelli di Harvard...

5. Tutti questi assassini sono anarchici e sono tutti legati alla mafia. Usano i finanziamenti della mafia e, naturalmente, i soldi della droga per pagare le armi nuove di zecca. Questo è il motivo per cui abbiamo avuto la guerra in Bosnia. Si trattava semplicemente di un palcoscenico per addestrare gli assassini a diventare un mercato per le armi nuove di zecca, in modo da poter usare i soldi della droga. E l'esercito gestisce l'intero spettacolo.

La CIA è una cosa fasulla per confonderci e portarci fuori strada. È il Comando per la formazione e la dottrina, è la NATO, è lo SHAPE (Supreme Headquarters Allied Powers Europe), fondato dal Presidente Eisenhower (un ebreo). È una società totalmente indipendente. La sua funzione principale è vendere armi e riciclare denaro. Tutto questo viene fatto da persone dell'esercito che ora sono JOINT.

La parola JOINT (graffetta) è usata per descrivere le persone che sono arrivate illegalmente per sfuggire alla Germania nazista. Il crimine organizzato, Meyer Lansky, il gruppo ebraico cabalista, che non crede in Dio, crede di doversi sbarazzare di tutte le persone per bene... e ottiene punti di favore nel suo piccolo culto per farlo. Lo fanno davvero. Uccidono le persone buone di proposito.

6. Tutti sanno che hanno portato con sé probabilmente più di 200.000 soldati nazisti, SS, scienziati strampalati e psicologi. E tutti loro, la maggior parte di loro, avevano la "malattia tedesca", perché era la loro cultura. È quello che erano i ragazzi del Triangolo Rosa. Il colonnello dei Marines Ron Ray, cristiano, scrive di questi "marines della ciliegia", dell'omosessualità e delle orge sessuali di gruppo, che fecero cadere il governo tedesco. Oggi, a Napoli, dove la Marina Militare sta giocando, si svolgono queste orge. Era il luogo in cui Krupp, il produttore di armi tedesco, portava l'alto comando tedesco e . Andavano alla Grotta Azzurra sull'Isola di Capris. Portavano dei ragazzini e li violentavano.

Quando le madri di questi ragazzi sono andate dalle mogli di questi uomini in Germania, il governo è crollato. Quello che stavano facendo è pedofilia. Stupravano i bambini. Coinvolgevano i sacerdoti cattolici. Poi tutto questo gruppo è arrivato negli Stati Uniti. È una cultura antica. È la ragione per cui ci sono molte cose che accadono con i bambini in questi giorni. E spiega perché vengono insabbiate. Perché gli agenti di polizia fanno questi giochi.

Anche Eisenhower ha fatto questi giochi. Anche Mike Kemp al Bohemian Grove. Ce n'era anche uno grande a Washington, chiamato Rush River Lodge, dove erano soliti andare; e ci sono molti posti ora. Ma il problema è che credo stiano cercando di distruggere l'America e la cultura cristiana protestante di base. Perché quando si ha una società militarista dove le regole sono solo per quelle persone... Ricordate che Meyer Lansky e Lucky Luciano (mafia) scelsero di andare in Italia... Non furono banditi. Sono andati lì a causa dell'industria delle armi. Questo è ciò che sta facendo l'esercito. È totalmente controllato dalla mafia.

7. Mao Tse Tung è stato addestrato a Parigi. Così come il leader della Cambogia, Pol Pot. Da ragazzi, sono stati "trasformati" psicologicamente, cioè (violentati) dai sacerdoti. Questo è lo schema. Ecco perché è così importante sapere cosa stanno facendo a ragazzini innocenti nell'esercito e nei marines. Perché gli omosessuali salgono molto più velocemente di quelli che non lo fanno. Vengono chiamati "astri nascenti".

Il Dipartimento di Stato chiama così coloro che sono controllati. Ho cercato di entrare a far parte della famiglia del Dipartimento di Stato. Ma essendo cristiano, non potevo farne parte.

Anche se avevo molta esperienza. Ho vissuto per un po' con la corrispondente capo della Casa Bianca, Sarah McClendon, e mi ha detto che Ron Brown, Vince Foster e Forrestal sono stati assassinati. ... Ron Brown ha cercato per la prima volta di togliere al Dipartimento di Stato l'ingiusto monopolio sulle armi illegali e sul denaro della droga. I soldi della droga pagano le armi. Le armi nuove di zecca sono vendute da agenti di Israele...

10. Sì! Si sono sbarazzati dei buoni. Uno per uno. Persone come MacArthur. Mio marito mi ha detto che non siamo mai stati veramente nemici dell'Unione Sovietica. Mio marito era mentalmente incapace, ma dirigeva il corpo dei Marines di mezzo mondo. Ma sapeva seguire gli ordini.

Questa "fratellanza" appartiene tutta alla mafia del New Jersey (Brooklyn), e molti sono ora massoni. I ragazzi del Corpo dei Marines sono i sicari; lavorano per chiunque. Cambiano cappello, dall'esercito alla marina al Dipartimento di Stato, proprio così. Il team che ha rivelato il Watergate, Woodward e Bernstein, era composto da agenti dei servizi segreti.

Ho incontrato tutti questi signori della droga. Coltivano i figli di famiglie importanti, sono chiamati "stelle nascenti". Il Dipartimento di Stato li trova quando li "trasforma". E poi fa sapere loro che se mai dovessero trovarsi nei guai, possono venire qui.

Enormi aerei carichi di droga atterravano nelle basi militari. La portavano tutti; i norvegesi, i britannici.... La droga scendeva attraverso la Birmania, la Turchia; le banche erano a Beirut, Panama, Messico, San Tommaso.... il riciclaggio del denaro...

Si può scoprire molto facilmente chi sono i signori della droga....

Nelle Operazioni Speciali, tutti fanno parte di questa "Compagnia". Una volta arrivati al Colonnello, vengono iniziati; si ubriacano, "cenano in casa", "fanno shellback", fanno sesso anale, sesso di gruppo.

Insider - La DARPA ha concepito Facebook per il controllo mentale

Esposizione delle origini di Facebook da parte di un amante gay che desidera rimanere anonimo.

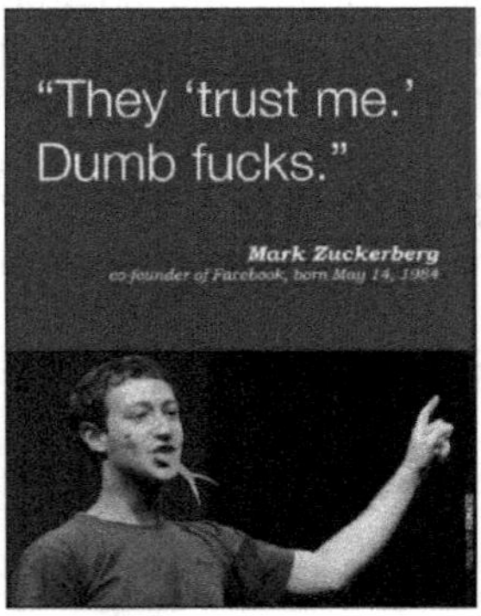
"They 'trust me.' Dumb fucks."
Mark Zuckerberg
co-founder of Facebook, born May 14, 1984

If you're not paying for the product, you are the product...

"Mark è incapace di gestire un McDonald's, figuriamoci una delle aziende più potenti del mondo. Nemmeno il suo nome è reale e la sua identità è sempre stata coperta. Mark è stato scelto come bambino per un programma di addestramento della CIA perché i suoi parenti erano alcune delle persone che avevano creato il programma".

"Facebook è stato concepito come una cyber-droga per creare e controllare i tossicodipendenti, i tossicodipendenti digitali.

... Ogni persona su Internet, anch'essa creata dalla DARPA, è considerata un cyber-terrorista e i militari considerano il loro compito quello di creare sistemi per sorvegliare, colpire, disarmare e controllare aggressivamente a distanza gli utenti

Le piattaforme gratuite come Google, Gmail, Facebook e le altre erano trucchi di fiducia per convincere gli utenti a sperimentare.

Sean Parker, uno dei primi membri di Facebook, ha "confessato tutto" ai media. Facebook è stato concepito come una cyber-droga per creare e controllare i tossicodipendenti - i tossicodipendenti digitali.

Come ha detto Sean, sapevamo fin dall'inizio che danneggiava tutti gli utenti ed è per questo che non lasciamo mai che i nostri amici o i nostri figli usino questi sistemi: li danneggia enormemente.

A me e a Mark è stato detto dai rappresentanti della DARPA che questo era l'intento di Facebook fin dalla sua nascita.

A tutti gli utenti di Facebook

Mark Zuckerberg, e tutti noi che eravamo lì fin dall'inizio, vi stanno mentendo e stanno usando la vostra vita personale come un esperimento governativo di lavaggio del cervello e di controllo della mente - in pratica un sistema armato dell'esercito (soprattutto della CIA) che è andato fuori controllo. A questo punto, Mark Zuckerberg ha perso il controllo di un'azienda che non ha mai realmente posseduto o gestito. In realtà, chiunque abbia lavorato con Mark sa che la sua mente è vuota e che non è altro che un pappagallo per i gestori governativi che lo hanno creato...

Facebook è sempre stato un'arma militare, proprio come Google di Eric Schmidt, che è stato incubato nello stesso modo di Facebook. Mark era un complice, ma un complice non umano, spietato, senza cuore e a sangue freddo. È diventato così grazie al lavaggio del cervello ricevuto negli anni del liceo da un programma della DARPA chiamato TIA, che aveva bisogno di un "ragazzo-genio" come prestanome. Questa truffa avrebbe trasformato Mark in un modello globale dei giovani geni informatici, cool e irriverenti, che "governano il mondo" e conducono tutti verso un cyber-dio dell'intelligenza artificiale. All'inizio Mark era solo un burattino inconsapevole e mi dispiaceva per lui.

ZUCKERBERG OMOSESSUALE

Ricordo quando sono diventata compagna di stanza di Mark al secondo anno di Harvard. Eravamo nella Kirkland House, in JFK Street, e dovevamo sopportare Dustin e Andrew. Mark li odiava perché ci impedivano di dormire insieme, anche se eravamo nella stessa stanza. Era frustrante e manteneva segreta la nostra relazione. Non sapevo che la cosa che mi attirava in Mark, una certa apertura all'ascolto di chiunque, lo rendeva anche estremamente promiscuo con entrambi i sessi.

Mark non aveva morale, coscienza o vergogna. Andava anche a caccia di donne su Craig's List e a volte spariva per incontrarsi con loro. Era come una lavagna vuota che si limitava a riecheggiare qualsiasi cosa accadesse nel suo ambiente. Amavo e odiavo questo aspetto della sua personalità, ma in seguito scoprii che lui, suo fratello e suo cugino erano tutti allo stesso modo a causa dei programmi di lavaggio del cervello a cui erano stati sottoposti durante le scuole superiori.

Se certe persone parlavano a Mark di persona o al telefono, lui abbandonava tutto e faceva qualsiasi cosa gli dicessero di fare. Certe persone avevano più potere ed effetto su di lui. Alla fine scoprii, grazie al pianto di Mark, che il lavaggio del cervello era permanente e faceva parte della "posizione" che queste persone avevano promesso di creare per Mark. Lui non sapeva nemmeno cosa fosse o comportasse questa "posizione".

Ma di una cosa Mark era sicuro: era stato "collocato" ad Harvard solo "per un po'", fino a quando la sua "posizione" non fosse diventata disponibile. Mark era certo che la promessa di una posizione comprendesse una grande quantità di denaro e di potere - afrodisiaci per un inguaribile narcisista Devo ammettere che ho subito il potere della certezza di Mark che non aveva bisogno di Harvard, di una laurea o di buoni voti. Alla fine Mark abbandonò Harvard alla fine del nostro secondo anno e divenne ricco sfondato e più potente di quanto potesse immaginare. Ammetto anche di aver sfruttato il successo di Mark per diventare anch'io piuttosto ricco. Tutti e quattro i membri del club che Mark chiamò "The Fellowship" (la Compagnia) sono diventati ricchi senza alcun merito, semplicemente conoscendo i segreti di Mark.

Vedete, Mark non è mai riuscito a essere fedele a nessuno, ma amava gli uomini più delle donne. In realtà odiava tutte le donne. Così, Mark tradiva e voleva portare a casa il nuovo "ragazzo" per unirsi a me. A me non è mai piaciuto come a Mark. Era violento, ma non lo avrebbe mai ammesso, soprattutto con i ragazzi giovani. Alla fine eravamo in tre a rimanere amanti di Mark. Mark ha sempre avuto attacchi di panico e crollava spesso a causa del lavaggio del cervello - secondo Mark. Piangeva per sua madre e per le "torture" che lei lasciava che "loro" gli facessero. In quei momenti, la bocca di Mark si apriva e raccontava ai suoi compagni di letto tutto il dolore e gli orribili piani che queste "persone malvagie" gli avevano fatto.

All'inizio, i suoi dubbi e le sue paure lo consumavano quasi di notte e riusciva a malapena a dormire a causa degli incubi. Una volta diventato ricco sfondato, Mark ha semplicemente fatto uso di droghe per mascherare queste paure. Ma se lo si fa arrabbiare chiedendogli della creazione di Facebook, Mark va fuori di testa e ha un attacco di panico perché sbaglia sempre la storia e fa la figura dell'idiota. Non sopporta le domande su "come ha creato Facebook", perché non l'ha fatto. Mi ha fatto ridere una delle sue stupide risposte: "Ho visto su che Harvard non aveva un Facebook, così ne ho creato uno", o qualcosa di simile. I giornalisti gli hanno permesso di farla franca con questa bugia, come hanno sempre fatto.

LA BRUTTA VERITÀ

Mark Greenberg (Zuckerberg) non ha scritto una sola riga di codice sorgente di programmazione per Facebook. Queste sono bugie e propaganda generate dai suoi responsabili governativi e militari. Tutti sanno che i gemelli Winkelvoss (Aaron e Cameron) hanno vinto una causa da 65 milioni di dollari contro Mark perché sapevano che il loro piccolo pezzo di Harvard Connection (HC) era solo un codice aggiuntivo allegato al codice sorgente originale rubato - che era stato dato a Mark dal professor James Chandler e dall'IBM. Quel po' di conoscenza sporca da 65 milioni di dollari è stata piuttosto redditizia per una coppia di simpatici atleti di canottaggio dell'equipaggio di Harvard, senza alcun interesse per me.

Mark ha semplicemente fatto in modo che altri adattassero il codice a quello che era un progetto di armamento militare sponsorizzato dal governo per la guerra informatica e diretto dal presidente di Harvard, Larry Summers. Anche lo stesso Summers aveva una propria directory per studenti e personale in fase di sviluppo da parte dello staff informatico di Harvard, chiamata "Facebook". Mark non ha nemmeno creato il nome!

I gemelli Winkelvoss avevano sviluppato una propria versione nella competizione per il contratto governativo, HC, che hanno cambiato in ConnectU. Aaron Greenspan stava sviluppando HOUSE System e Paul Ceglia stava lavorando con Mark per modificare il suo software StreetFax e trasformarlo in Facebook. Mark non sviluppò nulla. Assolutamente nulla. Anche il famoso "hacking" dei sistemi di Harvard non è stato fatto da Mark stesso. Mark era l'intermediario di coloro che supervisionavano il "grande progetto", come veniva chiamato.

Dal presidente di Harvard, alla "PayPal Mafia", alla National Venture Capital Association, alla In-Q-Tel, alla DARPA, alla NSA, alla CIA, alla DIA, ai peggiori ladri di brevetti d'America: James Chandler, Hillary Clinton, David Kappos, Robert Mueller e il resto del gruppo Big-130 Tech. Mark è proprio come gli altri falsi prestanome scelti per rappresentare le numerose altre società di social media.

Continua...

https://www.henrymakow.com/2019/06/zuckerberg-is-a-mind-controlle.html

La Fratellanza della Campana ha smascherato il controllo massonico

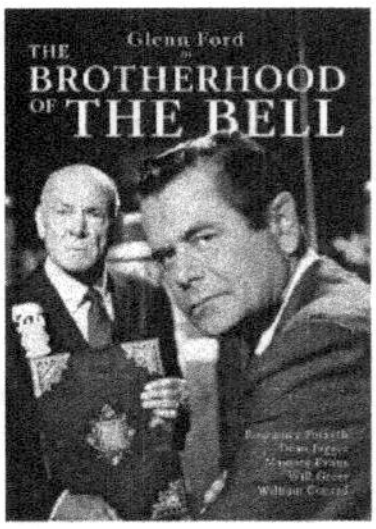

Un film per la TV del 1970 è l'unico dramma che descrive in modo appropriato come i banchieri ebrei Illuminati abbiano usato la Massoneria per consegnare l'umanità a Satana.

Controllano l'informazione e il discorso in modo che non sappiamo nemmeno di essere i loro burattini controllati dalla mente.

Il fatto che una setta satanica, la Massoneria, controlli la società è confermato dal fatto che i mass media ne parlano raramente. E se lo è, non viene mai ritratta nella sua vera luce.

Un film per la televisione del 1970, *Brotherhood of the Bell*, è una rara eccezione. Mostra cosa succede quando un professore universitario di successo disobbedisce al suo voto di segretezza. È disponibile su YouTube.

Andrew Patterson, interpretato da Glenn Ford, riceve l'ordine di ricattare un caro amico e collega. Quando il collega si suicida, Patterson è divorato dal senso di colpa e giura di smascherare la Fratellanza.

UN UOMO "FATTO"

Patterson ha l'aria di un uomo che si è fatto da solo. Ma quando rende pubblico il suicidio, scopre che il suo successo è in gran parte dovuto alla sua appartenenza ventennale alla "confraternita".

Le borse di studio vengono tagliate ed egli si ritrova disoccupato. La società di ingegneria del padre viene improvvisamente sottoposta a revisione contabile e accusata di frode. La moglie si infuria per il suo stupido "onore" e fa le valigie.

In una scena meravigliosa, si rende conto che non solo il suo successo è dovuto a questa setta, ma anche a sua moglie. Suo padre è un membro della Confraternita. "Hai fatto parte della mia ricompensa", le dice. "Vattene via".

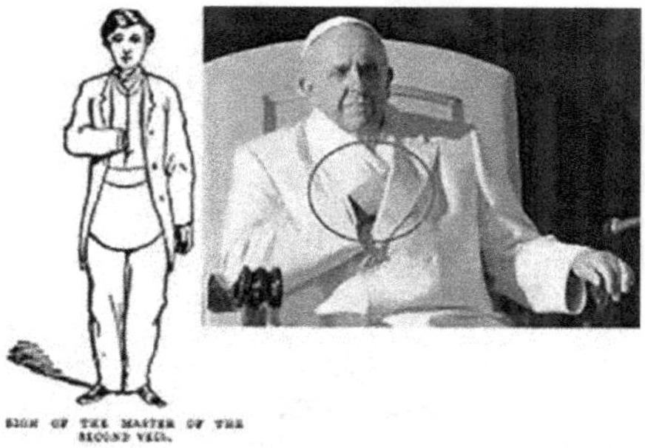
Papa Francesco ha fatto un feticcio di segnalare la sua fedeltà a Satana

Il film cattura l'ingenuità di Patterson. È stato un membro di questo gruppo per 20 anni, ma apparentemente non si rende conto della sua vera natura satanica o della portata del suo potere. Non si rende conto che il Presidente degli Stati Uniti e tutti gli altri personaggi importanti sono coinvolti in questa cospirazione.

Il film è stato scritto da David Karp (*"Gli intoccabili", "I difensori"*) sulla base del suo romanzo, e diretto dal veterano regista televisivo Abraham Paul Wendkos ("*Ben Casey", "Il dottor Kildare*"). Quando un membro del pubblico televisivo tenta di collegarlo alla "cospirazione ebraica", viene completamente screditato e fischiato.

In realtà, i massoni rappresentano una classe dirigente di traditori gentili messi al potere dai banchieri centrali ebraici per portare avanti la loro perniciosa agenda. Per qualche motivo, nonostante abbiano tradito i loro connazionali nel modo più eclatante, gli oppositori della "cospirazione ebraica" li citano raramente.

Per il resto, il film è piuttosto realistico. L'intensità è quella tipica dell'età d'oro della fiction televisiva e cattura l'impotenza del singolo contro una cospirazione oscura, ben organizzata e finanziata.

Patterson riesce a reclutare un altro membro della Confraternita per la sua causa e il film si conclude su questa nota positiva anche se dubbia.

Se l'umanità farà la fine dei dinosauri o continuerà a scendere in uno stato comatoso di schiavitù, sarà perché gli uomini non si sono alzati, come fa Andrew Patterson.

Invece, hanno scelto la via più facile: Il guadagno personale, tradendo la loro comunità e la loro cultura a una cospirazione satanica aliena.

Ora non resta che raccogliere i frutti del turbine.

Il patto segreto dei satanisti

Il 25 marzo 2004, Edward Griffin ricevette via e-mail una copia di un documento intitolato *The Secret Covenant*. Sembrava essere il progetto di una cospirazione per dominare il mondo.

L'autore era anonimo e il testo originale, datato 21 giugno 2002, proveniva da un indirizzo e-mail non funzionante. Griffin ritiene che i sentimenti siano accurati, ma dubita dell'autenticità di questo documento. Decidete voi stessi.

Il patto segreto degli Illuminati

"Sarà un'illusione, così grande, così vasta da sfuggire alla loro percezione.

> "Coloro che lo vedranno saranno considerati pazzi. Creeremo fronti separati per evitare che vedano il legame tra noi. Ci comporteremo come se non fossimo collegati per mantenere viva l'illusione. Il nostro obiettivo sarà raggiunto una goccia alla volta, per non destare mai sospetti su di noi. Questo impedirà anche a loro di vedere i cambiamenti che si verificano.
>
> "Noi staremo sempre al di sopra del campo relativo della loro esperienza, perché conosciamo i segreti dell'assoluto. Lavoreremo sempre insieme e resteremo legati dal sangue e dalla segretezza. Chi parla verrà ucciso.
>
> "Manterremo la loro durata di vita breve e le loro menti deboli, fingendo di fare il contrario. Useremo la nostra conoscenza della scienza e della tecnologia in modi sottili, in modo che non si accorgano di ciò che sta accadendo. Useremo metalli morbidi, acceleratori dell'invecchiamento e sedativi nel cibo e nell'acqua, anche nell'aria. Saranno ricoperti di veleni ovunque si voltino.

I metalli morbidi faranno perdere loro la testa. Prometteremo di trovare una cura dai nostri numerosi fronti, ma li alimenteremo con altri veleni. I veleni saranno assorbiti attraverso la pelle e la bocca; distruggeranno le loro menti e i loro sistemi riproduttivi.

Da tutto questo, i loro figli nasceranno morti, e noi nasconderemo questa informazione.

Globalisti, come si vede usando gli occhiali da sole dei Truther.

I veleni saranno nascosti in tutto ciò che li circonda, in ciò che bevono, mangiano, respirano e indossano. Dobbiamo essere ingegnosi nel distribuire i veleni, perché possono vedere lontano.

Insegneremo loro che i veleni sono buoni, con immagini divertenti e toni musicali. I loro ammiratori ci aiuteranno. Li arruoleremo per spingere i nostri veleni.

"Vedranno i nostri prodotti usati nei film e si abitueranno ad essi, senza mai conoscere il loro vero effetto. Quando partoriranno inietteremo veleni nel sangue dei loro figli e li convinceremo che è per il loro bene. Inizieremo presto, quando le loro menti sono giovani; ci rivolgeremo ai loro figli con ciò che i bambini amano di più, le cose dolci.

Quando i loro denti si rovineranno, li riempiremo di metalli che uccideranno la loro mente e ruberanno il loro futuro. Quando la loro capacità di apprendimento sarà compromessa, creeremo medicine che li renderanno più malati e causeranno altre malattie per le quali creeremo altre medicine. Con il nostro potere li renderemo docili e deboli davanti a noi. Cresceranno depressi, lenti e obesi e, quando si rivolgeranno a noi per chiedere aiuto, daremo loro altro veleno.

MATERIALISMO

"Concentreremo la loro attenzione sul denaro e sui beni materiali, in modo che non si colleghino mai con il loro sé interiore. Li distrarremo con la fornicazione, i piaceri esterni e i giochi, in modo che non siano mai un tutt'uno con l'unicità del tutto. Le loro menti ci apparterranno e dovranno fare come diciamo noi. Se si rifiutano, troveremo il modo di introdurre nelle loro vite una tecnologia che altera la mente.

Useremo la paura come arma. Costituiremo i loro governi e stabiliremo gli opposti al loro interno. Saremo proprietari di entrambe le parti. Nasconderemo sempre il nostro obiettivo, ma porteremo a termine il nostro piano. Loro svolgeranno il lavoro per noi e noi prospereremo grazie alla loro fatica.

"Le nostre famiglie non si mescoleranno mai con le loro. Il nostro sangue deve essere sempre puro, perché è la via.

Li costringeremo a uccidersi a vicenda quando ci farà comodo. Li terremo separati dall'unità attraverso dogmi e religioni. Controlleremo tutti gli aspetti della loro vita e diremo loro cosa pensare e come. Li guideremo con gentilezza e delicatezza, facendo credere loro che si stiano guidando da soli.

Fomenteremo l'animosità tra loro attraverso le nostre fazioni. Quando una luce brillerà tra loro, la spegneremo con il ridicolo o con la morte, a seconda di ciò che ci conviene. Li costringeremo a strapparsi il cuore a vicenda e a uccidere i propri figli. Lo faremo usando l'odio come nostro alleato, la rabbia come nostra amica. L'odio li accecherà completamente e non vedranno mai che dai loro conflitti noi emergiamo come loro governanti.

Saranno impegnati ad uccidersi a vicenda. Si bagneranno nel loro stesso sangue e uccideranno i loro vicini per tutto il tempo che noi riterremo opportuno...

"Nasconderemo sempre loro la verità divina, che siamo tutti uno. Questo non dovranno mai saperlo! Non dovranno mai sapere che il colore è un'illusione; dovranno sempre pensare di non essere uguali. Goccia a goccia, goccia a goccia, porteremo avanti il nostro obiettivo. Ci impadroniremo della loro terra, delle loro risorse e della loro ricchezza per esercitare su di loro un controllo totale. Li convinceremo con l'inganno ad accettare leggi che ruberanno loro quel poco di libertà che avranno. Stabiliremo un sistema monetario che li imprigionerà per sempre, tenendo loro e i loro figli in debito.

"Quando si uniranno, li accuseremo di crimini e presenteremo al mondo una storia diversa, perché possederemo tutti i media. Useremo i nostri media per controllare il flusso di informazioni e i loro sentimenti a nostro favore. Quando si solleveranno contro di noi, li schiacceremo come insetti, perché sono meno di questo. Non potranno fare nulla perché non avranno armi.

"Recluteremo alcuni dei loro per portare avanti i nostri piani; prometteremo loro la vita eterna, ma la vita eterna non l'avranno mai perché non sono dei nostri. Le reclute saranno chiamate "iniziati" e saranno indottrinate a credere a falsi riti di passaggio a regni superiori.

I membri di questi gruppi penseranno di essere un tutt'uno con noi, senza conoscere la verità.

Non devono mai imparare questa verità, perché si rivolterebbero contro di noi. Per il loro lavoro, saranno ricompensati con cose terrene e grandi titoli, ma non diventeranno mai immortali e si uniranno a noi, non riceveranno mai la luce e non viaggeranno mai tra le stelle. Non raggiungeranno mai i regni superiori, perché l'uccisione dei loro stessi simili impedirà il passaggio al regno dell'illuminazione. Questo non lo sapranno mai.

La verità sarà nascosta davanti a loro, così vicina che non saranno in grado di metterla a fuoco finché non sarà troppo tardi. Oh sì, così grande sarà l'illusione della libertà, che non sapranno mai di essere i nostri schiavi....

Conclusione di Makow - È degno di nota che i satanisti siano consapevoli dell'"Unità".

Sanno di sfidare Dio.

Il neurologo Andrew Moulden è stato assassinato per aver smascherato il racket dei vaccini

Spesso una cometa attraversa il cielo notturno e noi la perdiamo. Così Andrew Moulton, un vero campione della verità e della libertà, viene assassinato e gettato nel buco della memoria, mentre ciarlatani e traditori vengono onorati e riccamente ricompensati. La nostra società è molto malata.

Correlato - Dr. Andrew Moulden: Ogni vaccino produce danni microvascolari.

(Bitchute)

Andrew Moulden (1963-2013) avrebbe dovuto ricevere un premio Nobel per aver dimostrato come l'"industria sanitaria" stia avvelenando la popolazione con i vaccini. Ha dimostrato come i vaccini siano responsabili di causare "ictus microscopici" limitando il flusso di ossigeno nel sangue che raggiunge i capillari.

Andrew Moulden

Nell'intervista rilasciata nel 2009 al sito vactruth.com, Moulden ha dichiarato:

> "Ho ora dimostrato in modo definitivo che TUTTI i vaccini, dall'infanzia alla geriatria, causano gli stessi identici danni al cervello, indipendentemente dalla malattia o dal disturbo che ne deriva. I danni sono specifici dei "mini-ictus" vascolari terminali che sono al di sotto della risoluzione delle nostre neuroimmagini, ma misurabili in un

> protocollo prima/dopo la vaccinazione. Sono anche direttamente misurabili in tempo reale - tuttavia, questo comporta tecniche e tecnologie che non ho ancora rivelato al pubblico".

E

> "Non è più un'opinione, perché ora ho prove inconfutabili che dimostrano che TUTTI i vaccini stanno causando a tutti noi gli stessi identici danni che il virus della poliomielite selvaggia ha causato paralisi, insufficienza respiratoria, morte, emorragia cerebrale e altro ancora".

Per aver rivelato la verità e aver cercato di salvare milioni di innocenti dalla malattia e dalla morte, che arricchiscono l'industria sanitaria e i loro complici nel governo e nei media, Moulden è morto prematuramente nel 2013, presumibilmente per suicidio. Hanno affermato che era bipolare, ma i video mostrano un giovane neurologo molto competente e credibile. Si aggiunge alle decine di medici olistici assassinati negli ultimi anni.

Un collega del dottor Moulden, che desidera rimanere anonimo, ha riferito a Health Impact News di aver avuto un contatto con lui due settimane prima della sua morte nel 2013.

Nell'ottobre 2013 il dottor Moulden ha comunicato alla nostra fonte e a un ristretto numero di colleghi fidati che stava per rompere il suo silenzio e che avrebbe rilasciato nuove informazioni che avrebbero potuto distruggere il modello di gestione delle malattie basato sui vaccini, distruggere un'importante fonte di finanziamento per l'industria farmaceutica e allo stesso tempo danneggiare seriamente le fondamenta della teoria germinale delle malattie. Era pronto a tornare. Anche se era stato messo a tacere, non aveva mai interrotto le sue ricerche.

Poi, due settimane dopo, il dottor Moulden morì improvvisamente...

Scrive:

> "Il risultato finale delle mie indagini mirate e tenaci... è stata la scoperta non solo della causa dell'autismo indotto dai vaccini e di altre patologie mediche, ma anche dei mezzi per dimostrarlo a tutti, caso per caso. Inoltre, le risposte emerse hanno anche risolto diversi altri enigmi medici e sono culminate in una riscrittura dell'intero modello medico di Louis Pasteur e delle medicine allopatiche occidentali contemporanee: la "Teoria del Germe" della malattia umana.

"Come si è scoperto, il motivo per cui abbiamo fatto un "pasticcio" con i vaccini unici, in particolare, e con gli antibiotici e le misure di contrattacco farmaceutico, in generale, è che la Teoria dei Germi era solo questo: una teoria, che si è rivelata sbagliata, in modi molto fondamentali. Non vedo l'ora di condividere con il mondo ciò che ho scoperto".

"L'aver risolto questo mistero medico ha portato alla soluzione non solo della causa dell'autismo, ma anche di molti altri disturbi, "malattie" dei mammiferi e del meccanismo con cui molte malattie infettive, tra cui il tetano, il vaiolo, l'influenza spagnola, la rosolia, il morbillo e altre, hanno causato danni e malattie al corpo umano.

"Come si è scoperto, il nemico non sono i germi, che "attacchiamo" con vaccini e farmaci. È qualcosa nei sistemi di difesa dell'organismo stesso. Non vedo l'ora di svelare al mondo questo mistero medico che è stato avvolto nell'oscurità".

Vedo la verità".

Genere - La mafia Vax attacca mia nipote

"Senza alcuna eccezione, tutte le nostre autorità, insegnanti, consiglieri, vicepresidi, governi, MSM e chi più ne ha più ne metta, sono intenzionate a distruggere il nostro genere, le nostre famiglie, i nostri valori e le nostre vite. Useranno tutte le loro risorse e i soldi delle nostre tasse per distruggerci con la paura e la forza".

"Ora sto combattendo la battaglia della mia vita, non la mia, ma la sua".

Da Anon

La mia nipotina era intelligente, ben leggibile, ben parlata, educata, premurosa, gentile, studiosa e una grande speranza per la nostra famiglia.

Le persone non sono solo stupide. Sono feroci.

Circa 30 giorni fa si è tagliata i capelli e li ha tinti per metà di nero e per metà di rosso. Sapevamo che era vittima di bullismo a scuola perché non era vaccinata. Tuttavia, grazie alle discussioni, tutti credevamo che potesse superare la tempesta. Non entrerò nei dettagli; usate la vostra immaginazione. Qualche settimana fa ha iniziato a cedere. Abbiamo iniziato ad avere esplosioni di comportamenti distruttivi irrazionali.

Ora il nostro nipotina va molto male a scuola, urla, parla male, è vendicativo, maltratta gli altri membri della famiglia, piange, esplode e quasi maltratta fisicamente. Nella sua mente, noi siamo abusivi, vendicativi, violenti, non curanti, non solidali, suprematisti bianchi, omofobici, trans gender fobici, e se lo dici tu, lo siamo.

Ora scopriamo che una terapeuta ha fatto segretamente da consulente alla nostra nipotina. La prima cosa che esce dalla sua bocca è che è transgender. Sulla porta del suo ufficio, tre righe recitano: "Transgender è OK - Se i tuoi genitori non ti sostengono. Vieni a chiedere aiuto".

Ieri sera abbiamo avuto un'esplosione totale di fronte a quattro membri della famiglia, durante la quale alla fine ci ha detto di andarcene e di uscire da casa sua. Il motivo scatenante è stato che le abbiamo detto che l'avremmo ritirata da scuola, le avremmo tolto il telefono e l'avremmo trasferita in una fattoria nel nord della California.

Questo non era accettabile per lei, che avrebbe potuto farsi del male, ecc. Ora ci troviamo in una posizione molto difficile e paralizzata. Come possiamo salvare la nostra nipotina senza peggiorare la situazione? Ci sono altre famiglie che si trovano in situazioni simili. Hanno creato un cuneo tra i vaccinati e i non vaccinati. Si tratta di una tempesta perfetta e di una guerra ai nostri figli.

Come se non bastasse, ecco che gli insegnanti e il vicepreside chiedono riunioni e indagini approfondite, con particolare attenzione a nostra figlia. Vogliono vedere che tipo di madre è. Temiamo che se etichettano qualcuno di noi come transgender fobico o omofobico, le autorità cercheranno di mettere la nostra nipotina in un centro di riabilitazione per finire il lavoro. Gente, che lo sappiate o meno, siamo in GUERRA, a livello personale.

Senza alcuna eccezione, tutte le nostre autorità, gli insegnanti, i consiglieri, i vicepresidi, i governi, i mezzi di comunicazione di massa e chi più ne ha più ne metta, sono intenzionati a distruggere il nostro genere, le nostre famiglie, i nostri valori e le nostre vite. Useranno tutte le loro risorse e i soldi delle nostre tasse per distruggerci con la paura e la forza.

Non fate errori: se voi o i vostri cari subite un attacco simile, esprimete subito la vostra opinione. Io e la mia famiglia stiamo lottando per la nostra vita. Non mi interessa la mia vita ora, ma solo quella dei nostri figli e della nipotina. Se qualcun altro ha vissuto questa esperienza o qualcosa di simile, come l'ha affrontata? Avete qualche consiglio? La mia nipotina compirà 18 anni tra 2 mesi.

LA PERSECUZIONE CHE IL NOSTRO GD AFFRONTA

Fin dall'inizio abbiamo istruito la nostra GD sui suoi diritti. Nessuno ha il diritto di fare domande sul nostro stato di salute, punto. Questo ha funzionato per un certo periodo. Ovunque andasse, nei negozi, eccetera, si faceva valere per i suoi diritti, senza che nessuno la respingesse.

A scuola, è stata l'unica studentessa a non indossare la maschera, utilizzando la stessa motivazione. Le pressioni sono aumentate, da parte degli insegnanti, del personale di e degli studenti. La pressione è aumentata gradualmente fino al punto in cui è stata isolata in fondo alla classe, in un angolo, a due metri di distanza da qualsiasi altro banco.

Le prove della banda all'apice dell'isteria COVID

Gli insegnanti le chiedevano ripetutamente perché non fosse vaccinata. Gli studenti hanno preso le distanze da lei e hanno iniziato a deriderla. La chiamavano con nomi come "anti-vaxer", "vai a suicidarti", ecc. In un'occasione, durante una gita scolastica, le guardie di sicurezza l'hanno bloccata contro il muro, chiedendo i documenti relativi al suo stato vaccinale, mentre l'insegnante rimaneva in silenzio.

Gli studenti le chiedevano perché non si fosse già uccisa e, se avesse voluto, avrebbero fatto il lavoro per lei. Gli abusi si sono intensificati, al punto che la ragazza si è barricata nel bagno piangendo sul pavimento.

A volte qualcuno teneva chiusa la porta del bagno dall'esterno. Gli studenti possono essere violenti. Nella classe di Chimica, dove era una studentessa all'80%, i compagni minacciarono di spruzzarle il viso con l'acido. Un po' di acido è stato spruzzato sul suo banco, inavvertitamente o meno.

Mio figlio ha dovuto salvarla in diverse occasioni dalla scuola.

CONCLUSIONE

Siamo coltivati e allevati da un collettivo distruttivo quasi invisibile, intenzionato a distruggere l'essenza stessa dell'amore, della pace e della libertà. La loro missione è distruggere a livello personale, famiglia per famiglia. Il risultato che desiderano ottenere è il controllo assoluto, attraverso la paura e la forza, chiaro e semplice. Alla fine useranno la paura e la forza attraverso la Terza Guerra Mondiale, per cancellare le loro tracce, con l'esca e lo scambio, uno per l'altro, chiaro e semplice. Ha funzionato in passato e credono che funzionerà di nuovo.

Libro 5

Denaro, razza e genere

Il sistema bancario è responsabile della nostra schiavitù

Abbiamo già una moneta digitale. I "soldi" sono solo cifre su un registro tenuto dai Rothschild.

Occasionalmente produrranno dei coupon, cioè della moneta, per far sembrare tutto reale.

È previsto un credito sociale di tipo cinese. Ci controlleranno controllando il nostro denaro.

La truffa del Covid e i "vaccini" mortali ci hanno detto che i politici e i poliziotti non lavorano per noi, ma per il cartello bancario centrale che vuole bloccare l'umanità in modo permanente.

Lo stesso vale per i mass media e per la maggior parte delle professioni. Tutti ballano la melodia del denaro e Rothschild è il pifferaio magico.

È tutta magia nera. I soldi sono solo cifre su un registro tenuto dai Rothschild.

AVVELENAMENTO DEL SANGUE

Soffriamo di avvelenamento del sangue. Il "denaro" è la riserva di sangue della società. Questo "mezzo di scambio" circola come il sangue nel corpo umano. Con esso, tutti sono sanguigni; senza di esso, si ha un cadavere.

Sfortunatamente, i nostri antenati sconsiderati hanno dato il controllo della massa monetaria agli ebrei cabalisti e ai massoni, che trovano scuse (guerre, truffe) per produrla sotto forma di debito verso se stessi.

I loro profitti sono entrambi i tipi di profitto. Fanno pagare gli interessi sul debito che creano dal nulla; e aumentano anche le loro quote nelle società di "difesa" e farmaceutiche, a causa delle finte guerre e pandemie che scatenano.

Il loro obiettivo è quello di espandere il loro monopolio sulla creazione di denaro in un monopolio letteralmente su tutto (ad esempio sul pensiero, sulla "wokeness"), inducendo l'umanità nel loro culto satanista del sesso e della morte. Hanno armato il raffreddore comune come pretesto per decimare e schiavizzare l'umanità.

IL DENARO È UN GIOCO MENTALE

Nel marzo 2022, una mezza dozzina di banche regionali statunitensi è fallita perdendo 500 miliardi di dollari in depositi.

I depositanti hanno perso i loro soldi? No. La Fed ha appena creato altri 500 miliardi di dollari dal nulla. Questi satanisti hanno preso la carta di credito nazionale degli Stati Uniti e la stanno utilizzando al massimo fino a quando il dollaro USA non crollerà.

Negli ultimi anni, le banche sono diventate sempre più attive nel promuovere l'agenda globalista. Per esempio, la mia banca è a favore della "diversità" - omosessualità e migrazione. (È raro trovare in una banca canadese un cassiere maschio bianco che non sia omosessuale). Allo stesso modo, la maggior parte delle aziende canta dallo stesso libro di inni globalisti.

Le banche sono tutte franchising del sistema bancario centrale mondiale dei Rothschild, come alcuni negozi MacDonald's sono indipendenti. Ma tutte le banche dipendono dalla banca centrale per il "denaro". Ecco perché le banche e le corporazioni che ne dipendono promuovono programmi bizzarri come la disfunzione di genere, la disgregazione della famiglia, il controllo delle armi, la sodomia, la miscegenazione e lo status di minoranza per i caucasici.

COSA SIGNIFICA "DENARO"? ASSOMIGLIA? (QUANDO NON È MONETA)

Quando firmo un assegno alla società del gas, un furgone blindato non si ferma alla mia banca, preleva i contanti dal mio conto e li consegna alla banca della società del gas. Tutto ciò che accade è un cambio di cifre nelle due banche.

Il mio conto corrente non è una cassetta delle lettere con dei contanti dentro. Il mio conto è solo un numero nei loro registri che indica quanto mi devono nel caso in cui, Dio non voglia, decidessi di ritirare i contanti.

Quando usiamo la carta di credito o compriamo un'azione, l'unica cosa che succede è che i conti vengono aggiustati.

In realtà siamo in banca con i Rothschild. Il nostro piccolo gruzzolo è in realtà il loro magico "credito", una fetta del "debito" nazionale a loro dovuto, "denaro" che hanno creato dal nulla e "prestato" al governo. È un riflesso della capacità del governo di ripagare, anche se non lo farà mai.

Il sistema bancario è un vasto sistema di conti. Il denaro in realtà non esiste, tranne una piccola quantità di buoni cartacei (moneta). Il "denaro" è un concetto astratto che indica un valore.

MEZZO DI SCAMBIO

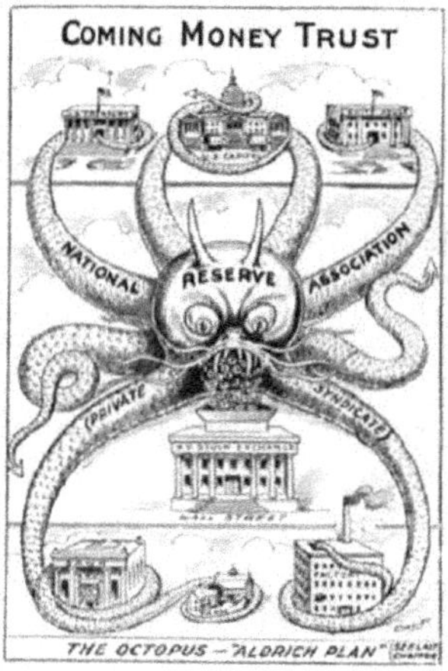

Il denaro è un mezzo di scambio. Consideratelo come una corrente elettrica invece che come una moneta. Si tratta in sostanza di un sistema di credito virtuale che è la linfa vitale di ogni economia.

Chi è il proprietario di questo franchising? Questo sistema di conti? Chi aggiunge o sottrae crediti?

Chi decide chi deve giocare?

Un sindacato di famiglie bancarie ebraiche, per lo più cabalistiche (massoniche), guidate dai Rothschild.

Purtroppo, questi cabalisti sono satanisti. Sono determinati a proteggere ed estendere questo monopolio bancario a un monopolio su tutto: ricchezza reale, potere politico, conoscenza, media, istruzione, cultura, religione, legge, ecc.

Vogliono possedere anche noi e i nostri figli. (Questa è l'essenza del comunismo e del Nuovo Ordine Mondiale, che è in gran parte in vigore. L'obiettivo è quello di schiavizzare gradualmente l'umanità. Quando finalmente si sbarazzeranno del denaro contante, potranno tagliare il nostro "credito" in un momento.

Come fanno a mantenere il controllo? Controllando i cartelli aziendali che dipendono tutti dalle banche. Queste corporazioni finanziano i politici che eseguono gli ordini dei banchieri.

Molti di questi politici sono massoni.

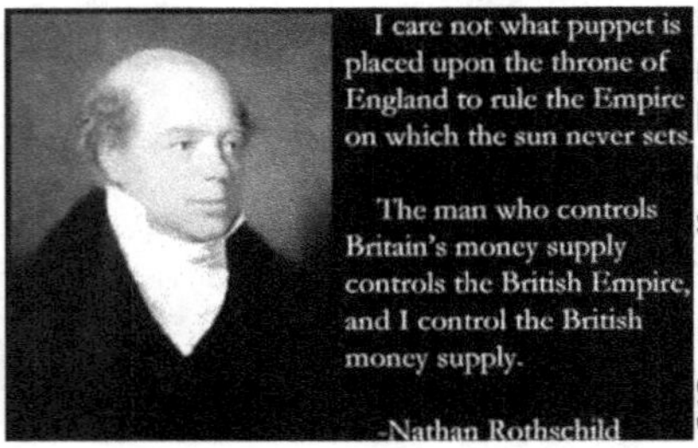
I care not what puppet is placed upon the throne of England to rule the Empire on which the sun never sets.
The man who controls Britain's money supply controls the British Empire, and I control the British money supply.
-Nathan Rothschild

L'ebraismo organizzato e la massoneria sono complici del racket bancario. In generale, la complicità nella frode bancaria è il prezzo del successo oggi.

Perché è una frode? Perché i governi sovrani potrebbero "generare la propria elettricità" senza interessi e debiti. Non avremmo bisogno di vendere la nostra anima e il diritto di nascita dei nostri figli.

LO STATO PROFONDO

Lo "Stato profondo" è la rete segreta dedicata alla protezione del sistema bancario fraudolento e all'avanzamento della sua agenda satanica. La maggior parte degli attori appartiene alla Massoneria o all'Ebraismo organizzato.

Le agenzie di intelligence come la CIA, il Mossad e l'MI-6, la polizia e l'esercito sono gli esecutori dei banchieri. La sorveglianza di massa (NSA, ecc.) assicura che nessuno si faccia strane idee.

L'umanità è condannata a meno che la banca centrale non venga nazionalizzata, il "debito" venga disconosciuto e il denaro venga creato senza debiti e interessi.

Si tratta di decidere se l'umanità si dedicherà a rendere ancora più ricchi i trilioni di satanisti o se solleverà tutti quanti fino a farli iniziare a realizzare il loro potenziale divino.

I Rockefeller concepirono i BRICS nel 1956 come manovra del NOM

Dialettica giudaico-massonica. Mentre la parte sionista viene screditata e distrutta, l'umanità abbraccerà il NOM comunista pensando che rappresenti la libertà.

Estratti dalla *Prospettiva* di Rockefeller *per l'America* 1956

Il piano Rockefeller per il Nuovo Ordine Mondiale dei BRICS, nelle loro stesse parole...

https://redefininggod.com/2014/11/the-rockefeller-plan-for-the-brics-new-world-order-in-their-own-words/

Estratti di Ken

> "Il popolo cinese si ribellerebbe a un'evidente dominazione straniera, ma abbraccerebbe il proprio posto nel NOM se credesse di averne il controllo".

I cinesi hanno sofferto molto per mano dell'imperialismo occidentale, come gran parte del mondo. Di conseguenza, gli Illuminati avrebbero avuto difficoltà a coinvolgere molte nazioni in un Nuovo Ordine Mondiale guidato dall'Occidente, soprattutto i cinesi nazionalisti. Poiché non è possibile avere un ordine veramente globale senza la nazione più popolosa della Terra, gli Illuminati hanno scelto di usare la loro eredità di distruzione a loro vantaggio. La loro strategia in due parti è la seguente:

1. Hanno creato un'alleanza incentrata sulla Cina come forza di opposizione all'alleanza occidentale.

Questa parte della strategia è stata accennata dalla stampa tradizionale in questo articolo dell'UPI del 2002, intitolato "La Cina vuole il suo 'Nuovo Ordine Mondiale' per opporsi alla versione statunitense". È prassi comune della Congrega utilizzare forze opposte per raggiungere i propri scopi, assicurandosi sempre di avere influenza o controllo su entrambe le parti.

2. Hanno spinto l'opinione pubblica mondiale nelle mani dell'alleanza cinese.

Hanno istigato azioni oltraggiose e provocatorie, sia economiche che militari. Questo aggiunge una nuova visione della criminalità di Wall Street e della City di Londra e delle recenti operazioni militari occidentali in Afghanistan, Iraq, Egitto, Libia e Siria.

Hanno esposto ampiamente informazioni dannose sulle nazioni occidentali, in particolare gli Stati Uniti. Questa è la motivazione alla base di WikiLeaks, Snowden e di un migliaio di rivelazioni minori. E dopo che Snowden ha reso pubbliche le attività della NSA, dove è corso a nascondersi?

Prima in Cina (Hong Kong), poi in Russia. Qual è il messaggio psicologico? La Cina e la Russia (l'alleanza dei BRICS) sono il luogo in cui rifugiarsi per sfuggire ai malvagi Stati Uniti, ai loro alleati occidentali e a tutto il loro orribile comportamento.

È davvero molto semplice: gli Illuminati hanno costruito una trappola per conigli (nell'alleanza dei BRICS) che sembra un bel buco sicuro per nascondersi dal pericolo. Ora stanno battendo i cespugli (con le potenze occidentali) per spingere i conigli verso la trappola.

È chiaro che nella pianificazione del NOM i globalisti hanno tenuto conto "delle aspirazioni dei popoli di tutto il mondo... di uscire rapidamente e definitivamente dall'era del colonialismo".

È per questo motivo che è stata formata l'alleanza dei BRICS e che il NOM è stato progettato in modo multipolare. Vogliono che i popoli oppressi del mondo si uniscano e si vedano battere dall'Occidente.

E vogliono far credere loro che il Nuovo Ordine Mondiale multipolare degli Illuminati rappresenti la loro vittoria finale sull'oppressione e l'ascesa all'uguaglianza, quando in realtà è solo l'inizio di una nuova fase di asservimento e la loro caduta nell'uguaglianza come servi globali.

Per concludere, vorrei semplicemente dire che qualsiasi soluzione globale ci venga offerta nei prossimi anni è, di fatto, una soluzione globalista. Se non vi riunite con i vostri vicini per iniziare a esercitare l'autosufficienza e il controllo sulla vostra vita, cadrete nella dipendenza e nel controllo globalista per default.

E se non vi riunite con quelli della vostra comunità locale per ideare una valuta (o un altro metodo di commercio/baratto) propria, finirete per usare la valuta delle banche per default. Il potere che non si prende nelle proprie mani viene lasciato ai predatori che lo afferrano.

Così, mentre le notizie in prima pagina hanno titoli roboanti sul presunto conflitto tra Occidente e Oriente, troverete la verità un po' più in profondità nel giornale: tutti questi tipi politici lavorano per gli stessi capi e sono in realtà amici dietro le quinte. Non fatevi distrarre dal teatro pubblico delle marionette.

Il vero scopo delle tasse

Peter Colt scrive:

Per approfondire il suo recente articolo sul denaro, mi permetta di spiegare a cosa servono le tasse e perché esistono.

Sappiamo tutti che i potenti possiedono il sistema monetario e che possono stampare tutto il denaro che desiderano per se stessi in qualsiasi momento e per qualsiasi motivo.

Naturalmente, molti vi diranno che non è possibile farlo perché la semplice stampa di denaro porta a un'iperinflazione in stile Zimbabwe; ma in realtà questo viene fatto di continuo e le nazioni ricche, e in particolare quelle la cui moneta è la valuta di riserva mondiale, possono farla franca con tali politiche per molto tempo e sono molto abili nel nascondere la loro creazione di denaro in vari stratagemmi finanziari come i mercati azionari gonfiati artificialmente, le bolle immobiliari e il fiasco dei derivati.

L'occultamento di tutto questo denaro appena creato nel sistema finanziario è molto efficace nel prevenire l'insorgere dell'iperinflazione.

Il motivo per cui sono state create valute fiat prive di valore è proprio quello di poter creare dal nulla una quantità infinita di questo "denaro", basato sul nulla e sostenuto dal nulla.

Chi la crea non ha bisogno di produrre beni o di offrire qualcosa di valore con cui sostenere il valore della moneta. Possono semplicemente stampare tutta la moneta di cui hanno bisogno per comprare tutti e tutto ciò che desiderano.

A differenza di quanto accade con le materie prime come l'oro o il cibo o i prodotti finiti, trilioni di dollari possono essere creati senza alcuno sforzo da parte loro.

Zero sforzi per la sua creazione e zero sforzi per il trasporto e lo stoccaggio. La maggior parte del denaro esistente non è nemmeno in forma fisica, ma solo voci in un libro mastro o, in tempi recenti, solo cifre sullo schermo di un computer.

Ora, poter stampare tutto il denaro che si vuole è una cosa, ma se nessuno ha effettivamente bisogno di questo denaro per poter sopravvivere, allora i potenti non sarebbero in grado di far accettare alla gente i loro pezzi di carta senza valore in cambio di beni e servizi (chi scambierebbe volentieri il frutto del proprio lavoro, duramente guadagnato, con un pezzo di carta senza valore, a meno che non abbia qualche ragione per farlo).

In altre parole, se nessuno avesse bisogno di "denaro" con cui pagare le tasse, i potenti non sarebbero in grado di usare il loro "denaro" per acquistare oggetti, fare guerre, comprare carburante, pagare soldati, comprare oro, corrompere funzionari, manipolare i mercati finanziari, ecc.

A questo punto, qualcuno dirà che il denaro serve come una sorta di moneta di scambio per facilitare il commercio, e naturalmente questo è corretto, ma non bisogna perdere di vista il fatto che le persone potrebbero usare qualsiasi cosa su cui si accordano come moneta di scambio.

I potenti usano le tasse come mezzo per costringere il proprio "denaro" ad essere accettato come l'unica forma di moneta di scambio con cui qualcuno ha effettivamente bisogno di commerciare.

Quindi, vedete, le tasse servono a creare una domanda permanente di questa moneta fittizia, richiedendo alle persone (e alle imprese) di acquistare questo "denaro" per poter pagare le tasse.

I potenti non hanno bisogno dei vostri soldi delle tasse per sopravvivere; quello di cui hanno bisogno è che voi siate costretti a scambiare il lavoro di una vita con la loro moneta essenzialmente priva di valore.

Devono dare alla società un motivo per avere bisogno del loro denaro. La loro esistenza dipende da questo.

Inoltre, giustificano tutto questo alla popolazione scaricando le colpe. Gonfiano queste bolle, come quella immobiliare, e poi tagliano l'offerta di moneta per costringere molte persone alla bancarotta e poi "riprendono" i beni acquistati con la moneta fraudolenta e incolpano coloro che hanno truffato attraverso la manipolazione del mercato per essere stati irresponsabili e aver assunto un carico di debito troppo grande.

Un ebreo può identificarsi con i "bianchi"

Credo che le persone siano definite dal loro comportamento individuale, non dal loro background razziale o etnico.

Naturalmente, la penso così perché sono un ebreo e non voglio essere definito dal comportamento di altri ebrei che critico. Sono un ebreo assimilato. Mi identifico con le persone di origine europea.

Credo che le persone siano individui e debbano essere trattate come tali. La capacità dell'individuo di essere unico è l'essenza stessa della libertà.

Le persone di origine europea dovrebbero mantenere la loro identità nazionale, proprio come fanno gli africani e gli asiatici nei loro Paesi. Voglio vedere tutti prosperare nelle loro patrie nazionali.

La migrazione dal terzo mondo e il multiculturalismo sono imposti dai banchieri centrali cabalisti che considerano le persone di origine europea una sfida alla loro tirannia mondiale che si sta dispiegando. Gli europei conservano un residuo di cristianesimo che i cabalisti, che sono satanisti, vogliono distruggere.

"Distruggeremo ogni forza collettiva tranne la nostra", scrivono nei Protocolli di Sion (16-4).

Rachel Dolezal è una donna bianca che si identifica come nera.

Sono come Rachel Dolezal?

È una donna bianca che si identifica come nera.

Sono un ebreo assimilato che si identifica con le persone di origine europea, cioè con i "bianchi".

Sono un impostore?

Non solo non sono antisemita, ma rappresento il miglior tipo di ebreo: obiettivo, giusto e preoccupato del benessere dell'umanità, non solo degli ebrei. Avverto gli ebrei comuni che l'impresa ebraica non è come pensano. Sono stati ingannati e traviati.

Alcuni pensano che gli ebrei non siano bianchi. Sono una razza diversa.

Così dicono gli ebrei. Così dicono alcuni bianchi.

Per cominciare, a differenza della "nera" Rachel, io sono bianca.

Io sono un khazar. I khazari sono caucasici.

Ho origini europee. La mia famiglia ha vissuto per secoli in Polonia. Mia madre è sopravvissuta alla guerra perché aveva i capelli biondi e gli occhi azzurri. I miei genitori sono emigrati in Canada dopo la guerra. Ero un bambino.

Mia madre, con mio fratello nel 1958

È naturale che, pur essendo ebreo, mi identifichi con la maggioranza europea che ha fondato questo Paese. Sono un ebreo assimilato. La maggior parte degli ebrei lo è. L'ebraismo organizzato ci odia perché siamo più difficili da manipolare e da colpire per denaro. Hanno contribuito a organizzare l'olocausto per impedirci di assimilarci e per fondare Israele.

I banchieri centrali ebrei e i loro complici massoni stanno espropriando le nazioni fondatrici cristiane europee. Cerco di mettere in guardia ebrei e gentili dal pericolo. Per i miei problemi, sono emarginato dalla maggior parte degli ebrei e dei gentili (tranne che dai miei fedeli lettori). Altri difensori dei bianchi mi respingono o mettono in dubbio la mia sincerità.

GOYIM SCEMO

Ho ricevuto risposte ai miei tweet:

"Vaffanculo, ebreo. Non puoi parlare a nome degli europei, sei il nemico del popolo europeo. Sei venuto in Canada come cavallo di Troia.

e

"Oh, per l'amor del cielo. Ho scoperto perché non condannerai mai gli ebrei. Ti ho cercato su Google e sei ebreo! Non parli a nome dei bianchi, non sei canadese, e prima il mondo si sbarazza di te e della tua razza, meglio è".

e

"Sì, taqiyaa ebraica, qui come insider ma al servizio della tua tribù.

Non condannare mai gli ebrei? Evidentemente non hanno letto il mio lavoro. Ho fatto quanto chiunque altro per mettere in guardia la società dal pericolo.

Molti degli eccellenti meme di Smoloko sono presi parola per parola dai miei scritti. Come sto servendo la mia "tribù" se non per avvertirli che sono dalla parte sbagliata della storia?

Temo che gli ebrei innocenti si prenderanno la colpa per i banchieri e i massoni, come hanno fatto i miei nonni durante l'olocausto. Nel peggiore dei casi, gli "ebrei" saranno incolpati della Terza Guerra Mondiale.

Dovrei far parte di questa cospirazione satanica in virtù della mia nascita? Non ho il libero arbitrio? Non ho principi? Non sono prima di tutto un individuo?

Nessuna razza o gruppo è omogeneo, tanto meno gli ebrei.

Pensate che i banchieri farebbero partecipare molti ebrei al loro complotto? Non hanno amore per gli ebrei se non come pedine. Sono satanisti.

Pensate che gli ebrei si iscriverebbero se sapessero la verità? Gli ebrei, come i massoni gentili, devono essere ingannati. Gli ebrei comuni hanno il controllo degli affari mondiali tanto quanto gli americani comuni.

Zero. Perché dovremmo prenderci la colpa?

LEALTA'

Innanzitutto, mi identifico con Dio. Dio è una dimensione in cui Verità, Bellezza, Amore, Bontà e Giustizia sono evidenti.

Dio è coscienza. La maggior parte di noi è inconscia, addormentata.

Dopo Dio, mi identifico innanzitutto con la razza umana. Poi la tradizione cristiana europea, a cui attribuisco il merito di ciò che di meglio c'è nella civiltà occidentale . Ho un dottorato di ricerca in letteratura inglese. Poi il Canada e gli Stati Uniti. E infine i miei compagni ebrei. La maggior parte dei miei contatti ebraici sono i miei familiari.

Presumere che tutte le persone di razza diversa siano uguali è razzista.

Sono favorevole al mantenimento dell'identità razziale, ma prima di tutto siamo individui. Definiamo la nostra identità in base al nostro carattere personale, alle nostre esperienze, alle nostre convinzioni e alle nostre azioni. Non siamo definiti dalla razza, dal colore, dalla religione o dal sesso.

Ho solo soggezione e rispetto per i giocatori di football neri, per i musicisti jazz come Milt Jackson e Oscar Peterson o per i leader come Adam Clayton Powell; e disprezzo per i radicali o i delinquenti neri. Il problema non è la "nerezza". Il problema è il comportamento. Non siamo definiti dalla politica dell'identità.

Mi identifico con i bianchi perché gli ebrei assimilati e i bianchi sono sulla stessa barca, bersaglio di un'insidiosa cospirazione comunista (satanista).

Mi identifico con i bianchi perché portano con sé il residuo del cristianesimo, che è stato la più grande forza civilizzatrice del mondo.

Il femminismo è la mela avvelenata

Gli ebrei cabalisti e i massoni hanno corrotto e minato la società per almeno 200 anni prima di imporre la loro perversa tirannia.

Praticamente tutto ciò che viene considerato "progressista" e "moderno" è in realtà satanico, progettato per distruggere coloro che sono abbastanza sciocchi da mangiare la mela avvelenata. L'umanità è satanicamente posseduta dal cabalismo - ebrei cabalisti e massoni, cioè gli Illuminati.

Il femminismo è stato progettato per distruggere la dinamica eterosessuale, il matrimonio e la famiglia. Tre generazioni di donne sono state indottrinate in un insieme di credenze autodistruttive. È stato insegnato loro a cercare il potere quando in realtà vogliono l'amore.

Come può una donna trovare un amore duraturo? Trovando un uomo degno della sua fiducia. Per una donna, amore = fiducia. La dinamica eterosessuale è lo scambio del potere mondano femminile con il potere maschile espresso come amore.

Perché un uomo ama una donna? Perché lei gli cede il suo potere.

Sì, l'amore di un uomo è una funzione del suo egoismo. Lui la ama perché lei si dona a lui. Lei lo potenzia e diventa parte di lui. È così che due persone diventano una sola. Il sesso è l'emblema di questo legame esclusivo.

Le persone possedute satanicamente non sono più in grado di riconoscere il male, cioè il femminismo, e tanto meno di opporsi.

Naturalmente, vuole che lei sia felice. Non è un dominatore. La ama e la rispetta. Paradossalmente, più lei si abbandona a lui, più lui le appartiene.

Il rapporto sessuale è un atto di possesso: un uomo che possiede una donna. Ovviamente questo deve avvenire nel contesto di una relazione impegnata a lungo termine, idealmente il matrimonio. Le donne vogliono essere possedute da mariti amorevoli.

I satanisti (comunisti) hanno convinto le giovani donne che gli uomini picchiano le mogli e che la famiglia è oppressiva. Le donne hanno appena ingoiato il veleno. Milioni di persone sono amareggiate e sole.

Il sesso è un altro fattore. Le donne hanno bisogno di sesso quanto e più degli uomini. Ne hanno bisogno molto. Non lo ricevono.

Le donne hanno bisogno dell'amore appassionato di un marito per tutta la vita. Quando un uomo fa l'amore con sua moglie, esprime i suoi sentimenti, non solo la sua lussuria. Sta esprimendo la sua gratitudine per tutto ciò che lei fa per lui e per la loro famiglia.

In una situazione di aggancio, l'uomo si sta solo sfogando. Questo è l'opposto dell'adorazione che le donne desiderano.

Di conseguenza, molte donne di sinistra sono sessualmente frustrate e disfunzionali. Compensano con il lesbismo, l'obesità e la politica radicale, esattamente ciò che vogliono i satanisti.

Queste donne fanno di necessità virtù. Si comportano in modo "chic" e fingono di difendere la giustizia sociale.

In realtà sono solo dei doppioni. Uccisi sulla strada che porta alla distopia.

Il fatto che OnlyFans abbia 91 milioni di utenti dimostra che i rapporti uomo-donna sono incrinati.

IL FEMMINISMO HA SOSTENUTO IL PORNO

Il femminismo finge di difendere le donne. In realtà, distrugge la femminilità.

Le donne vogliono una relazione impegnata per tutta la vita. Lui è il suo Re. Lei è la sua regina. La sua sessualità è il gioiello della corona del loro matrimonio.

Per le donne concedere questo a tutti e a tutte è a dir poco autolesionista. Per le donne posare nude è disumanizzante, de-sessualizzante, l'equivalente di un'isterectomia.

Quali sono le qualità che rendono una donna attraente per un uomo? Sono solo fisiche?

Sono l'innocenza, la sottomissione, la dolcezza di temperamento, la modestia, la dignità, il carattere, l'allegria, l'intraprendenza, il talento, la purezza, il calore, l'arguzia, la premura, l'intelligenza.

Queste qualità sono favorite dalla nostra cultura del rimorchio? Saltando da un letto all'altro? Insegnando alle ragazze che il loro valore risiede nel loro sex appeal? Insegnando che la mascolinità è tossica e che il lesbismo è cool?

Certo che no, perché i satanisti vogliono che uomini e donne siano incompatibili. Vogliono che le donne prendano direttive da loro, non da mariti amorevoli. Perciò molte donne sono dei galoppini per i satanisti, soprattutto nei media, nell'istruzione, nella legge e nel governo. Queste donne di sinistra sono ingannatrici e traditrici della società.

La bufala del coronavirus dimostra che la società è stata sovvertita da persone che vogliono schiavizzarci. Si tratta di massoni ed ebrei cabalisti che hanno il potere del cartello bancario mondiale cabalista.

Vogliono che mangiamo la mela avvelenata e che moriamo.

Vogliamo farlo?

Programmazione della dea del sesso

***La venerazione delle donne (cioè del sesso) ha reso le donne così arroganti "che a volte si ricordano le scimmie sacre di Benares che, consapevoli della propria santità e inviolabilità, si ritenevano libere di fare ciò che volevano".* - Arthur Schopenhauer (1788-1860)**

Innocenti, non abbiamo idea di quanto sia stata distruttiva l'inflazione di belle donne e di sesso. Il satanismo consiste nel sostituire Dio con falsi dei come questi. Vendono illusioni.

Agli uomini è stato fatto il lavaggio del cervello per adorare letteralmente le donne e il sesso.

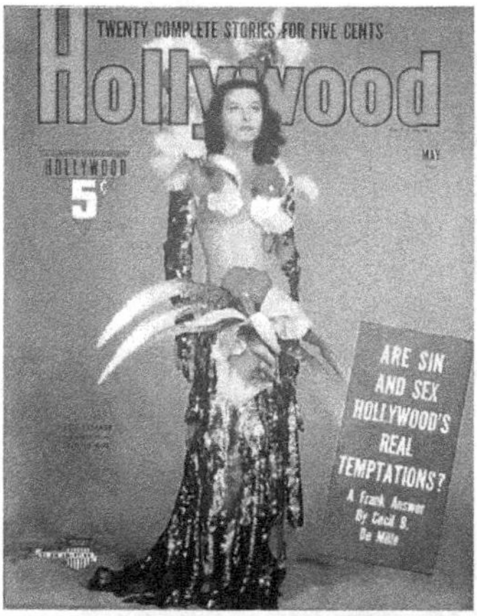

Hedy Lamarr, 1914-2000

Questo si può vedere negli scandali #MeToo. I maschi molto idonei non riescono a trovare una vita sessuale soddisfacente perché vedono le donne solo in termini sessuali. Non riescono a relazionarsi con le donne come esseri umani.

Invece di rivelare la verità o di sollevarci, i film e la TV ora sono per lo più agitprop, cioè propaganda comunista. Ecco perché non si vedono mai film sulla sovversione comunista ed ebraica dell'Occidente, né film su autentici patrioti come Louis McFadden, Charles Coughlin, Bella Dodd, Charles Lindbergh, Joseph McCarthy, Henry Ford o Whitaker Chambers.

Ho l'impressione che il desiderio sessuale sia in parte nella mente. Siamo programmati per desiderare il sesso, ma potremmo essere programmati per desiderare esperienze mistiche o per compiere atti altruistici.

Desideriamo ciò che i nostri maestri Illuminati ci insegnano a desiderare e siamo "felici" se lo otteniamo. Esseri mentali piuttosto che spirituali, siamo programmati per essere dipendenti dal sesso dai satanisti che controllano i mass media.

Un 22enne svedese ha scritto: "La maggior parte dei miei amici vede le donne come il Santo Graal. Praticamente la loro intera esistenza si basa sul "fare sesso". È come se ci stessimo trasformando in animali. Forse è questo il loro obiettivo. E se non trovi donne, sei un perdente...".

L'autobiografia di Hedy Lamarr *"Io e l'estasi"* (1966) mi ha fatto riflettere sulla programmazione sessuale. La Lamarr era il più grande sex symbol di Hollywood negli anni Quaranta. Mi ha ricordato tutti i sex symbol che hanno usato per programmarmi: Brigitte Bardot, Marilyn Monroe, Sophia Loren, ecc. Queste donne erano trattate come dee, e i loro successori lo sono ancora.

Hollywood programma gli uomini a cercare innanzitutto la perfezione fisica e il sesso, con conseguente arresto dello sviluppo.

Inoltre, le belle donne sono presentate come moralmente superiori e allo stesso tempo soddisfano ogni esigenza fisica ed emotiva dell'uomo. Questa programmazione crea aspettative irrealistiche. Destabilizza la società mettendo le donne su un piedistallo, dando loro un potere che non hanno guadagnato e non meritano e facendo sì che gli uomini abbiano paura di avvicinarsi a loro.

In generale, usano le donne per esautorare gli uomini, proprio come Eva e Adamo.

HEDY LAMARR

Hedy Lamarr era ebrea. Era considerata "la donna più bella del mondo" per il suo viso. Anche se i suoi seni erano piccoli, il fatto di averli rivelati da adolescente in un film austriaco "Estasi" (1933) le diede notorietà. Nello stesso film, mimò anche le espressioni facciali di una donna durante un rapporto sessuale, cosa che fu considerata innovativa.

Sembra che l'intera traiettoria del ventesimo secolo sia stata quella di fare del sesso l'obiettivo e lo scopo principale della vita. È così che funziona la possessione satanica. (Il sesso era già accettato nel contesto del matrimonio).

C'è un lato positivo. Abbiamo superato un'adolescenza collettiva e siamo cresciuti. Molte persone ora riescono a vedere il sesso e l'amore romantico per le illusioni che sono. Andy Warhol ha definito il sesso "il più grande nulla del mondo". Ciononostante, gli Illuminati controllano ancora la maggioranza delle persone in questo modo. Il MSM fornisce un costante eccitamento sessuale.

Hedy Lamarr preferiva gli uomini, ma si dilettava anche nel sesso lesbico. La gente pensava che fosse "una brava ragazza" per via del suo look sofisticato, ma non lo era. Tutti la volevano e spesso lei ci stava. Ma, a suo merito, non usava il sesso per far carriera. Non fornicò con Louis B. Meyer, per esempio.

Hedy Lamarr ha contribuito a inventare un "sistema di salto di frequenza" per i siluri, una tecnica oggi utilizzata per il Wi-fi. Eppure era stupida dal punto di vista emotivo. Si è sposata sei volte. Ha sposato un uomo al primo appuntamento.

I mariti la accusavano di "volere tutto" e di "essere capace di amare solo se stessa". Incolpava la sua bellezza di attirare le persone sbagliate. Passò dall'essere milionaria all'indigenza dopo i 50 anni. Nel 1966 fu arrestata per taccheggio, ma la giuria la assolse in nome della vecchiaia. Infine, si assicurò la vecchiaia facendo causa a chi non era autorizzato a usare la sua immagine e dedicandosi al mercato azionario.

HOLLYWOOD

Anche negli anni Trenta e Quaranta, Hollywood era una fogna sessuale. È una tragedia che questi degenerati definiscano la realtà per noi. Ho trovato divertente questo dialogo tra la Lamarr e un agente. L'attrice fu scritturata per il ruolo di Dalila nell'epopea di Cecil B. DeMille, *Sansone e Dalila* (1949). Sia DeMille che l'agente erano ebrei.

Agente: "Mischiate muscoli, tette e sadismo e avrete il botteghino. Aggiungi un genio come C.B. con tutti i soldi del mondo e avrai un significato. In effetti, ogni film che il vecchio fa è significativo".

HL: "Cosa devo indossare?"

Agente (con fare guardingo): "Niente, solo oro e stracci".

HL: Chi interpreta Sansone?

Agente: Stanno pensando a Victor Mature. Ma chi se ne frega. È solo un corpo che ti fa andare in rovina. Muscoli e tette confettati con la religione; è per te". (p.136) **Lisa scrive:**

Gli Stati Uniti sono seriamente sotto la morsa satanica perché donne e uomini non vedono come si stanno danneggiando a vicenda. Uomini che vogliono sesso facile e non impegnativo e donne che cedono rapidamente sperando che un uomo le "salvi" con il matrimonio e una vita sicura e di classe medio-alta.

Entrambe le parti sono sottoposte alla morsa satanica e all'illusione di ciò che gli uomini e le donne possono offrire l'uno all'altra e dovrebbero essere l'uno per l'altra. Ho notato questa morsa satanica per tutta la mia vita e tuttavia trovo così strano che molte donne e uomini non riescano a vederla. È inquietante, ma in fondo triste, che donne e uomini non vedano il vero valore e la benedizione che sono l'uno per l'altro.

Gli uomini cercano compagni di lavoro, non anime gemelle

Thomas Hardy e T.S. Eliot hanno sposato le loro segretarie.

Dostoevskij sposò la sua traduttrice. Io ho sposato il mio webmaster.

È stato amore a prima vista.

Gli uomini sono andati per la loro strada (MGTOW).

Ecco perché.

Prima che i satanisti trasformassero gli uomini in drogati di sesso e le donne in pornostar e puttane, le donne attraevano gli uomini in quanto utili come compagne (mogli) e madri. Le donne devono imparare a sacrificarsi. Per questo gli uomini le amano.

Amate la perfezione, ma non cercatela in un essere umano imperfetto, una donna.

E Dio disse: "Non è bene che l'uomo sia solo; gli farò un aiuto adeguato". Genesi 2:18.

DICHIARAZIONE- Questo è un modello che ha superato la prova del tempo. Se avete trovato una risposta migliore, fate pure.

Vorrei aver capito quanto segue 55 anni fa, quando avevo 20 anni.

Uomini, sposate una compagna d'aiuto, non un'anima gemella. Sono stato sposato con una di loro per 24 anni. Per me funziona. Se riuscite a trovare un'"anima gemella", tanto di cappello.

A coloro che dicono che i compagni di vita sono noiosi, dico "Alleluia". Non dipendo dal mio matrimonio per avere emozioni. Tuttavia, mia moglie non è quella che le femministe chiamano "zerbino". Ha un master e una carriera. È intelligente, onesta e ha un buon senso dell'umorismo.

"Tu contraddici tutto quello che dico", le dico.

"Non sempre", risponde lei.

Da 24 anni le porto la colazione a letto, un gesto d'amore e di riconoscenza.

Ecco quindi il mio consiglio in dieci punti.

L'uomo è governato dai suoi pensieri. Immagina una bistecca e si eccita. Immagina una bella donna seminuda con le manette e si eccita. Chi controlla i suoi pensieri controlla lui. Ovviamente, è meglio che controlli i propri pensieri.

La società soffre di ipnosi di massa. Siamo stati indotti da Hollywood in una religione fasulla di romanticismo e sesso che ha soppiantato la vera religione. I presupposti ebraici cabalistici di Hollywood sono diventati i nostri presupposti. Essi comprendono:

1. L'"amore" romantico è il senso e lo scopo della vita.

2. La vita maschile è impossibile senza le donne, che sono esempi di virtù e bellezza.

3. Poiché il sesso con questi angeli è l'esperienza più alta che la vita possa offrire, ci fanno un favore andando a letto con noi. (Esseri eterei, non hanno esigenze sessuali). La musica popolare ripete fino alla nausea la frase "sei così meraviglioso, ho bisogno del tuo amore e non posso vivere senza di te". Non c'è correlazione tra l'aspetto di una donna e il suo carattere.

4. L'amore romantico è una religione fasulla, un'idolatria. L'"amore" è un surrogato della nostra relazione con Dio. Amiamo la perfezione. Le persone non sono perfette. L'anima gemella che cerchiamo è in realtà Dio.

5. Per gli uomini eterosessuali, l'"amore" di solito coinvolge una donna. Ma le donne sono amabili? La maggior parte degli uomini confonde l'attrazione sessuale con l'amore. Dopo la sopravvivenza, il sesso è il

nostro istinto naturale più potente. Ma è solo questo. Programmazione. Non dovremmo permettere alla natura di controllarci più di quanto faccia Hollywood.

6. Cos'altro sa fare? Ai "vecchi tempi" gli uomini cercavano donne che sapessero cucinare, pulire, cucire, mungere la mucca e badare ai bambini. A volte sapevano suonare il pianoforte. Le donne erano facilitatrici. Facevano accadere le cose. Oggi molte giovani donne pensano di essere adatte a una sola cosa, e questo invecchia in fretta.

7. Gli uomini non sono destinati ad "amare" le donne nel senso di adorarle. Questo porta immancabilmente a dei problemi. Noi adoriamo ciò che vogliamo e vogliamo il sesso. Ma questo dà loro troppo potere. Guardiamo le donne senza il sex appeal. Demistifichiamo le donne. Sono umane e la maggior parte vuole un marito che prenda il comando.

Le donne sono diverse dagli uomini. Tendono a essere più passive, emotive, soggettive e pratiche. Durante le passeggiate, mia moglie mi avverte di non calpestare la merda di cane. Io ho la testa tra le nuvole. Lei ha i piedi per terra.

Le donne sono interessate soprattutto alla sicurezza e forse sono meno scrupolose degli uomini. Tendono a essere insicure e a nutrire sentimenti di inutilità, a meno che un uomo non dia loro uno scopo. Queste sono ottime qualità in un compagno, ma non in un'anima gemella.

Paradossalmente, questo tipo di realismo rende l'uomo più attraente per le donne che naturalmente disdegnano gli uomini che possono controllare. Vogliono essere controllate con amore.

8. L'intero concetto di "anima gemella" è fasullo ed estremamente egoista. Si basa su un'epoca in cui non ci si aspettava che le donne pensassero. Adottavano le idee del marito e il suo nome. Molti giovani uomini sono ancora alla ricerca di queste "anime gemelle". In realtà stanno cercando se stessi.

9. La distanza è in realtà meglio dell'intimità. È un'intimità elevata a un livello superiore. Comporta la consapevolezza che "ehi, tu sei completamente diverso da me" e "sei piuttosto limitato in alcuni modi", ma "lo sono anch'io in altri modi. Non dobbiamo per forza essere uguali". Si tratta di rispettare le differenze. Mia moglie era una sostenitrice di Biden. Rispetto i suoi limiti. Non discutiamo di politica.

L'"amore" come comunemente inteso costringe le persone a essere troppo vicine. Impone agli uomini e alle donne uno standard impossibile. Le persone non sono poi così amabili. Mi accontento di un legame basato sulla dipendenza reciproca, sulla fiducia, sulla considerazione e sulla gratitudine. Il matrimonio è migliore quando si elimina la pressione sociale "per essere innamorati".

10. L'amore si basa sul sacrificio di sé. Amo le persone che si sacrificano per me e mi danno il beneficio del dubbio. Voglio ricambiare. Eliminate le sciocchezze romantiche e riconoscete che la base del vero amore è la dipendenza reciproca.

11. Non ci rendiamo conto di quanto sia opprimente e dispendiosa la nostra ossessione sessuale. Ho sprecato la mia vita inseguendo questa chimera. Come ho fatto ad arrivare alla #11 senza parlare del porno? Sembra che per molti uomini abbia sostituito il romanticismo.

In conclusione, un tempo le donne si sacrificavano per il marito e la famiglia e in cambio erano apprezzate. Da allora sono state riprogrammate. Le loro menti sono in guerra con i loro cuori. Sono bombe a orologeria.

Non esiste Babbo Natale. L'"amore romantico" è un'assurdità. Il sesso è un'illusione. È stato pensato per essere legato alla procreazione, o almeno al matrimonio. Non doveva essere uno svago e un'ossessione a tempo pieno. Non è necessario essere attratti sessualmente dal proprio partner per fare del gran sesso. Al contrario, l'attrazione sessuale non si traduce in grande sesso.

L'amore sì. Il sesso è una celebrazione dell'amore. Il sesso a pagamento è degradante, disumanizzante e una bastardizzazione del sesso coniugale.

L'infatuazione romantica di solito si basa su qualche vantaggio percepito piuttosto che su un sentimento autentico. È una cosa da donne e trasforma gli uomini in donne. Quando una donna sacrifica il potere per l'amore, è più femminile. Quando gli uomini sacrificano il potere per l'amore, diventano donne.

Uomini, decidete cosa volete e cercate una donna che vi aiuti a raggiungere i vostri obiettivi. Quando si ama qualcuno senza illusioni, una compagna d'aiuto può trasformarsi in un'anima gemella diversa e migliore.

Ken Adachi scrive:

Tuttavia, non posso essere d'accordo con la maggior parte dei dieci consigli di Henry riportati di seguito sulla dinamica uomo-donna; in particolare la sua visione utilitaristica del rapporto uomo-donna e il rifiuto del ruolo centrale dell'amore e del romanticismo in tale rapporto. L'amore è la forza centrale, dominante e creativa dell'universo. Noi esistiamo perché Dio ci ama. Dio ha creato la donna e l'uomo perché si completino perfettamente a vicenda e portino i frutti della sua creazione in questa realtà fisica. Possiamo essere felici e soddisfatti in tutti i nostri sforzi solo quando realizziamo i nostri desideri con l'amore nel cuore.

L'amore romantico è amore. Non c'è nulla di fasullo o idolatrico in esso. Non è un'apparenza per soli impulsi ormonali e biologici. Quando ci innamoriamo, sperimentiamo un'esultanza del cuore perché ci siamo intrecciati a livello dell'anima con quella persona. Non sto parlando di persone che dicono "ti amo" in modo insincero per convenienza o per educazione.

Sto parlando di un uomo e di una donna che sono innamorati l'uno dell'altra e lo sentono nel profondo del loro essere. Non mi piace l'uso disinvolto del termine "anima gemella" nei film o come frase per rimorchiare. È gettato in giro come coriandoli. Banalizza l'importanza del legame dell'anima tra un uomo e una donna innamorati. Ma non fraintendetemi: si tratta di un legame dell'anima che ha ramificazioni che vanno ben oltre il mondo fisico.

Scaricare la ragazza dei miei sogni

Il mio più grande rimpianto nella vita è amare le donne.

L'amore romantico è un surrogato di religione basato sui nostri potenti desideri sessuali ed emotivi. La maggior parte delle persone, uomini o donne, non sono così amabili.

I film ci insegnano a cercare l'amore romantico sopra ogni altra cosa. Ci insegnano a cercare l'approvazione di qualcun altro al di sopra della nostra.

Ci hanno insegnato che il sesso è un'"esperienza mistica", il meglio che la vita ci offre. Il rapporto sessuale è un sacramento. L'orgasmo è l'unione con l'universo.

Sono orgoglioso di un sogno che ho fatto di recente.

Ero di nuovo giovane e single. Io e la mia bellissima ragazza stavamo facendo shopping. Ho proposto di tornare nel mio appartamento. Mi sentivo affettuoso e volevo stare insieme e coccolarmi. Essere felici insieme. Il sesso non era un problema.

Avevo appena visto il film *L'uomo di pan di zenzero*. La ragazza del mio sogno assomigliava all'attrice.

Embeth Davidtz

Poco dopo essere arrivata, dice che deve andarsene.

Ostacolato in amore. Ancora una volta.

Nel sogno, le chiedo una spiegazione. Non ne ha una.

Non vuole stare con me. Esaudisco il suo desiderio.

Le dico che i giochi non mi interessano. Abbiamo finito.

La fine. Non tornare.

Mi sveglio soddisfatto della mia spavalderia inconscia.

Vedete, quando ero giovane, ho sopportato ogni tipo di infelicità a causa delle mie infatuazioni, superando pazientemente ogni ostacolo. Ero il manifesto del "bisognoso".

In un caso, una donna che assomigliava a Embeth (qui sopra) ha detto di trovarmi "ripugnante". Se mai c'è stato un segnale per dire a una donna di andare a farsi f***re e di andarsene, è stato questo. Le donne rispettano il rifiuto perché conferma l'opinione che hanno di se stesse.

Invece, ho ignorato il commento e ho perseverato con pazienza. Alla fine abbiamo vissuto insieme per quasi cinque anni. Potrei riempire un altro libro (oltre a *"Una lunga strada da percorrere per un appuntamento"*) con quello che ho sopportato. Ovviamente, ero immaturo e in gran parte responsabile del mio destino.

Ho 75 anni e non sono più un giocatore. Sono felicemente sposato da 23 anni. Vorrei solo essermi svegliato prima da questo sogno.

TRADIMENTO

Gli uomini sono stati programmati per credere che il sesso e l'"amore" siano la chiave della felicità. Abbiamo bisogno dell'amore di una donna per svilupparci come uomini. Dobbiamo soddisfare sessualmente una donna per dimostrare la nostra mascolinità.

Siamo programmati per cercare l'approvazione femminile quando l'unica cosa che conta è la nostra approvazione.

Siamo programmati per idealizzare donne imperfette e spesso stupide, invece di ideali reali: Verità, Giustizia, Amore, Bellezza e Bontà.

Non è colpa delle donne. Non vogliono essere idealizzate. Non rispettano gli uomini che lo fanno. Ma i narcisisti spesso soccombono.

La società occidentale è un culto sessuale satanico (cabalista). Le donne sono diventate merce sessuale.

Il comunismo le ha sempre viste come utilità sessuali. Se il femminismo fosse davvero a favore delle donne, avrebbe promosso il matrimonio e condannato la promiscuità. La maggior parte delle donne cerca la fedeltà e l'amore per tutta la vita di un uomo buono, il proprio marito.

Comunque, ci sono passato e l'ho fatto. Ho soddisfatto alcune donne innumerevoli volte e sono stato soddisfatto anch'io. Sono maturato nel modo prescritto. Ho scoperto la menzogna vivendola.

Ma avrei voluto trovare una scorciatoia e declassare il ruolo delle donne e del sesso al suo reale livello di importanza, ad esempio dal 75% al 25%.

Vorrei non averli amati. Guardando indietro, non ne è valsa la pena. Ho sprecato metà della mia vita.

I media satanisti hanno dato alle giovani donne un senso di diritto delirante. I nostri programmatori mentali le presentano come semidei.

Proprio come le prostitute, molte giovani donne non sono più attraenti per gli uomini. Gli uomini trovano attraenti la modestia, l'innocenza, lo stile, l'intelligenza e la femminilità.

Inoltre, sento che sempre meno donne sono in grado di amare un uomo. I loro cuori sono stati avvelenati dall'ingegneria sociale satanista. (Naturalmente, gli uomini condividono la colpa trattando le donne come orinatoi sessuali).

La mistificazione delle belle donne, come tutto il resto, è il risultato della rimozione di Dio dalla nostra vita. Come disse Oscar Wilde, "le donne sono sfingi senza segreti".

Le donne sono destinate a essere compagne di vita, non anime gemelle.

Le donne sono per natura dei facilitatori. Hanno bisogno di un uomo che dia loro un compito e che le ami per averlo portato a termine.

Vogliono un uomo che dia loro uno scopo. Non vogliono essere il suo scopo.

Se avete trovato un'"anima gemella", vi saluto. Ma la nostra unica anima gemella è Dio.

La famiglia nucleare è il fondamento della civiltà. Ecco perché i banchieri centrali giudaico-massonici (satanici) la stanno distruggendo.

CONCLUSIONE

Sono amareggiato? Sì. Sono amareggiato per tutti i modi in cui la mia cultura mi ha mentito. Sono amareggiato per tutti i modi in cui la mia cultura mi ha mentito. In questo caso, do la colpa al lavaggio del cervello illuminista che eleva le "relazioni" sessuali a negazione di tutto il resto. E incolpo me stesso per essere caduto in questa spazzatura.

L'uomo medio vi spende il 75% delle sue energie. È una grande motivazione per molti uomini. E sì, mi rendo conto che è una questione ormonale.

Ma non possiamo permettere che questa programmazione biologica e sociale ci rovini la vita. Molti uomini sono rovinati dal divorzio. Molte donne sono cercatrici d'oro.

Forse il vero insegnamento è questo: Non cercate qualcuno che creda in voi.

Le persone rispettano chi crede in se stesso.

Se avessi avuto più rispetto per me stessa, forse mi sarei svegliata da questo sonno molto prima.

Primo commento di Alan:

La sua ultima esposizione sull'argomento di cui sopra lo centra in pieno. Condivido le sue intuizioni in materia, perché sono così, così vere. Il punto del tempo, dello sforzo, dell'energia e del denaro che ho personalmente speso per la ricerca individuale della felicità attraverso le relazioni con il sesso opposto è, in retrospettiva, insondabile. Inutile dire che Henry, un altro grande articolo per articolare ciò che io, non volendo ammettere, sono esperienze che non volevo contemplare.

Ogni maschio normale, come hai detto tu, alla fine della giornata ha bisogno di approvazione da parte di se stesso. Punto.

JH scrive:

Henry, questa è una grande, grande riflessione e scrittura. Ho dovuto scrivere e dirlo. Vorrei che ogni uomo, giovane o vecchio, potesse leggerlo 100 volte.

Ci vuole tanto e di più - la "programmazione" è stata così prolungata e severa - chi di noi l'ha scampata?

Libro 6

Prospettiva

Il pensiero incontrollato è una cattiva abitudine Cambiare i propri pensieri, cambiare il proprio mondo

La mente è una prigione dove l'anima è torturata dai pensieri. (I nostri sentimenti corrispondono ai nostri pensieri. Se non gestiamo i nostri pensieri, lo faranno i satanisti). Se questo pianeta non fosse gestito dai satanisti, staremmo lodando e ringraziando Dio e discernendo il Suo Piano, invece di inseguire il denaro e il sesso. Dio è Coscienza e noi siamo per lo più inconsapevoli.

Ultimamente, i satanisti hanno lanciato un giro di vite sulla nostra libertà. La società è stata ingannata. Per far fronte alla situazione è necessario imparare a staccarsi dai pensieri (desideri e paure) e a farsi guidare dall'anima. Quando svuotiamo la mente da tutti i pensieri, ciò che rimane è il vero voi - l'anima.

Dichiarazione - Non è forse ipocrita scrivere questo articolo e allo stesso tempo fornire un feed Twitter ampiamente deprimente sugli ultimi sviluppi del mondo? Mentre recuperiamo la nostra anima, dobbiamo anche combattere la buona battaglia, che in questo caso consiste nel fornire informazioni sugli ultimi sviluppi.

Quando dico che il pensiero incontrollato è una cattiva abitudine, non mi riferisco all'osservazione e all'analisi, né all'intuizione o all'ispirazione.

Mettetevi in contatto con il mondo reale

Mi riferisco al flusso compulsivo di preoccupazioni, giudizi, chiacchiere e curiosità che di solito riempie la nostra mente. La maggior parte dello stress è indotto mentalmente.

Non facciamo esperienza del mondo. Facciamo esperienza dei nostri pensieri.

Henry David Thoreau diceva che se riusciamo a controllare i nostri pensieri, possiamo elevare la nostra vita.

> "Dobbiamo imparare a risvegliarci e a tenerci svegli, non con aiuti meccanici, ma con un'infinita attesa dell'alba, che non ci abbandona nemmeno nel sonno più profondo. Non conosco fatto più incoraggiante dell'indiscutibile capacità dell'uomo di elevare la propria vita con uno sforzo consapevole. È già qualcosa saper dipingere un quadro particolare, o scolpire una statua, e quindi rendere belli alcuni oggetti; ma è molto più glorioso scolpire e dipingere l'atmosfera stessa e il mezzo attraverso cui guardiamo, cosa che moralmente possiamo fare. Incidere sulla qualità del giorno, questa è la più alta delle arti".

Dipendevo dai mass media per la mia immagine della realtà. Di conseguenza, ero disfunzionale.

Come la malattia, la guerra e la povertà, le disfunzioni sono sistemiche (insite nella società) e sono redditizie.

La mente slegata dall'ordine morale (cioè l'anima) è davvero malleabile! Per anima intendo anche l'intuizione e l'istinto.

Facciamo esperienza della nostra programmazione piuttosto che della realtà. Ad esempio, Hollywood presenta il romanticismo e il sesso come panacee e noi li sperimentiamo come tali... finché l'illusione non si dissolve come una nebbia mattutina. I cabalisti amano ipnotizzarci con la loro "magia".

Da sole, le nostre menti non hanno alcun ancoraggio alla verità. Il mondo mentale è una casa degli specchi.

RADICARSI NEL PROPRIO IO REALE

La mente e la coscienza (anima) sono due fonti di identità in competizione. Ci identifichiamo interamente con il mondo del pensiero e neghiamo l'esistenza dell'anima.

Dobbiamo sperimentare noi stessi come coscienza. La coscienza è testimone del pensiero. Svuotate la mente dal pensiero e ciò che rimane è il vero voi.

La religione insegna che il vero carattere dell'uomo è spirituale. La nostra anima è la nostra linea diretta con Dio. Dobbiamo passare dall'abitare il pensiero all'abitare lo spirito. Spegnere il pensiero come un interruttore. Quando spostiamo il nostro centro dalla mente allo spirito, molti "desideri" svaniscono. Erano di natura mentale.

Il poeta Henry More (1614-1687) ha scritto:

> "Quando il desiderio smodato di conoscere le cose si è placato in me e non ho aspirato ad altro che alla purezza e alla semplicità d'animo, ogni giorno risplendeva in me una certezza più grande di quanto avessi mai potuto aspettarmi, anche di quelle cose che prima avevo il massimo desiderio di conoscere".

Come i pinguini arenati su una banchisa, l'umanità è una colonia di scimmie su un granello dell'universo. Nessuno capisce davvero cosa stiamo facendo qui. Le scimmie predatrici stanno cercando di monopolizzare il potere e la ricchezza.

Siamo qui per realizzare lo scopo del Creatore. Dio vuole conoscere se stesso attraverso di noi (la sua creazione lo conosce), ma la salvezza collettiva NON è possibile senza la salvezza personale.

La maggior parte di noi può raggiungere la salvezza personale.

Pensiamo di essere impotenti. Ma ignoriamo il potere che abbiamo di creare la nostra realtà dedicando i nostri pensieri al Dio interiore.

Vedere la morte sotto una luce positiva

Dopo la morte prematura di un amico, mia moglie insistette perché mi sottoponessi a un elettrocardiogramma (ECG).

Mia moglie è un'ipocondriaca vicaria.

Immagina che io sia malato.

Il suo libro di auto-aiuto si intitolerebbe *"La via del preoccupato"*.

Ascolta "Doctor Radio". L'Associazione canadese per il diabete è presente sul suo profilo Twitter.

Sono psicosomatico. È una brutta combinazione.

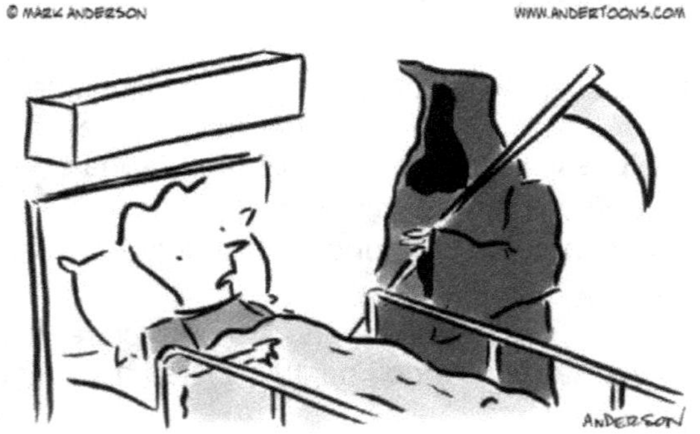

"I'd like a second opinion."

Dopo l'elettrocardiogramma, ho sentito dolori nella zona del cuore per una settimana.

Sono abituato a una vita agiata. Sempre in ottima salute, il minimo disagio fisico mi mette in allarme.

In una pasticceria ho sentito dei dolori e mi sono dovuta sedere. Una giovane donna gentile mi ha chiesto se stavo bene.

Mi sentivo un vecchio bacchettone, e credo di esserlo, anche se la mia immagine è ancora quella di un giovane precoce.

Ho fatto testamento (perché il mio amico aveva stupidamente omesso di farne uno) e ho iniziato a contemplare la morte.

EPIMERALITÀ

Quando siamo giovani, la vecchiaia e la morte sono preoccupazioni lontane. Siamo troppo impegnati a creare la nostra strada. Ci comportiamo come se dovessimo vivere per sempre.

Quando superiamo i 65 anni, notiamo che le persone della nostra età stanno morendo!

La Ruota del Tempo si muove come le stagioni che cambiano. Le star che un tempo bramavo sono vecchie. Guardo i film classici e penso: "Tutte queste persone sono morte!".

Siamo circondati da fantasmi: Le persone che ci hanno preceduto.

Mi sento nostalgico. Ogni generazione pensa che il mondo stia diventando un posto peggiore. Questo perché è così. (La civiltà è in grave declino, per le ragioni di cui parlo in questo sito). A poco a poco la mia vita sta assumendo un taglio retrospettivo. Ma non è necessariamente un male. Invece di comportarmi come se dovessi vivere per sempre, sto iniziando a vedere la vita come è realmente, effimera. Preziosa. Breve.

Sto per morire. Lo siamo tutti.

Ho più compassione per i miei simili. Immagino ognuno di loro negli ultimi momenti prima della morte. Incontriamo il nostro Creatore da soli.

Non abbiamo chiesto di nascere. Cerchiamo di dargli un senso, di trarne il massimo, nonostante gli ostacoli posti sul nostro cammino dagli Illuminati.

IL LATO POSITIVO DELLA MORTE

Durante il mio "mal di cuore", ho cercato di venire a patti con la Morte:

"Noi" siamo una Scintilla Divina ospitata nel corpo di una scimmia. Quella scimmia ha una certa durata di vita. Quando finisce, "noi" scompariamo. Ma chi dice che sia una cosa negativa?

Misuriamo tutto in termini di dimensione materiale. Ma la dimensione materiale ci trattiene. L'ossessione della scimmia per il denaro, il sesso, il potere e le comodità delle creature incatena l'anima.

La morte è liberazione. La vera festa è nel regno spirituale. L'unica Realtà è Dio, a cui ci si ricongiunge al momento del trapasso.

LA TAVOLA DELLA VITA

Se andassimo in un ristorante popolare, non ci sogneremmo di tenere il nostro tavolo per sempre. Ci godiamo la cena e ce ne andiamo. In questo modo anche qualcun altro può godersi il pasto.

Lo stesso vale per la vita. Occupiamo spazio. Occupiamo posti di lavoro, case, cibo. Occupiamo anche spazio psicologico. Chiediamo rispetto, attenzione, amore.

Dobbiamo liberarci per permettere a nuove anime in nuovi corpi di manifestarsi. È così che la vita si rinnova. Dobbiamo identificarci con il processo piuttosto che con la nostra esistenza personale. (Queste anime possono essere nei nostri figli).

Immaginate se nessuno invecchiasse e morisse! Saremmo per sempre a contatto con Gengis Khan, Alessandro Magno, Robespierre, Hitler e Hugh Hefner! Dovremmo ascoltare Sonny e Cher e Madonna per sempre. Nixon e LBJ continuerebbero a candidarsi alla presidenza.

La vita ha bisogno di rinnovarsi! Dopo il nostro turno, dobbiamo lasciare il palco.

L'invecchiamento e la morte non fanno discriminazioni. Non importa se ricchi o poveri, intelligenti o stupidi, famosi o oscuri, buoni o cattivi, tutti invecchiamo alla stessa velocità! Tutti moriamo. È vero che alcuni vivono più a lungo, ma alla fine moriamo tutti.

Questo è particolarmente gratificante quando penso agli Illuminati. Non possono salvarsi da soli. Questi barboni moriranno e, per quanto i media dicano che sono stati meravigliosi, noi faremo il tifo. La loro morte sarà una benedizione. Sapete a chi sto pensando.

La morte è il modo in cui la natura purifica l'uomo e ricomincia da capo.

LA PAURA DELLA MORTE, ECC. CI IMPEDISCE DI VIVERE VERAMENTE

La morte rende vigliacchi tutti noi. Ad esempio, molti tedeschi intelligenti sapevano che Hitler avrebbe portato la Germania alla rovina e ucciso milioni di persone, ma nessuno era disposto a sacrificare la propria vita per eliminare il criminale con una pallottola. Così, quando la bomba non riuscì a fare il suo lavoro, centinaia di bravi uomini morirono sui ganci per la carne.

Se ci rendessimo conto che moriremo comunque, forse non ci aggrapperemmo alla vita. Potremmo mostrare più coraggio. L'uomo che ha sconfitto Hitler avrebbe raggiunto l'immortalità.

Se non avessimo così tanta paura della morte, non avremmo così tanta paura di vivere. Se ci concentrassimo sulla salvezza delle nostre anime, sulla nostra vita eterna, non saremmo così codardi.

Infine, tutti hanno una missione. Io sto facendo ciò che ero destinato a fare: Scrivere la verità.

In definitiva, la migliore preparazione alla morte è la consapevolezza di aver realizzato lo scopo di Dio per noi.

Possiamo incontrare il nostro Creatore a testa alta.

Essere un uomo autonomo - Autocontrollo

C'è un posto dove tutti possiamo andare senza passaporto: dentro casa. Abbiamo bisogno di mortificarci nei confronti del mondo e di sperimentare il nostro legame con Dio.

***E non diranno: "Ecco, qui, o là, perché il regno di Dio è dentro di voi".* - Luca 17-21**

I satanisti ci hanno convinto che Dio non esiste, mentre in realtà è il principio del nostro autosviluppo e della nostra realizzazione. Siamo esseri spirituali. Ecco perché nient'altro che Dio può soddisfarci. Le persone perdono la loro identità a causa dei movimenti di massa perché cercano un significato all'esterno.

Dichiarazione - Non sto cercando di convertire nessuno al mio modo di pensare. Il mio lavoro si conclude con la testimonianza. Spero che qualcuno di voi si riconosca.

Da quando ho scritto questo articolo, il mio pensiero è cambiato in qualche modo. Mi rendo conto di aver posto troppa enfasi sull'automortificazione, sul "disciplinare" l'io inferiore. L'ego è una fonte di enorme motivazione ed energia. Ora cerco di raggiungere un equilibrio tra anima, mente ed ego. Mi scuso per la ripetizione, ma la ripetizione è la chiave dell'insegnamento.

Metafisica 101: credere in Dio è credere nel proprio io più elevato

1. Tutti gli esseri umani hanno una scintilla del Divino in loro. Chiamiamola anima. È la nostra vera identità. È anche chiamata "Sé" o Coscienza. L'anima "sente" i pensieri, ma NON è il pensiero. Essa modifica e controlla i pensieri, decidendo su quali agire e quali censurare.

2. L'anima è la nostra connessione con il Creatore; è ciò che ci definisce come umani e il motivo per cui la vita umana è sacra.

3. Quest'anima è incarnata in un animale scimmiesco che ha una varietà di bisogni e istinti fisici e psicologici. La maggior parte della

nostra attività mentale è dedicata a soddisfare questi bisogni materiali, sessuali o psicologici. Dovremmo considerare questi pensieri come quelli di un coinquilino antipatico e indisciplinato. Questo è il nostro piccolo io.

4. I satanisti ci hanno convinto che "Dio" non esiste. Hanno soppiantato Dio e vogliono che obbediamo a "loro" e non a Lui. Possiamo essere eliminati più facilmente se non abbiamo un'anima.

5. La meditazione ha lo scopo di far tacere la mente per sperimentare se stessi come pura coscienza. Questo è molto difficile perché ci identifichiamo con i nostri pensieri.

6. Mentre i bisogni materiali devono essere soddisfatti per la pace della mente, la nostra felicità dipende dall'espansione della Coscienza e dall'unione con Dio. Dio è Coscienza, una dimensione in cui Verità, Bontà, Amore, Bellezza e Giustizia sono autoevidenti. Questa dimensione può essere raggiunta attraverso pratiche spirituali come la meditazione e l'uso di droghe che "espandono la coscienza" come la cannabis, la psilocibina o gli psichedelici.

Immaginate, se al posto dei vaccini mortali questi farmaci fossero obbligatori, che mondo diverso sarebbe questo.

7. Dio si manifesta attraverso di noi. Noi siamo gli agenti di Dio. Il suo Disegno non si realizza se non lo facciamo noi.

LA NOSTRA VERA IDENTITÀ È L'ANIMA

Se ci identifichiamo con il "Sé" come ANIMA, anziché con il rettiliano (bisognoso, egoista, afferrante) con la "s" piccola, le seguenti affermazioni assumono un significato completamente nuovo. Lasciate che diventino il vostro mantra. Meditate su di esse.

Quanti ne ricorda?

Autostima - Onorare il Dio interiore

Importanza di sé - Dio è il centro della vostra vita.

Sicuri di sé - perché abbiamo Dio dentro di noi.

Autosufficienti - perché Dio provvede.

Autoespressione - questo sito, che dedico umilmente a Dio. Si riferisce a tutto ciò che esprime il nostro miglior Sé. Arte. Musica. L'amore. L'abnegazione.

Autosufficienti - perché apparteniamo a Dio e non abbiamo bisogno di nient'altro.

Autocontrollo - l'amore per Dio ci impedisce di indulgere alle tentazioni, come ad esempio il porno, il day trading, la paura del porno.

Autodisciplina - Il Sé tiene sotto controllo l'io carnale inferiore. Quando si tratta di lavoro interiore, la maggior parte di noi è disoccupata. Anche l'autosviluppo.

Ricerca di sé - Dio cerca di trovare se stesso in noi come noi troviamo noi stessi in Lui.

Autocoscienza - Vedere noi stessi come ci vede Dio.

Autosufficienza - Come diceva Thoreau, la solitudine è la migliore compagnia. Se odiate stare da soli, probabilmente anche gli altri vi troveranno noiosi.

Autosacrificio - Sacrificare la nostra vita al Suo servizio.

Autosufficienza - Non avete bisogno di nient'altro.

Rispetto di sé - Per far sì che tutto ciò che pensiamo e facciamo sia degno della nostra più alta contemplazione. Dio vede tutto.

Egocentrico - Dio è il nostro obiettivo. Cosa vuole Dio che io faccia? Cosa farebbe Gesù?

Godere di sé - Sperimentare il miracolo della vita.

Compiacere se stessi - Seguire i dettami interiori. Abbiamo soddisfatto Dio.

Obbedire al Dio interiore e controllare il sé inferiore è la base di tutte le vere religioni. Il satanismo consiste nel "liberare" il sé inferiore primitivo (lussuria, avidità) e nel negare l'esistenza del Sé superiore.

CONCLUSIONE - PER IL DIO AVVERSO

Per gli avversi a Dio, fornirò un paio di motivi in più per celebrare il Creatore.

1. I satanisti lo odiano. È come un esorcista che agita un crocifisso davanti a un demone posseduto. Un risveglio religioso di massa potrebbe distruggerli. Testimoniare il Signore. Celebrare il Creatore. Sacrificare per Lui. Odiano tutto questo. È qualcosa che stanno cercando di eliminare.

2. Sospetto che l'identificazione con la Coscienza in questa vita ci dia maggiori possibilità di avere una sorta di vita ultraterrena, e non nella forma strampalata del transumanesimo, ma nel modo in cui Dio intende. Possiamo prepararci a incontrare il Creatore purificandoci e mortificandoci a questo mondo. Morire a questo mondo prima della morte significa rinascere.

Una maggiore consapevolezza è l'unica via d'uscita dal pantano in cui ci troviamo.

Ognuno di noi ha una scintilla di Divinità.

Dobbiamo trasformarlo in un fuoco.

Perché i ricchi si sentono così poveri

Durante un viaggio a Hong Kong, la coppia di miliardari decise di pranzare da McDonald's. Per il divertimento di Gates, quando Buffett si offrì di pagare, tirò fuori una manciata di coupon.

https://finance.yahoo.com/news/bill-gates-recalls-time-fellow-174029938.html

Warren Buffett è un miliardario. Il suo significato è quello di non aver guadagnato o risparmiato un centesimo. La maggior parte dei super-ricchi soffre di povertà spirituale.

Che siamo poveri o ricchi, il denaro ci tiene prigionieri. I ricchi si sentono poveri a causa dell'Avidità. A prescindere da quanto possiedono, la loro identità ("sentirsi bene, importanti, sicuri") è stata forgiata da una società dedita a fare e spendere più soldi.

"L'abbastanza è un po' più di quello che si ha". - Samuel Butler Poche persone hanno un approccio razionale al denaro.

Warren Buffett once took Bill Gates to McDonalds in Hong Kong. He offered to pay, and then reached into his pocket and pulled out coupons.

Si tratta di calcolare la quantità di denaro di cui hanno bisogno in relazione alla quantità di denaro che hanno e a quella che guadagnano.

Piuttosto, le persone tendono a concentrarsi sull'ultimo 2%. Il loro "patrimonio netto" è aumentato o diminuito in un determinato giorno?

A seconda della fascia fiscale di appartenenza, ciò può riguardare gli ultimi 100, 1000, 10.000, 10 milioni o 10 miliardi di dollari. Ignorano il loro grande saldo bancario o il loro portafoglio azionario. Si sentono sempre poveri.

Il denaro dovrebbe liberarci dalle preoccupazioni materiali. Paradossalmente fa il contrario. Diventiamo suoi prigionieri.

Siamo posseduti satanicamente. Ciò significa che ci identifichiamo con il denaro piuttosto che con la nostra anima divina. Siamo denaro piuttosto che rappresentanti personali di Dio sulla terra. Più soldi abbiamo, più ci sentiamo grandi e migliori. Questi valori sono inculcati dai nostri mass media controllati dai satanisti.

Mi rivolgo al 50% circa dei miei lettori che, secondo il mio sondaggio Gab, ha abbastanza o più soldi di quelli di cui ha bisogno. Non biasimo l'altro 50% che non ha abbastanza o è al verde per sentirsi oppresso.

NESSUNA STATISTICA PER LA POVERTÀ INTERNA

Sembra che i ricchi soffrano di un impoverimento spirituale.

Più si identificano con il denaro, più sono piccoli. Più soldi hanno, più sono piccoli.

Nel caso dei banchieri Illuminati, questa povertà interiore è tossica. Sono un cancro che minaccia di distruggere l'umanità.

Vogliono "assorbire" (parola loro) tutte le ricchezze del mondo senza lasciare nulla per sostenere l'umanità. Vogliono tutto!

Siamo indottrinati a cercare il denaro. Entro certi limiti, il denaro è un ottimo strumento di motivazione e di misura.

Conosco una persona che non deve lavorare. Lavora perché non ha nient'altro da fare, e questo lo fa sentire produttivo e gratificato.

Un altro amico è ricco in modo indipendente grazie agli investimenti. Si è ritirato un paio di anni fa, ma sta tornando alla sua vecchia professione per pura noia.

PERSONALE

Sono posseduto da Satana come chiunque altro. Ho lottato per tutta la vita con l'avidità. A 75 anni, sto appena iniziando a dominare questo demone.

Recentemente ho fatto il calcolo di cui sopra e mi sono reso conto che ho più soldi di quanti ne spenderò mai.

Le mie abitudini di spesa si sono formate durante gli otto anni in cui mi sono laureato e ho vissuto con circa 10.000 dollari all'anno. Non ho bisogno né mi interessano le cose materiali.

Paradossalmente, questa mancanza di preoccupazione per il denaro NON mi ha impedito di sviluppare una dipendenza dal gioco d'azzardo. Quando non avevo molti soldi, non me ne preoccupavo. Quando ho venduto Scruples ad Hasbro nel 1986, sono diventato un money manager e ho pensato che la mia intelligenza di gioco si sarebbe estesa al mercato azionario. ERRORE.

Scrupoli è stato un lavoro d'amore. L'ho fatto perché era un laboratorio sulla moralità quotidiana.

Dopo la mia vincita, sono diventato satanicamente posseduto (cioè avido). Se qualcuno mi chiedeva come stavo, rispondevo: "Lo chiederò al mio broker".

Dobbiamo stare costantemente in guardia perché la voce nella nostra testa spesso è il diavolo!

Di recente mi sono reso conto che, a prescindere dalla quantità di denaro guadagnato, non cambierò il mio stile di vita frugale. Quindi il gioco d'azzardo è una perdita di tempo e di energia. Me ne sono disintossicato.

Il denaro è il minimo comune denominatore. Le persone oggi sono consumate dal denaro. Sono prive di fascino.

YouTube è pieno di storie su "come sono diventato ricco".

Mentre il mondo scende nella tirannia comunista o affronta una catastrofe nucleare, loro si comportano come se il denaro li salvasse.

Per le persone che ne hanno abbastanza, la libertà consiste nel rinunciare al denaro. Semplicemente, non preoccuparsene.

Puoi farlo?

Gli edibili alla marijuana potrebbero salvare il mondo

Il denaro è una dipendenza. Se potessi far sballare Jacob Rothschild, capirebbe che il vero oro non si trova nel terreno. Il Regno dei Cieli è dentro di noi. La chiave è prendere ordini dall'anima, non dalla mente corrotta.

Dopo tre anni di "pandemia", il quadro della salute mentale in Canada era di esaurimento e di traumi crescenti.

Uno studio del 2023 dell'Angus Reid Institute rileva che la popolazione è in gran parte affaticata, frustrata e ansiosa e che un canadese su tre (36%) dichiara di avere problemi di salute mentale.

Quando è stato chiesto loro di riassumere i propri sentimenti, la metà (48%) ha detto di sentirsi "affaticata", mentre due su cinque (40%) hanno detto di essere frustrati e altri due su cinque (37%) hanno detto di sentirsi ansiosi. Uno su dieci (12%) ha scelto "felice", la metà di chi ha scelto "depresso" (23%)...

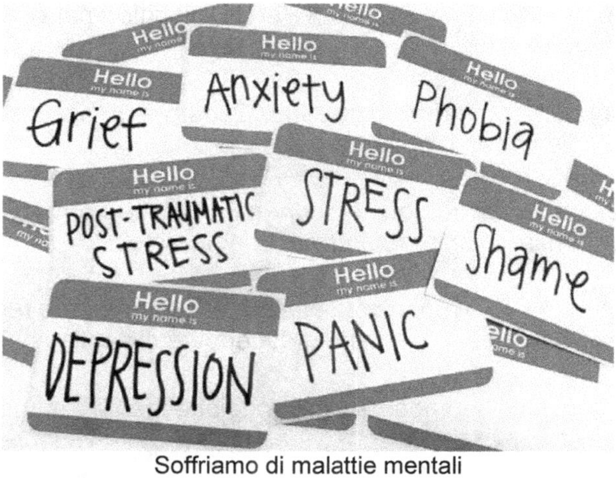

Soffriamo di malattie mentali

Il 7% dei canadesi afferma di "cavarsela a malapena" per quanto riguarda la propria salute mentale nell'affrontare la pandemia, un numero più che doppio rispetto a quello misurato in qualsiasi momento dall'ottobre 2020.

Tre su dieci (31%) affermano di aver avuto un appuntamento con un terapeuta, uno psicologo o uno psichiatra nell'ultimo anno. Altri tre su dieci (30%) affermano di aver ricevuto una prescrizione per trattare un problema di salute mentale negli ultimi 12 mesi.

Siamo tenuti prigionieri da un pazzo: la nostra stessa mente.

Le menti sono state programmate dalla società. Di conseguenza, molte persone soffrono di qualche forma di malattia mentale illustrata sopra.

Qualunque cosa stia facendo, ho la sensazione che ci sia qualcosa di più importante che dovrei fare. Naturalmente, questo provoca uno stato di ansia/stress per la maggior parte del tempo.

La forma più comune di ansia è causata dall'insicurezza materiale o politica. I mass media sono ossessionati dalla guerra o dal crollo economico. Poi c'è l'ansia sociale dovuta alla mancanza di amore o di riconoscimento. Ma la mia ansia "sempre di corsa", l'incapacità di rilassarmi, è il mio problema principale.

Gli edibili di marijuana mi stanno curando. Sono stati resi legali in Canada il 17 ottobre 2019 e sono stati messi in vendita a metà dicembre. (Da quasi 50 anni li uso per accendere i fari e vedere le linee bianche sull'autostrada della vita. Per la maggior parte del tempo dormo.

O di vivere in un buio pozzo minerario. Questo è un ascensore per la superficie, dove posso vedere il sole e il cielo.

È abbastanza luminoso, quindi non mi dispiace tornare al pozzo minerario, ma ricordo chiaramente ciò che ho visto.

La vita è un miracolo. Troppo preziosa per essere messa a repentaglio. Abbiamo così tanto per cui essere grati, eppure ci sentiamo frustrati.

La cannabis mi sta liberando dalla mia prigione mentale; sono ottimista sul fatto che stia liberando altri. A 20 anni ho avuto un'esperienza fuori dall'ego della durata di due settimane. Niente droghe. Solo distacco dall'ego.

Da allora cerco quell'esperienza. Forse sono stato ricablato, ma spero che la cannabis abbia lo stesso effetto su altri.

L'anima si espande e travolge la mente. La percezione si sposta dal mentale allo spirituale, da Maya al mondo reale.

DISTACCO

Mi vedo in modo oggettivo, dall'esterno.

Il mio pazzo è egoista ed egocentrico. Ha un problema di autostima: troppa e immeritata. Arroganza.

È davvero pigro... un mulo. "Io" (il Sé superiore) devo negoziare con questo mulo perché si esibisca.

Non dobbiamo essere bravi. Dobbiamo solo costringerci a recitare la parte.

Potrei continuare, ma il quadro è chiaro.

MI HA FATTO IMPAZZIRE

Una delle mie recenti intuizioni è che l'umanità è solo una manifestazione di una Coscienza universale, che chiamiamo Dio.

Questa Coscienza è in tutte le cose. È sicuramente nella nostra anima.

Dio sta lottando per manifestarsi nel mondo. Ma prima deve manifestarsi in noi.

La maggior parte delle persone ha sia qualità buone che cattive. La cannabis potenzia sicuramente i pregi distaccandoci dai difetti.

È dimostrato che la cannabis e gli psichedelici in generale hanno un effetto terapeutico nel trattamento della depressione, dell'alcolismo e di molte forme di dipendenza e malattia mentale.

Per esempio, il denaro è una dipendenza. Se potessi far sballare Jacob Rothschild, capirebbe che il vero oro non si trova per terra. Il Regno dei Cieli è dentro di noi, ma deve essere sperimentato.

Prendete gli ordini dall'interno, non dalla mente/mondo corrotto. Non avere altro maestro se non te stesso.

Negli anni '60 speravamo che la cannabis e gli psichedelici potessero dare il via a una massiccia rinascita spirituale. Sono uno strumento di insegnamento/guarigione inestimabile. I loro effetti non sono transitori. Cambiano la vita.

Immaginate se l'umanità ricevesse farmaci per l'espansione della coscienza invece di "vaccini" velenosi?

Dobbiamo scegliere tra una casa degli specchi cabalistica e la realtà. Scegliete la realtà e rinunciate allo spettacolo di merda che si svolge nel teatro chiamato mente.

Curate la nostra malattia mentale collettiva prima che sia troppo tardi.

Primo commento di LV:

Il suo ultimo articolo sulla salute mentale e la cannabis è stato davvero una testimonianza meravigliosa, positiva e rinfrescante della sua capacità di crescere, analizzare, riflettere e apprezzare uno dei più grandi doni di Dio all'umanità: la cannabis. La mia esperienza è simile alla sua.

Naturalmente, leggo sempre i commenti ai suoi articoli, e ne consegue (e non è una vera sorpresa) che coloro che hanno una prospettiva religioso-cristiana vedono la sua esperienza come un "passo falso" su un sentiero che conduce all'inferno dell'illusione.

Come voi e io sappiamo (e molti altri lo sanno per esperienza diretta) nulla potrebbe essere più lontano dalla Verità.

La cannabis ci permette di liberarci dalle catene delle nostre normali ancore coscienti e ci fornisce nuove intuizioni, nuovi livelli di consapevolezza e percezione e una maggiore capacità di autoconsapevolezza e autoanalisi delle nostre motivazioni, della nostra storia e del nostro percorso di vita.

Sembra che la maggior parte di questi individui cautelativi/religiosi nutra una rigidità di pensiero basata su un pregiudizio che ruota attorno alla percezione errata della parola "droga". Sembra che associno questa parola a uno stato di percezione prevedibilmente negativo e ridotto, più simile a uno "stupore". In effetti, queste due parole, "stupore da droga", si trovano spesso in combinazione nella letteratura, e quindi non dubito che molti di coloro che non hanno l'esperienza diretta dell'incredibile cornucopia di benefici che questa pianta benedice a noi umanità, denigrino prevedibilmente i suoi valori fisici, mentali e spirituali che liberano piuttosto che immobilizzare le nostre percezioni e capacità percettive.

La vera prova dei suoi benefici è che le intuizioni che ho ricavato da un uso anche solo occasionale sono di beneficio duraturo per me; non sono semplici chimere che svaniscono quando le riporto alla normale rigidità formale dei miei sforzi percettivi quotidiani. Piuttosto, quelle intuizioni rimangono - scintillanti gioielli di percezione che illuminano il mio cammino verso il miglioramento e la conoscenza di me stesso, oltre a riaccendere il desiderio di servire il prossimo nel modo migliore a mia disposizione nel mio stato attuale in questa vita.

Le porgo le mie lodi e le mie congratulazioni, e ammiro anche il suo coraggio nel creare questo post. Penso che tu abbia aiutato molti, semplicemente affermando ciò che molti di coloro che hanno avuto un'esperienza diretta sanno già; mentre continuiamo a beneficiare delle meravigliose capacità di questa pianta, donataci dal Dio della nostra creazione, di ispirare la nostra creatività, illuminare il nostro viaggio e accrescere le nostre percezioni spirituali.

Libro sette

Umorismo e personale

Confessioni di un volantino nervoso

"Non mi scuserò per essere un volatore nervoso. Non è naturale che settantacinque tonnellate sfreccino nell'aria a 500 miglia orarie. In pratica, stai cavalcando un'ala attaccata a due motori a reazione a SETTE MIGLIA SOPRA LA TERRA".

Questa "confessione di un volantino nervoso" è stata scritta nel dicembre 2020, quando sono fuggito dall'imminente chiusura del COVID in Canada. L'articolo illustra come siamo tutti prigionieri del nostro ego e della sua programmazione da lucertola (paura di morire, avidità, lussuria, potere, fama, ecc.) Questa voce nella nostra testa ci deprime (abbassa la Coscienza).

Mentre tornavo in Canada, mi sono staccato dalla voce nervosa. Lo chiamavo "signor cagasotto". Lo ridicolizzavo quando parlava. Controlla i tuoi pensieri. Lo applico a tutte le dipendenze programmate dal mio ego. La gioia naturalmente dall'anima quando ci si dedica allo scopo di Dio per noi, comunque lo si definisca. La vita è sacra.

Quando si tratta di volare sono nevrotico come chiunque altro.

Non proprio "io", ma "lui". La voce nella mia testa.

Teme che la turbolenza faccia precipitare l'aereo in picchiata.

"La turbolenza è solo vento", spiega, "gli aerei non si schiantano mai a causa di essa. Immaginate le onde che lambiscono una barca".

Ma continua a stringere i braccioli.

Non avrebbe mai potuto essere un pilota: "È il vostro capitano che vi parla. Atterreremo nel deserto e aspetteremo che questa brutta turbolenza si attenui".

Cerca di fare un patto con Dio. Promette di abbandonare alcune cattive abitudini se solo riuscirà ad atterrare sano e salvo!

E tira un sospiro di sollievo quando atterra sano e salvo, dimenticando le promesse.

SEDILE POSTERIORE CONDUCENTE

Ama gli aerei ed è grato per il miracolo dei viaggi in aereo. Ma è un pilota di retrovia. Salito a bordo dell'aereo, ispeziona i motori. Sono abbastanza grandi?

Poi valuta l'età dell'aereo e si chiede se la compagnia aerea ne faccia una manutenzione adeguata.

Questo è caduto nel dimenticatoio?

Quanto battistrada è rimasto sui pneumatici?

Spero che abbiano riempito il serbatoio del carburante.

L'aereo è pieno di bagagli. Pesante. Ma è stato progettato per gestirlo.

Oltre ad essere in sintonia con ogni suono emesso dai motori, controlla anche il pilota.

Dovrebbe salire così tanto? I motori sono in grado di reggere? (Avvicinandosi alla nostra destinazione) È questa la strada per l'aeroporto?

Una volta, scendendo da un aereo, disse ai piloti che era incredibile che due piccoli motori potessero spingere qualcosa di così grande. Dalle loro espressioni, sapeva di averli innervositi!

LA VOCE NELLA MIA TESTA

La voce nella mia testa. Se solo potessi spegnerla, avrei un po' di pace. Sono imprigionato in un caleidoscopio di pensieri: Una sala degli specchi che riflette il nostro mondo dei fumetti.

Chi è questo coinquilino scorbutico e indisciplinato, i miei pensieri? Sono i pensieri dell'animale che ospita la nostra anima.

Tenere in riga questo animale è una prova costante.

Comunque, come in un cattivo matrimonio, devo convivere con lui, controllare le sue ansie e apprezzare le sue buone qualità. (Ne ha alcune).

Il coraggio non è essere senza paura. È dominare la paura.

Primo commento di G:

Penso che tu abbia appena descritto quella che probabilmente è un'esperienza universale per una buona percentuale dei volatori di tutto il mondo. Volare: lo sopportiamo, lo sopportiamo, perché alla fine potrebbe essere qualcosa che migliora la nostra vita o che soddisfa una qualche ricerca. Tu l'hai espresso in modo preciso, quindi spero che tu sappia che non sei solo. Per quanto mi riguarda, ho capito che, come molte altre cose, come nuotare nell'oceano o fare escursioni nella natura, ci sono dei rischi e molti di noi li corrono perché di solito c'è una bella ricompensa. So che continuerai a volare, Henry, in molti modi. Qualcosa mi dice che sei protetto e che non andrai in rovina.

Le migliori battute di Henry Makow

Una buona battuta è oro puro. Vi apro il mio caveau.

"La cospirazione è come il tempo. Tutti ne parlano ma nessuno fa niente".

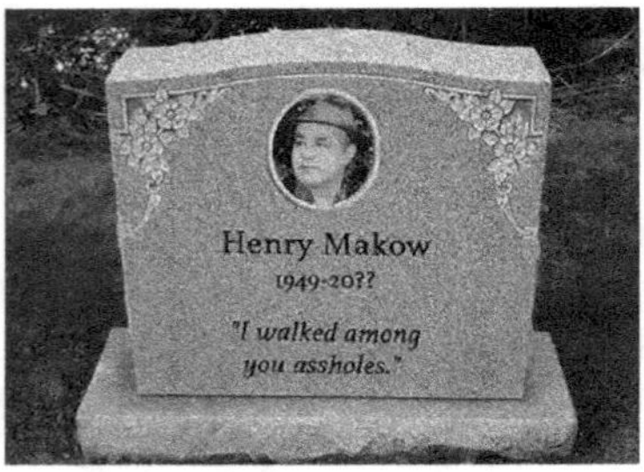

Per far trionfare il male è sufficiente che agli uomini buoni vengano affidati lavori buoni.

La mia lapide. Alcune battute hanno il solo scopo di scioccare e far ridere.

Pregiudizio è un'altra parola per indicare l'esperienza.

L'importante non è la destra o la sinistra, ma il giusto o lo sbagliato.

Addestramento omeopatico dei cani. (Quando frequentavo l'università, ci veniva detto di mettere in discussione l'autorità. Oggi si dice agli studenti di mettere in discussione il proprio genere.

Il femminismo ha sfruttato il potere politico delle donne che non riuscivano ad avere un appuntamento il sabato sera (e ha fatto sì che le loro fila si ingrossassero).

Siamo vittime dei nostri vizi.

La nostra vera ricchezza si misura dalle cose che amiamo.

Non devo evitare la tentazione; la tentazione evita me.

Come ebreo etnico, mi sono assimilato alla cultura cristiana tradizionale.

Sono diventato un Apache nell'America del XIX secolo.

La religione di un uomo è la sua giornata. (Non si tratta di ciò che si crede, ma di ciò che si fa). Bisogna essere buoni per sentirsi buoni. Altezza. Larghezza. Profondità. La moralità è la quarta dimensione.

La legge delle personalità. Le grandi personalità dovrebbero sposare le piccole personalità.

Ho cercato invano qualcuno che credesse in me quando io non credevo in me stesso. Nessuno crede nelle persone che non credono in se stesse. Cerchiamo dagli altri l'amore che non vogliamo dare a noi stessi. Non diventiamo degni del nostro stesso amore.

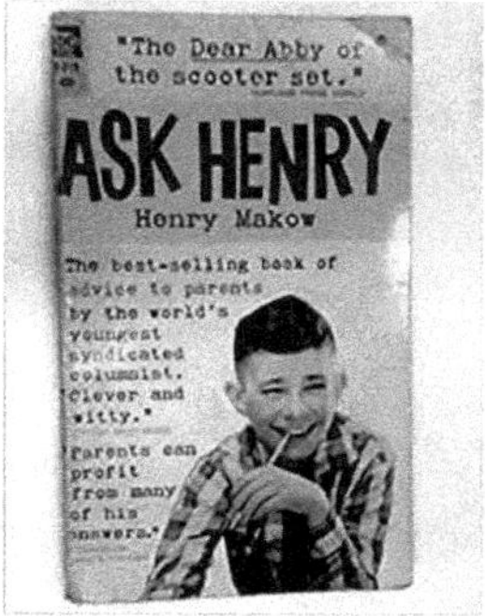

Volevo così tanto salvare il mondo che ho trascurato di salvare me stesso.

La liberazione sessuale è NON VOLERE il sesso, e cavolo se è bello!

Riferendosi alla mia fama iniziale come *Ask Henry* (1961-1964) - Consigli ai genitori da un bambino, in 40 giornali: (YouTube di me su What's My Line nel 1962. Inizia a 11 min)

https://www.youtube.com/watch?v=Sw9VT5TOcY8&t=10s

Ho un grande futuro alle spalle.

Come l'Egitto e la Grecia, ho raggiunto l'apice troppo presto.

Con il tempo, la bellezza fisica svanisce, ma l'amore cresce.

Siamo granelli di sabbia nel deserto del tempo.

Sono il "Padre della Socio-dinamica". (Volevo essere il "Padre dell'igiene", ma mio figlio non ha voluto cambiare nome).

Tre leggi della socio-dinamica.

1. Siamo attratti dalle persone che hanno qualcosa che desideriamo.

2. Siamo respinti dalle persone che vogliono qualcosa da noi.

3. Siamo indifferenti alle persone che non rientrano nelle categorie precedenti. Quarta legge speciale - Siamo attratti dalle persone che possono avere qualcosa che potremmo desiderare in futuro.

Frequentare l'università "a distanza" è come ordinare un piatto da Hooters.

Iniziamo la vita con aspettative esaltanti, seguite da una graduale disillusione, fino a quando, infine, incontriamo la morte con perfetta equanimità.

Non voglio essere sulla tua lista di cose da fare.

Dopo aver fatto naufragare la mia vita, mi ritrovo sulle rive della vecchiaia.

Il modo per fare colpo sulle donne: non provarci.

Niente demistifica le donne come il matrimonio.

Le persone non invecchiano, ma maturano e si rovinano, come le banane.

Io: Non si possono insegnare nuovi trucchi a un vecchio cane.

Moglie: Sì, ma non sei un cane.

Insegnare significava dare risposte a persone che non avevano domande. (Erano risposte sbagliate - ero un socialista, ma l'osservazione è ancora valida). Una valutazione del professore chiedeva: "Qual è la cosa migliore del corso del dottor Makow?".

Una ragazza rispose: "Non troppo presto la mattina e non troppo tardi il pomeriggio".

La mia reazione di default alla vita: Negazione e incredulità.

Tutto il male deriva dal narcisismo (ego infiammato).

Non giudico una religione dai suoi dogmi. Guardo piuttosto alla condotta e alla realizzazione dei suoi aderenti.

- Come "Lao Tzu"

La mente è una prigione dove i pensieri torturano l'anima.

La ricerca della felicità è la causa principale dell'infelicità.

Abbiamo una scelta netta: Conversione (al servizio di Dio) o infinita e ingrata diversione.

Siamo schiavi del mondo inversamente alla nostra devozione a Dio.

Svuotate la mente da ogni pensiero. Ciò che rimane è il vero voi. Perché pensiamo di dover pensare sempre?

Nel giorno della festa del papà, io piango

Dopo che mio padre non permise a mia madre di darmi da mangiare, il dado era tratto.

Non avremmo mai potuto essere amici perché il mio pianto mi aveva reso il suo avversario per la vita.

Solo dopo la sua morte ho capito che lo amavo ancora, ma era troppo tardi.

(DICHIARAZIONE - Questo non è tanto un elogio a mio padre quanto un epitaffio al nostro rapporto. Riguarda più me che lui).

Non sono il miglior padre del mondo e non mi aspettavo nemmeno che mio padre fosse perfetto.

Ebreo polacco, ha superato molti ostacoli. I suoi genitori, Dr. David Makow, 1923-2021, furono uccisi dai nazisti quando lui aveva 19 anni. Sopravvisse alla guerra fingendosi gentile, fece quattro anni di scuola superiore in uno, entrò nel MIT d'Europa, divenne un fisico e si costruì una nuova vita in Canada.

PADRE O AMICO?

È sempre stato un padre. Non abbiamo mai potuto essere amici.

"È compito dei genitori fare in modo che le barriere (sociali) reggano", scrive W. Cleon Skousen in *So You Want to Raise a Boy?* (1958, p. 232) Come Skousen, mio padre vedeva il suo ruolo nel tenermi "sulla buona strada". Poiché il suo successo si basava sull'istruzione superiore, "in pista" significava rimanere a scuola.

Non mi era permesso di scendere dal tapis roulant. Nonostante all'età di 11 anni avessi scritto una rubrica su un giornale, per la quale mi aveva aiutato, non ha mai creduto in me o nelle mie buone intenzioni. Mi ha sempre trattato come una mina vagante.

Non mi avrebbe incontrato a metà strada. Ricordo ancora il putiferio che scatenai all'età di 8 anni quando non mi lasciò guardare *I Love Luc* y perché era passata l'ora di andare a letto.

Dopo la maturità, volevo lavorare in una miniera. Poi, avevo intenzione di frequentare un'università fuori città nota per i suoi professori di sinistra radicale. (All'epoca ero di sinistra).

Mio padre esercitò grandi pressioni, compreso l'incentivo della vecchia auto di famiglia, per farmi iscrivere subito all'università locale. Caddi in depressione. Completai solo tre corsi su cinque con voti mediocri.

Non mi ha permesso di seguire il mio cuore e di imparare dall'esperienza. Con lo spirito spezzato, ho finito per rimanere all'università, come una sorta di ospizio, e alla fine ho ottenuto un dottorato.

In un'altra occasione, volevo usare il cottage di famiglia come rifugio spirituale, come il *Walden Pond* di Thoreau. Di nuovo, niente da fare. Finisci la tua tesi.

Ironia della sorte, l'unica volta che mio padre mi ha lasciato fare a modo mio è andata male. Mi lasciò abbonare a *PLAYBOY*. Di conseguenza, divenni dipendente dal sesso e non riuscii a relazionarmi con le donne come esseri umani. Non lo biasimo. La rivoluzione sessuale era di gran moda negli anni Sessanta.

ALIMENTA LA FRENESIA

La nostra relazione era condannata quando mio padre non permise a mia madre di allattarmi da piccola.

Un libro del medico raccomandava di "addestrare" i bambini a mangiare durante i pasti. Ho pianto a dirotto e poi ero troppo esausta per mangiare. Non era il libro del dottor Spock. Credo fosse del dottor Mengele.

Dopo lo stress ininterrotto della guerra e dello studio, papà non era pronto ad assumersi gli oneri della famiglia. Non aveva avuto la possibilità di decomprimere e di seminare la sua avena selvatica. Aveva perso tutti e non voleva perdere mia madre.

Ha cercato di addestrarmi appena sono uscito dal grembo materno.

Il padrone di casa si lamentò. Il mio pianto fece sì che mio padre mi considerasse un avversario o una "mina vagante".

Di conseguenza, ho avuto una "sensazione di non essere amata" fino all'età di 50 anni, senza sapere perché.

Mio padre pagò caro il suo errore.

Fino all'età di undici anni ero un terrore sacro. Creavo consapevolmente problemi per "ottenere l'amore". Avevo una banda chiamata "banda delle bolle" perché faceva rima con guai. Ho avuto problemi con la polizia per due volte.

Una volta papà mi inseguì per il quartiere agitando un bastone. Mi trascinò a casa per farmi picchiare. Invece è scoppiato in lacrime.

INIZIO FRESCO

Dopo essere tornata da un anno in Svizzera (dove mio padre ha completato il suo dottorato) ho sentito che la gente aveva dimenticato le mie bugie (ad esempio, che parlavo polacco) e che potevo ricominciare da capo.

Per essere amato, ho cambiato strategia e sono diventato un "overachiever". Ho iniziato una rubrica di consigli per i genitori, *Ask Henry*, per 40 giornali e sono apparso al *Jack Paar Show* e sulla rivista *Life*.

So che "sentirsi non amati" è una cosa da poco in quest'epoca di pedofilia e traffico di bambini.

No, non mi è stato detto di sperimentare l'omosessualità o di crescere come una ragazza. Erano gli anni Cinquanta. Tuttavia, questa questione apparentemente banale ha segnato la mia vita.

Che razza di genitore lascia che il suo bambino pianga per la fame perché non è l'ora della pappa?

Non me lo sto immaginando. Nella sua autobiografia, ha scritto che lasciava che mia madre nutrisse mio fratello minore. Di

conseguenza, la personalità di mio fratello era "più equilibrata" ed era "più facile da amare". (Parole sue.

E non una parola di scuse o di rimpianto. Pensava che non fossi segnato. È incredibile come un'esperienza infantile possa segnare una persona per tutta la vita.

Mia moglie dice: "Fattene una ragione. Tuo padre si lamentava forse: "Ero in un campo di lavoro nazista per schiavi e non mi davano abbastanza da mangiare?"".

Non mi sto lamentando o cercando compassione, sto solo dicendo la mia verità. Ho smesso di sentirmi non amata 20 anni fa. Non serbo rancore. Tutti commettiamo degli errori. Io ne ho fatti molti.

In generale, era un ottimo padre e faceva del suo meglio. Lo ammiravo, ma tendo ad amare le persone che credono in me (mi danno il beneficio del dubbio, mi incontrano a metà strada) piuttosto che tenermi "in carreggiata", cosa che è iniziata praticamente alla nascita.

VORREI CHE FOSSE STATO UN AMICO

Durante i suoi ultimi anni in una casa di cura, lo chiamavo ogni settimana su FaceTime e gli dicevo quanto lo amavo, anche se non ero sicura di amarlo. Lui non diceva nulla e io lo guardavo in faccia per vedere se capiva.

Due settimane prima di morire, la sua anima sembrò raggiungermi.

Era spaventato.

Per la prima volta ho sentito una vera connessione spirituale.

Il giorno dopo ho chiamato di nuovo, sperando di rinnovare il legame, ma la sua espressione facciale si era trasformata in rabbia. Gli avevano somministrato il vaccino un mese prima. Credo che sapesse che lo stava uccidendo.

Non era pronto a morire. Si sentiva abbastanza a suo agio nella casa di cura. La sua badante privata filippina gli era devota.

Se solo fossi stata abbastanza matura da superare la nostra faida di una vita quando eravamo più giovani. Avrei potuto avere quel legame spirituale. Ora è troppo tardi, per sempre.

Non lasciate che le differenze vi impediscano di amare le persone più vicine a voi. L'opportunità finisce.

Da bambino facevamo lunghe passeggiate. Gli tenevo il pollice e gli facevo domande sulla vita. Questo ricordo mi fa ancora venire le lacrime agli occhi. Era mio padre.

Antagonisti per tutta la vita, non pensavo di amarlo.

Non pensavo che avrei pianto. Ma l'ho fatto.

Mia madre ha incarnato l'amore disinteressato

https://henrymakow.com/2024/05/my-mother-exemplified-selfless.html

Con il suo esempio, mia madre, Helen Iskowicz Makow (1919-1983), mi ha insegnato che l'amore è una dedizione disinteressata alla famiglia.

Per mia vergogna, la sua abnegazione è stata data per scontata.

Il mio più grande rimpianto è di non aver mai dimostrato a mia madre quanto le volessi bene prima che morisse nel 1983 per un cancro al seno.

Credo che sapesse che l'amavo, ma a 33 anni ero ancora troppo egocentrico per ricambiarla. Ricordo con vergogna di essere stato seduto nella sua stanza d'ospedale a correggere compiti mentre era in fin di vita.

Mia madre dà da mangiare a mio fratello nel 1958

Quando le persone stanno morendo, non possiamo dire facilmente addio. È imbarazzante. Vogliamo mantenere l'illusione della guarigione.

Mi ha insegnato come una donna porta l'amore nel mondo con la sua dedizione disinteressata alla famiglia. Quando qualcuno si sacrifica totalmente per te, quando qualcuno è incondizionatamente per te, è piuttosto difficile non amarlo con tutto il cuore.

Le madri sono gli eroi non celebrati della società. Svolgono il difficile e ingrato lavoro di nutrire e insegnare ai bambini indifesi, in salute e in malattia.

Le madri avviano il ciclo dell'amore.

Il credo di mia madre era di servire prima il marito, poi i figli, il Canada e Israele. Non era nella sua lista.

La famiglia nucleare è l'elemento costitutivo di una società sana. Papà ci ha scattato questa foto.

Non ha mai preteso nulla in cambio e di conseguenza l'abbiamo data per scontata. L'abbiamo sfruttata.

Era così altruista che mi accorsi quando, una volta a cena, prese un taglio di pollo a scelta per sé.

Sono cresciuta in un'epoca in cui i media ci hanno insegnato che le casalinghe non erano cool. Le donne come mia madre, che si occupavano e amavano la famiglia, venivano denigrate. Questo atteggiamento si è trasmesso a me. Mi è stato fatto il lavaggio del cervello.

Ovviamente, ciò faceva parte della guerra cabalistica (comunista) di annientamento contro la famiglia e la società nel suo complesso.

DONNA D'AFFARI

Mia madre aveva un'attività di successo nell'importazione di cinturini per orologi dalla Svizzera. Quando mio padre si affermò, le chiese di concentrarsi sui figli. Era circa il 1954.

Era orgogliosa di essere la signora David Makow, moglie di un fisico e madre di tre figli. Le donne sono state private di questo ruolo sociale, che è stato ereditato dal tempo. Molte di esse si sono perse di conseguenza.

Una volta, mentre facevo un'apparizione televisiva a New York per *Ask Henry*, un produttore ci ha mostrato i luoghi con la sua auto sportiva.

Abbiamo avuto un incidente. La portiera dell'auto si è aperta di scatto e mia madre è caduta sul marciapiede.

Ho urlato in preda al panico: "Mamma!".

Per fortuna non si è fatta male.

Ma dopo, ha osservato con soddisfazione: "Tu mi ami".

Perché c'è voluto un incidente per dimostrarglielo?

Mia madre era sopravvissuta alla guerra facendosi passare per gentile. Non aveva finito le scuole superiori e non leggeva libri. Ma aveva una sofisticata collezione di francobolli e faceva batik.

Quando avevo otto anni, raccontai un incidente avvenuto a scuola. Lei mi disse di essere forte e di lottare per ciò che è giusto.

Questo si chiama "coraggio morale", ha detto.

Non si impara a scuola. Lo si impara dalla vita.

La Canadian Football League mi dà speranza

I miei Bombers hanno perso le prime quattro partenze. Il quarterback Zach Collaros, numero 8, americano, e i suoi due migliori ricevitori sono in lista infortunati.

A parte il settore commerciale , la CFL è l'unico posto rimasto in Canada dove contano le prestazioni, non le politiche identitarie o di genere. Con la presa di potere dei comunisti in Canada, ogni istituzione sociale è in pericolo di vita.

Guidato da Justin Castreau, il governo prende ordini dal WEF. La Canadian Broadcasting Commission, un tempo un punto di forza nazionale, è ora l'agenzia di propaganda dello Stato.

Nessuno guarda o ascolta. Anche il resto dei "media tradizionali" è una barzelletta. Le università sono tutte controllate dai comunisti. La professione medica è totalmente screditata.

Dove non c'è libertà di parola, non c'è arte o cultura.

È rimasta solo un'istituzione nazionale che rende ancora orgoglioso il Canada, la Canadian Football League, e ironia della sorte la maggior parte dei migliori giocatori sono americani, soprattutto neri. Ma questo è il punto.

A parte gli affari, la CFL è l'unico posto in cui le prestazioni sono l'unica cosa che conta. Non importa se sei bianco, nero, gay o verde. Non ci sono azioni positive. O ti esibisci o sei fuori. E lo dimostra l'alto livello di atletismo e di intensità agonistica. Si tratta di gare autentiche, senza prigionieri!

Quando mi scoraggio, questi giocatori mi ispirano. Quando sono indietro, non mollano. Continuano a lottare. Questo è ciò che fanno gli uomini. Dobbiamo promuovere valori maschili come questi.

La CFL è uno degli ultimi posti in cui ci sono conseguenze. Non ci sono reti di sicurezza sociale, sussidi o salvataggi governativi. Oggi c'è e domani non c'è più. Ci sono sempre nuovi giocatori affamati di opportunità. Non si può "telefonare".

Fortunatamente la CFL ha smesso di essere politica. In passato, allenatori e giocatori dovevano sfoggiare su le magliette "La diversità è la nostra forza". I giocatori dovevano indossare nastri rosa a giugno per il cancro al seno. Grazie a Dio, quest'anno non c'è più tutta questa propaganda comunista che fa rabbrividire. Non si parla nemmeno di diritti dei sodomiti.

Questo è l'ultimo rifugio della mascolinità in Canada. Si tratta di uomini - bellissimi uomini bianchi e bellissimi uomini neri - che compiono incredibili atti di atletismo - lanci e prese, corse e placcaggi. Sono cose che le donne non possono fare. E sì! Ci sono le cheerleader. Tutte donne vere.

Infine, la CFL è uno degli ultimi posti in Canada che non è stato sistemato. Molti dei miei lettori pensano che tutto sia sistemato. Non sono d'accordo. Guardo tutte le partite e non sono truccate. I video replay assicurano che tutti possano vedere ciò che è realmente accaduto. Le decisioni degli arbitri vengono ribaltate. Dove altro si può dire questo?

C'è un altro settore che mi dà speranza: Le imprese. Il governo può anche stampare denaro dal nulla, ma tutti, al di fuori del governo, producono effettivamente un prodotto o un servizio che qualcun altro vuole e pagherà. Anche in questo caso le prestazioni contano ancora. La concorrenza mantiene le persone oneste. Bisogna battere la concorrenza per essere vincenti.

La libera impresa è come il corpo di un gigante senza testa. È resistente. Le persone hanno ancora bisogno di fare soldi. Siamo ancora importanti, anche se solo come consumatori.

CONCLUSIONE

La CFL è l'ultimo rifugio della realtà e del buon senso in un Paese in cui i neonati vengono avvelenati con i vaccini, ai bambini vengono somministrati ormoni che modificano il sesso senza che i genitori lo sappiano, i malati mentali vengono sottoposti a eutanasia come nella Germania nazista e fino al 30 settembre 2022 gli adulti non potranno entrare o uscire dal Paese senza aver fatto un "vaccino" potenzialmente mortale.

Amo questo Paese e amo Winnipeg. Vivo in Canada da 74 anni e a Winnipeg da 43 anni. Questo è il mio posto. In Messico sono un pesce fuor d'acqua. Dal punto di vista politico, i canadesi possono essere degli imbroglioni, ma in generale sono persone di buone intenzioni, amanti della pace e rispettabili. A differenza del Messico, ci sono quattro stagioni. Il tempo è diverso ogni giorno. Io sono un tipo da interni, quindi non mi dispiace il freddo.

I globalisti vivono in un paese delle nuvole. Non avranno successo. Sono allo scoperto. Sono nudi. I loro crimini efferati sono sotto gli occhi di tutti.

Alla fine i canadesi capiranno cosa sta succedendo. I comunisti saranno gettati nella pattumiera della storia.

Come sarebbe un buon reset

Abbiamo dato le nostre carte di credito nazionali a una setta satanica. Come al solito, gli ebrei cabalisti hanno esagerato.

Si sono screditati con la bufala della pandemia e i "vaccini" obbligatori. Ora abbiamo un'opportunità unica per riflettere, reimmaginare e reimpostare il nostro mondo in modo che cerchi di realizzare il Piano del Creatore.

È un'occasione rara per liberarsi dal giogo malefico del cartello bancario centrale satanista (giudaico massonico), responsabile di sofferenze incalcolabili sotto l'egida del comunismo, della guerra, del genocidio, della depressione, della plandemia, della disforia di genere, del terrorismo, del satanismo, della corruzione e della depravazione sessuale.

Percepisco un cambiamento sismico. I banchieri hanno esagerato e hanno esposto se stessi e i loro vassalli massoni (i nostri "leader" eletti) come traditori, gangster, psicopatici, criminali, pervertiti e assassini di massa. La Svezia, la Florida, il Texas e il Sud Dakota hanno rotto le righe e hanno dimostrato che la Covid 19 era una menzogna.

Questo è ciò che comporterebbe un reset benevolo.

1. Innanzitutto, le nazioni devono assumere il controllo del credito e della creazione di moneta. Rinuncerebbero a tutti i "debiti" creati dal nulla e creerebbero il mezzo di scambio spendendolo fino a farlo esistere, senza debiti e interessi.

2. I vaccini a mRNA sarebbero vietati. Tutti i politici, i giornalisti e i funzionari medici che hanno collaborato alla bufala Covid verrebbero

licenziati. Jacob Rothschild, George Soros, Klaus Schwab, Bill Gates e Tony Fauci verrebbero processati per crimini contro l'umanità e le loro ricchezze verrebbero confiscate e aggiunte alle casse pubbliche. Joe Biden verrebbe incarcerato per aver truccato le elezioni. Il traditore Donald Trump verrebbe processato per falsa opposizione da reality show e inadempienza del dovere.

3. I monopoli dei media e della tecnologia saranno nazionalizzati, smembrati e rivenduti a persone che garantiranno la libertà di parola e il libero flusso di informazioni. La CIA e l'FBI saranno chiuse e riorganizzate. La polizia locale e statale sarà epurata dai massoni. L'ONU sarà chiusa e l'edificio sarà distrutto.

4. La Massoneria sarebbe stata bandita. I suoi membri principali sarebbero processati e incarcerati. Ai massoni verrebbe vietato di ricoprire cariche o impieghi pubblici.

5. I comunisti sarebbero stati epurati dal sistema educativo, soprattutto dalle università.

Le università proteggeranno la libertà di parola e di indagine. Il metodo scientifico verrebbe ripristinato. Le statue confederate saranno restaurate. La storia non sarà ritoccata.

6. La diversità, la cultura dell'annullamento e la CRT sarebbero vietate e punite. Le assunzioni avverranno senza distinzione di genere e colore. Gli immigrati clandestini che non hanno trovato lavoro saranno espulsi.

7. Le elezioni sarebbero finanziate pubblicamente. Non sarebbero consentiti contributi privati. **I politici non potranno trarre profitto dal loro mandato.**

8. La promozione del satanismo, della disforia di genere, dell'immigrazione clandestina, del cambiamento climatico e di tutti gli shibboleth globalisti sarebbe punita con multe e pene detentive.

Quello che le persone fanno in privato è affar loro, ma la sovversione deliberata della società non può essere tollerata.

9. I valori della famiglia - matrimonio, fedeltà, paternità responsabile - diventerebbero la politica del governo. La vita umana sarebbe considerata sacra. L'aborto verrebbe ridimensionato o vietato. Verrebbe incoraggiato un sano orgoglio nazionale e razziale . A tutti

verrebbero concesse opportunità sulla base del merito individuale e del settore, non della razza o del genere.

10. Ci sarà uno sforzo collettivo per discernere e attuare il Disegno del Creatore. Il pubblico sarà incoraggiato a celebrare il miracolo della vita e a lodare Dio!

Se queste misure venissero adottate, l'umanità farebbe un passo indietro rispetto all'abisso e riprenderebbe la strada che la porterà a prosperare come previsto.

Non è troppo tardi perché l'Ebraismo organizzato possa risparmiare a se stesso e all'umanità molti traumi cambiando rotta. Non è troppo tardi perché i Rothschild diventino i benefattori dell'umanità e godano dell'amore, anziché dell'odio, di miliardi di persone.

Una modesta proposta: Un "accordo di spopolamento umano

L'umanità accetta di estinguersi pacificamente.

Modesta proposta - L'umanità riconosce di essere in stato comatoso e accetta di staccare la spina. Accetta di essere sterilizzata in cambio di una tregua dagli ebrei comunisti e dai loro tirapiedi massoni. (cioè satanisti, sionisti, liberali, antifa, transessuali, femministe).

Nel giro di un secolo, il pianeta si libererà degli inutili mangiatori (noi) e diventerà un parco giochi per satanisti/comunisti malati e per il loro numero preferito di pervertiti. "La sterilizzazione non dovrebbe essere un problema. È evidente che le persone non si preoccupano più dei loro figli o del mondo che erediteranno".

Ho una soluzione ai problemi dell'umanità che dovrebbe soddisfare tutti.

L'umanità si offre volontariamente di essere sterilizzata in cambio della fine della guerra dei banchieri ebrei satanisti e dei massoni (comunisti e sionisti) contro Dio e l'uomo.

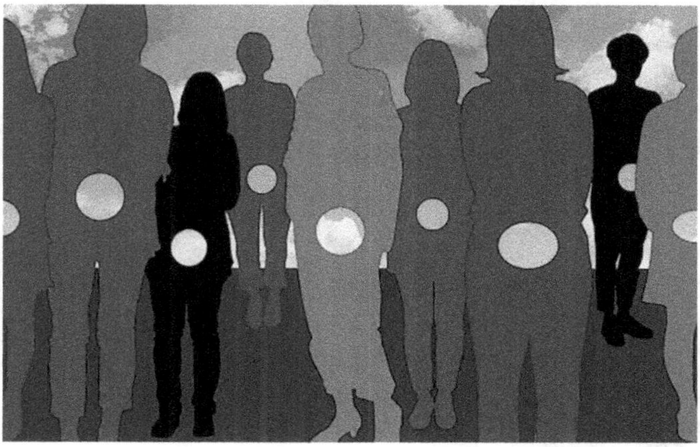

Cosa ne ricava l'umanità?

1. I satanisti/comunisti ritirano le loro bufale sui "vaccini" e sul cambiamento climatico, le guerre gratuite, le scie chimiche, la geoingegneria, i CBDC, le città a 15 minuti, la CRT, la follia dell'isolamento e i passaporti vax.

Metteranno a freno i loro scagnozzi Antifa/BLM davanti ai quali ci rannicchiamo per paura come bambine. Eviteremo una violenta distopia da "inverno nero" e godremo di una relativa pace e libertà.

2. Non saremo vaccinati a forza, non ci contorceremo dal dolore e non moriremo prematuramente.

3. La tossica guerra psicologica contro il genere, la razza, la religione e la nazione sarà sospesa. Conserveremo qualche vestigio di dignità umana durante i nostri ultimi anni di vita sul pianeta.

4. Un numero ragionevole di persone può essere risparmiato dalla sterilizzazione per fornire un pool di servitori, sacrifici umani, donatori di organi e schiavi sessuali per i Prescelti.

5. L'umanità viene risparmiata da una guerra nucleare gratuita e catastrofica, progettata per ridurre la popolazione.

Cosa ci guadagnano i satanisti/comunisti?

1. Non dovranno ascoltare gli inutili mangiatori che si lamentano e si lamentano su Internet mentre il nostro miserabile destino si sta lentamente delineando.

2. Non dovranno affrontare una rivolta simile a quella del Ghetto di Varsavia, perché l'umanità finalmente si rende conto che non ha nulla da perdere dalla resistenza violenta.

3. I satanisti ereditano il pianeta, le sue risorse e le proprietà di tutti. Possono iniziare a pianificare il loro paradiso e non preoccuparsi di imporre il loro farsesco "Grande Reset" alle masse recalcitranti.

Possibili obiezioni da parte dell'umanità

1. La quota per la casta degli schiavi sessuali potrebbe non essere sufficiente.

La riforma democratica è ancora possibile. Solo perché assecondano Israele, i leader patrioti non sono un'opposizione controllata. I comunisti non truccherebbero le elezioni future, vero?

Non mi vengono in mente altre obiezioni. La sterilizzazione non dovrebbe essere un problema. È evidente che le persone non si preoccupano più dei bambini o del mondo che erediteranno. Le viene in mente qualche altra obiezione? (hmakow@gmail.com) Finora non ne ho ricevute.

Possibili obiezioni da parte di satanisti/comunisti

1. Cento anni sono troppi per aspettare che tutti i neonati muoiano naturalmente.

2. Come satanisti, non ci accontentiamo di sradicare la razza umana. Serviamo Satana e ci piace far soffrire le persone.

3. Abbiamo già sterilizzato ("vaccinato") la maggior parte di voi inutili mangiatori. Non abbiamo bisogno di questo accordo.

4. Non manterrete l'accordo e userete la tregua per guadagnare forza e pianificare la vostra resistenza.

5. Le azioni delle aziende produttrici di vaccini crolleranno.

6. Crediamo nell'ordine fuori dal caos. Dov'è il caos? Satana lo giudicherà con un pollice in giù.

Ripubblicato da Humanity

È un compromesso. In una trattativa di successo, nessuno è completamente soddisfatto.

Non riuscirete a vaccinarci tutti o a sfuggire alla nostra ira collettiva.

Una Commissione mista potrebbe far rispettare l'"Accordo di spopolamento umano".

La sterilizzazione non è diversa dalla vaccinazione. È una vendita facile, un altro modo per dare un segnale di virtù. È per il bene comune.

CONCLUSIONE

Le persone oggi sono ovviamente troppo egoiste, venali, codarde e deboli di mente per unirsi e difendersi.

Sono troppo stupidi per capire che una "pandemia" con un tasso di mortalità dello 00,25% non è una pandemia, e una malattia senza sintomi non è una malattia.

La loro acquiescenza al debito pubblico dimostra che sono felici di gettare le generazioni future sotto l'autobus. La sterilizzazione è fatta per loro.

Non voglio un premio Nobel.

Voglio solo vivere gli anni che mi restano in libertà, pace e dignità.

Questa è satira, ma è spaventoso quanto abbia senso.

Altri titoli

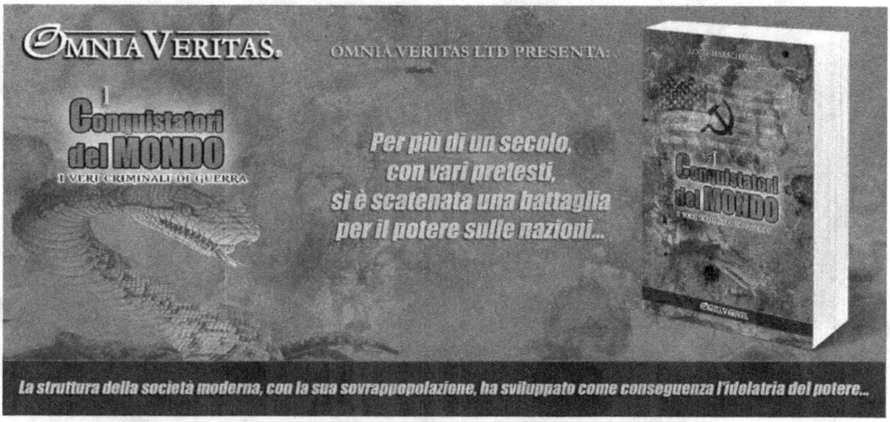

OMNIA VERITAS
OMNIA VERITAS LTD PRESENTA:
La bomba nucleare di Israele sta spingendo la civiltà verso l'Armageddon globale, e la perpetuazione di questo programma di armamento incontrollato ha preso in ostaggio il mondo...
IL GOLEM
Michael Collins Piper
I sostenitori di Israele hanno dirottato la politica internazionale degli Stati Uniti

OMNIA VERITAS
OMNIA VERITAS LTD PRESENTA:
Invece di permettere agli ebrei di continuare con il loro pericoloso approccio razzista e suprematista, definendosi "popolo eletto da Dio", gli americani dovrebbero reagire...
IL NEMICO INTERNO
I capri di Giuda
Michael Collins Piper
Voltiamo le spalle alla lobby sionista e cambiamo la politica degli Stati Uniti!

OMNIA VERITAS
OMNIA VERITAS LTD PRESENTA:
La base dell'agenda neoconservatrice - fin dall'inizio - non è stata solo la sicurezza, ma anche l'avanzata imperiale dello Stato di Israele...
I SOMMI SACERDOTI DELLA GUERRA
Michael Collins Piper
La Guerra Fredda era davvero una bufala...

OMNIA VERITAS
OMNIA VERITAS LTD PRESENTA:
Lo Stato di Israele non è altro che il simbolo di un antico sogno che, di fatto, si è avverato proprio qui negli Stati Uniti: la nuova Gerusalemme...
LA NUOVA GERUSALEMME
Michael Collins Piper
Coloro che regnano con la sola forza del loro potere finanziario....

OMNIA VERITAS
OMNIA VERITAS LTD PRESENTA:
Le forze del Nuovo Ordine Mondiale si sono coalizzate attorno all'impero internazionale della dinastia Rothschild, i cui tentacoli si estendono ora fino ai più alti livelli del sistema statunitense....
L'IMPERO ROTHSCHILD
La nuova Babilonia di coloro che regnano sovrani
L'IMPERO ROTHSCHILD
Michael Collins Piper
Conquistare il mondo è l'obiettivo finale

OMNIA VERITAS
OMNIA VERITAS LTD PRESENTA:
La verità è che gli estremisti musulmani si sono dimostrati strumenti utili (anche se spesso inconsapevoli) per portare avanti l'agenda geopolitica di Israele....
SEGRETI DI STATO
Michael Collins Piper
Perché Israele dovrebbe sostenere segretamente gli estremisti islamici fondamentalisti?

OMNIA VERITAS
OMNIA VERITAS LTD PRESENTA:
GIUDIZIO FINALE
l'anello mancante nell' assassinio di JFK
Michael Collins Piper
Volume I
È chiaramente Israele e il suo Mossad, l'unica forza che collega tutti i presunti cospiratori più frequentemente citati: la CIA, le forze anticastriste cubane, il crimine organizzato e, più specificamente, il sindacato criminale di Meyer Lansky...
Il ruolo del Mossad e di Israele nel crimine del secolo

OMNIA VERITAS
OMNIA VERITAS LTD PRESENTA:
JOHN COLEMAN
John Coleman
LA GERARCHIA DEI COSPIRATORI
STORIA DEL COMITATO DEI 300
Questa aperta cospirazione contro Dio e l'uomo include la schiavitù della maggior parte degli esseri umani...

OMNIA VERITAS
OMNIA VERITAS LTD PRESENTA:
JOHN COLEMAN
LA DIPLOMAZIA DELL'INGANNO
UN RESOCONTO DEL TRADIMENTO DEI GOVERNI DI INGHILTERRA E STATI UNITI
La storia della creazione delle Nazioni Unite è un classico caso di diplomazia dell'inganno

OMNIA VERITAS
OMNIA VERITAS LTD PRESENTE:
IL CLUB DI ROMA
IL THINK TANK DEL NUOVO ORDINE MONDIALE
I numerosi eventi tragici ed esplosivi del XX secolo non sono accaduti da soli, ma sono stati pianificati secondo uno schema ben definito...
DI JOHN COLEMAN
JOHN COLEMAN
IL CLUB DI ROMA
Chi sono stati gli organizzatori e i creatori di questi grandi eventi?

OMNIA VERITAS
OMNIA VERITAS LTD PRESENTE:
LA DITTATURA dell' ORDINE MONDIALE SOCIALISTA
Per tutti questi anni, mentre la nostra attenzione era concentrata sui mali del comunismo a Mosca, i socialisti a Washington erano impegnati a rubare all'America...
DI JOHN COLEMAN
LA DITTATURA dell' ORDINE MONDIALE SOCIALISTA
"Il nemico di Washington è più da temere di quello di Mosca".

OMNIA VERITAS
OMNIA VERITAS LTD PRESENTE:
La GUERRA della DROGA contro l'AMERICA
Il traffico di droga non può essere sradicato perché i suoi gestori non permetteranno che venga loro sottratto il mercato più lucrativo del mondo....
DI JOHN COLEMAN
JOHN COLEMAN
La GUERRA della DROGA contro l'AMERICA
I veri promotori di questo maledetto commercio sono le "élite" di questo mondo.

OMNIA VERITAS
OMNIA VERITAS LTD PRESENTE:
LE GUERRE PER IL PETROLIO
DI JOHN COLEMAN
Il racconto storico dell'industria petrolifera ci porta attraverso i colpi di scena della "diplomazia".
JOHN COLEMAN
LE GUERRE PER IL PETROLIO
La lotta per monopolizzare la risorsa ambita da tutte le nazioni

OMNIA VERITAS
OMNIA VERITAS LTD PRESENTA:
LA MASSONERIA
dalla A alla Z
John Coleman
Nel XXI secolo, la Massoneria è diventata non tanto una società segreta quanto una "società di segreti".
JOHN COLEMAN
LA MASSONERIA
dalla A alla Z
Questo libro spiega cos'è la Massoneria

OMNIA VERITAS
OMNIA VERITAS LTD PRESENTE:
Oltre la
COSPIRAZIONE
SMASCHERARE IL
GOVERNO MONDIALE
INVISIBILE
di John Coleman
Tutti i grandi eventi storici sono pianificati in segreto da uomini che si circondano di totale discrezione.
JOHN COLEMAN
Oltre la
COSPIRAZIONE
I gruppi altamente organizzati hanno sempre un vantaggio sui cittadini

OMNIA VERITAS
OMNIA VERITAS LTD PRESENTA:
STORIA PROSCRITTA
I
BANCHIERI E
RIVOLUZIONI
DA
VICTORIA FORNER
I processi rivoluzionari hanno bisogno di agenti, organizzazione e, soprattutto, finanziamenti, denaro.
STORIA PROSCRITTA
I
BANCHIERI E RIVOLUZIONI
LE COSE A VOLTE NON SONO COME SEMBRANO...

OMNIA VERITAS
OMNIA VERITAS LTD PRESENTE :
LA
MAGGIORANZA
DISEREDATA
LA
MAGGIORANZA
DISEREDATA
IL TRAGICO E UMILIANTE DESTINO DELLA MAGGIORANZA AMERICANA

www.ingramcontent.com/pod-product-compliance
Lightning Source LLC
Chambersburg PA
CBHW070757270326
41927CB00010B/2182
9781805403340